全国建设行业中等职业教育推荐教材

# 物业应用文写作

（物业管理与房地产类专业适用）

主　编　吴秀清
主　审　林升乐

中国建筑工业出版社

图书在版编目(CIP)数据

物业应用文写作/吴秀清主编. —北京：中国建筑工业出版社，2005
(全国建设行业中等职业教育推荐教材.物业管理与房地产类专业适用)
ISBN 978-7-112-07601-7

Ⅰ.物… Ⅱ.吴… Ⅲ.物业管理—应用文—写作—专业学校—教材 Ⅳ.H152.3

中国版本图书馆CIP数据核字(2005)第106694号

---

全国建设行业中等职业教育推荐教材
## 物业应用文写作
（物业管理与房地产类专业适用）

主　编　吴秀清
主　审　林升乐

\*

中国建筑工业出版社出版、发行(北京西郊百万庄)
各地新华书店、建筑书店经销
北京天成排版公司制版
廊坊市海涛印刷有限公司印刷

\*

开本：787×1092毫米　1/16　印张：11½　字数：280千字
2006年1月第一版　2016年1月第四次印刷
定价：16.00元
ISBN 978-7-112-07601-7
(13555)

版权所有　翻印必究
如有印装质量问题，可寄本社退换
(邮政编码100037)

本书是根据建设部中等职业学校建筑与房地产经济管理专业指导委员会制定的物业管理专业《物业应用文写作》课程教学大纲的要求编写的。本书共分七章，主要内容包括：概论、公务文书、事务文书、法律文书、条例规章文书、经济商品文书、财经论文类文书。本书从物业管理实际出发，参考借鉴了大量的物管理论书籍，每节先讲理论，后举例文，并配有复习思考题。

　　本书既可作为中等职业学校物业管理与房地产类专业的写作教材，又可作为从事物业管理的工作人员的写作工具书。

＊　＊　＊

　　责任编辑：张　晶
　　责任设计：赵　力
　　责任校对：刘　梅　关　健

# 教材编审委员会名单

（按姓氏笔画为序）

王立霞　甘太仕　叶庶骏　刘　胜　刘　力
刘景辉　汤　斌　苏铁岳　吴　泽　吴　刚
何汉强　邵怀宇　张怡朋　张　鸣　张翠菊
邹　蓉　范文昭　周建华　袁建新　黄晨光
游建宁　温小明　彭后生

# 出 版 说 明

物业管理业在我国被誉为"朝阳行业",方兴未艾,发展迅猛。行业中的管理理念、管理方法、管理规范、管理条例、管理技术随着社会经济的发展不断更新。另一方面,近年来我国中等职业教育的教育环境正在发生深刻的变化。客观上要求有符合目前行业发展变化情况、应用性强、有鲜明职业教育特色的专业教材与之相适应。

受建设部委托,第三、第四届建筑与房地产经济专业指导委员会在深入调研的基础上,对中职学校物业管理专业教育标准和培养方案进行了整体改革,系统提出了中职教育物业管理专业的课程体系,进行了课程大纲的审定,组织编写了本系列教材。

本系列教材以目前我国经济较发达地区的物业管理模式为基础,以目前物业管理业的最新条例、最新规范、最新技术为依据,以努力贴近行业实际,突出教学内容的应用性、实践性和针对性为原则进行编写。本系列教材既可作为中职学校物业管理专业的教材,也可供物业管理基层管理人员自学使用。

建设部中等职业学校<br>
建筑与房地产经济管理专业指导委员会

# 前 言

《物业应用文写作》是中等职业学校物业管理专业的一门实用性、工具性课程。编写本书的目的，是帮助学生掌握物业应用文写作的基础知识和基本技能，掌握基本的学习方法，为学生学习专业知识和提高职业能力打下一定的基础。本书从物业管理实际出发编写了七章内容：即概论、公务文书、事务文书、法律文书、条例规章文书、经济商品文书、财经论文类文书等。每节先讲理论，后举例文，并配有复习思考题。编写时考虑到老师在教学过程中，要坚持"文以载道"，要注意渗透思想教育，培养学生热爱祖国语言文字、热爱中华民族优秀传统文化，培养健康的审美情趣和一定的审美能力，故对课文内容的取舍及对例文的选择特别用心。本书既可作为中职学校物业管理的写作教材，又可作为从事物业管理工作人员的写作工具书。

为了编写本书，作者用了近一年的时间，查阅参考了大量资料，向物业管理专家请教，去生活小区考察物业管理情况，虚心向物业管理人员学习，深入了解业主、开发商、物业管理三者的关系。作者反复斟酌，几易其稿，终于编写完成。本书得到了主审单位的较高评价："书稿的框架结构是科学合理的；体例规范一致；内容翔实；概念无误；例证实用且逻辑性强；用语简要平实，通顺流畅；尤其是紧绕物业、财经方面去谈写作，体现较强的针对性、职业岗位性和可用性，形成本书特色。本书值得出版，具有可读、可学和可教性。"本书在编写过程中得到了成都市建设学校领导的支持，得到了四川建筑职业技术学院副教授、教研处处长林升乐先生的指导和帮助，在此，谨表谢意。同时，编者借鉴了不少写作同仁的研究成果，在此表示衷心感谢。由于本教材编写体例尚属探索，如有瑕疵在所难免，恳望各位读者批评指正。

# 目　录

第一章　概论 ····················································································· 1
　第一节　关于物业应用文写作 ························································· 1
　第二节　物业应用文写作 ································································ 3
　复习思考题 ······················································································ 4
第二章　公务文书 ············································································· 5
　第一节　通知 ··················································································· 5
　第二节　通报 ················································································· 16
　第三节　报告 ················································································· 18
　第四节　请示 ················································································· 21
　第五节　简报 ················································································· 23
　第六节　函 ····················································································· 25
　第七节　会议纪要 ········································································· 27
　复习思考题 ···················································································· 29
第三章　事务文书 ··········································································· 30
　第一节　计划 ················································································· 30
　第二节　方案 ················································································· 33
　第三节　调查报告 ········································································· 50
　第四节　合同 ················································································· 55
　第五节　公约 ················································································· 68
　第六节　投标书 ············································································· 74
　复习思考题 ···················································································· 84
第四章　法律文书 ··········································································· 85
　第一节　定义和作用 ······································································ 85
　第二节　写作 ················································································· 86
　复习思考题 ···················································································· 95
第五章　条例规章文书 ··································································· 96
　第一节　章程 ················································································· 96
　第二节　规定 ··············································································· 100
　第三节　办法 ··············································································· 112
　第四节　条例 ··············································································· 114
　复习思考题 ·················································································· 120
第六章　经济商品文书 ································································· 121
　第一节　经济活动分析报告 ························································ 121

第二节　市场调查报告与市场预测报告……………………………… 125
　　第三节　商品广告…………………………………………………… 132
　　第四节　商品说明书………………………………………………… 138
　　复习思考题…………………………………………………………… 143
第七章　财经论文类文书………………………………………………… 144
　　第一节　财经学术论文……………………………………………… 144
　　第二节　财经短论…………………………………………………… 166
　　第三节　财经毕业论文……………………………………………… 168
　　复习思考题…………………………………………………………… 174
主要参考文献……………………………………………………………… 175

# 第一章 概 论

## 第一节 关于物业应用文写作

### 一、物业应用文写作的性质、特点

物业应用文,是物业管理部门处理各项公务和日常事务、沟通彼此关系、解决实际问题时经常应用的具有一定惯用模式的文章。

物业应用文随着物业管理的产生而产生,随着物业管理的发展而发展。论宏观,物业管理是城市管理的组成部分,是安居工程的必要环节,是社会稳定的重要保障;讲微观,物业管理关系到老百姓生活是否方便、人身财产是否安全、心情是否愉悦,总而言之,关系到人民群众的生活质量。物业管理在现代社会中扮演的角色越来越重要,如影随形的物业应用文在物业管理运作中也显示出举足轻重的作用。

物业应用文写作是研究物业应用文写作方法和规律的一门实用性的基础写作学科。物业应用文写作具有以下特点:

第一,使用的广泛性。进入 20 世纪 90 年代,乘邓小平南巡讲话的东风,我国房地产建设蓬勃发展,密切相关的物业管理也得到了广泛的推行和长足的进步。为了加强物业管理的市场化、专业化、社会化和规范化,物业应用文也随之发挥其不可低估的作用。如物业管理中各种合同的签订、各类规章制度的颁发、各种通知的发放、各类特约服务(室内清洁、家电维修、商品代购、代付各种公用事业费、代订报刊、代聘保姆、接送小孩、传真、打字、复印等)和便民服务(与商业、银行、邮政等各部门合作,在物业辖区内建立超市、饮食点、副食品市场、洗衣店、储蓄所、邮局等;设健身房、俱乐部、阅览室、游戏室、舞厅等;与教育卫生部门协作,开设诊疗所、医务室、幼儿园、中小学等;配专用交通车来往于物业辖区与市中心区,与交通部门协作,在物业辖区内设交通车站)的公示等。由此可见,使用的广泛性是物业应用文写作的一个显著特点。

第二,实事的客观性。物业应用文是为解决物业管理中的实际问题或达到某种目的而学的。它在使用过程中对象明确,客观性强,实用价值大。例如,物业条据可以作凭证;物业规章制度可以维护辖区的正常秩序;物业调查报告可以反映情况、交流经验和揭示问题,为加强物业管理、制定有关政策提供重要依据;物业合同可作为物业公司和业主维护自身权益的法律依据等。物业应用文在社会交际中。这种目的明确、据以办事、解决实际问题、追求现实效应的客观性和实用性,是物业应用文写作的又一显著特点。

第三,格式的规定性。不依规矩,难成方圆。物业应用文一般有它惯用的格式,这种格式是约定俗成的,一旦公认,就相对固定下来,具有规定性质,对所有写作者起一定的制约作用,不允许任何一位写作者随心所欲地去另创一种格式。譬如,物业计划的标题就具有单位、期限、内容、种类等四个要素,正文有前言、主体、结尾三大部分的格式就具有规定性。可见，格式的规定性是物业应用文写作的又一显著特点。

第四，用语的简要性。物业应用文既然是为处理事情或解决问题而写的，有的甚至是急着要办的，不允许有半点冗繁，所以，使用的语言就应力求简明扼要，一般不需要像文艺作品那样描写、抒情或想像、夸张，而只需要把事情如实地说清楚、说完整，便于好处理就行了。在这个前提下，用语越简单越好，因为简明扼要，可让读者一目了然，既节省时间，又能提高办事效率，又易抓住要点，便于问题的落实解决。可见，用语的简要性是物业应用文写作的又一显著特点。

## 二、物业应用文写作的原则要求

要学好并使用好物业应用文，应该从以下四个主要方面去努力：

第一，加强理论修养，提高政策水平。物业应用文要以马列主义为指导，积极宣传党和国家的方针政策，其思想性和政策性是很强的，因此，无论写作者还是使用者都应有较高的理论水平和政策水平。那么，惟一的途径是加强理论修养，提高政策水平，才会写好用好物业应用文。

第二，熟悉物业知识，提高业务水平。物业应用文种类较多，其内容十分广泛，常常涉及物业管理专业知识，不管是写作者还是使用者，都要求熟悉物业管理专业，并且有较高的业务水平，否则会笑话百出，或令人费解，甚至造成工作的失误。

第三，掌握文体特点，提高写作和使用水平。物业应用文种类较多，在内容和格式方面都有自己的特点和要求。为了适应不同领域、不同部门和不同情况的需要，必须把握各种文体的特点和要求，提高写作和使用物业应用文的水平。

第四，掌握基本功，提高语文水平。物业应用文虽有其自身的显著特点，但仍属文章范畴。所以，要提高写作和使用的水平，就得提高语文水平。如果没有语言、文字、语法、逻辑、修辞的一些基本功，也不熟悉普通写作的一些基础知识，就无法写出高质量的物业应用文。只有强化基本功，提高语文水平，常练常写，常学常用，熟能生巧，才能如愿以偿地具备驾驭物业应用文写作的能力。

## 三、物业应用文的种类、作用

### 1. 物业应用文的种类

物业应用文名目上的分类有：国家行政机关公文和一般常用应用文两种。国家行政机关公文，如决定、决议、指示、布告、公告、通告、通知、通报、报告、请示、函、会议纪要等；一般常用应用文，如计划、总结、调查报告、规章制度、简报、说明书、广告、合同书、协议书、市场调查报告与市场预测报告、经济活动分析报告、条据、一般性通知、启事、海报、礼仪文书、标语口号等。

物业应用文等级上的分类有：上行文、平行文和下行文三种。上行文，如请示、报告等；平行文，如函、会议纪要等；下行文，如决定、决议、指示、通知等。

### 2. 物业应用文的作用

第一，法规作用。物业应用文是为物业管理服务的。1994年3月11日，中华人民共和国建设部第五次常务会议通过了"城市新建住宅小区管理办法"，这就是中国改革开放后建设部第一次颁布的有关物业管理的行政法规，从此，物业管理公司制定的有关章程、物业管理合同、协议书、住宅使用合约、业主公约、公共契约等，都以此为依据。物业管理公司所有的工作，都是遵循有关法律、法规行事的，做到依法办事，有法可依，那么，为之服务的物业应用文也具有明显的法规作用。

第二，指导作用。物业应用文有利于制订、宣传、贯彻党和国家重要方针政策。指导物业部门的管理工作，使企业从宏观到微观都能按章办事，工作有规律、有秩序、出效率；同时，物业应用文也能指导业主配合物业管理部门，按时按质地完成有关活动，认真履行自己的义务，从而保证自身的合法权益。

第三，施行作用。物业应用文在物业管理活动中，能督促物业公司忠于职守，端正服务理念，科学管理，充分体现物业管理作为一种社会化、专业化、企业化和经营型管理模式这一特点。

第四，凭证作用。物业应用文在使用过程中，一般都能起到凭证作用，如合同书、协议书、入伙通知、收款通知、暂停某项服务通知、某项活动通知等。实际上，物业应用文可作为企业和业主维护自身权益的一种依据。

第五，通报作用。物业简报、物业调查报告、物业通报等，都具有通报作用，即通过这些物业应用文，使大家知晓社区内的新人、新事、新风尚，知晓在社区中还存在的问题，具体了解社会服务情况，具体了解社区中维修管理，财务管理、行政管理和法纪管理情况，以便使大家通力合作，共同搞好社区建设。

第六，联系作用。物业应用文有利于物业管理部门与业主之间交流信息，密切联系，加强协作，总结经验，改进工作，共同建立一个美好的公共环境，共同营造一种既安全又舒适、既高雅又休闲、既大众化又高品位的生活氛围。

## 第二节　物业应用文写作

**一、写作过程的主旨和材料**

1. 主旨

主旨，是文章的主要意义、用意或目的。在物业应用文的写作过程中，必须明确各篇物业应用文写作的主要意义、用意或目的。如物业合同，是物业管理部门与业主之间，为了办理某一事务，根据国家法律、法令、政策的规定，经过双方协商，制订出的共同遵守的条款。又如物业简报，是简明扼要的物管工作报告或物管情况报告，它可起到在社区公开、交流、监督、建设的作用。在物业应用文中，为表现主旨，通常以说明介绍的方法来表达，根据种类的不同，有的也需要以记叙、议论、抒情的方式来表达。

2. 材料

材料，是提供著作内容的事物。要写好物业应用文，除了有明确的主旨，还必须有表现主旨的材料。物业应用文所使用的材料必须真实，不能夸大，不能缩小，要实事求是，有据可依；材料要充实，要有话可说，有理可讲，不可蜻蜓点水地做表面文章。写作物业应用文，要广泛地收集第一手资料，这就要求写作者深入物业管理部门，深入社区，直接撷取真实可贵的材料。对收集来的材料要进行选择，去粗取精，去伪存真，使材料更好地为主旨服务。

3. 主旨与材料的关系

主旨与材料有着十分密切的关系。主旨统领材料，材料为主旨服务。例如：要写物业报告，向上级汇报某一阶段物业管理的情况，汇报工作就是主旨，围绕这一主旨再去选择相关材料，诸如社区服务、维修管理、财务管理、行政管理和法纪管理等方面的材料。显而易见，没有主旨，无从选择材料；没有材料，无以表现主旨。又如，在拟订物业合同时，首先须明确物业合同的主旨是为维护双方的合法权益，双方必须履行各自的义务。为此，应选择相应的材料：①业主委员会（或住宅出售单位）和物业管理企业的名称、住所；②物业管理区域的范围和管理项目；③物业管理服务的事项；④物业管理服务的要求和标准；⑤物业管理服务的费用；⑥物业管理服务的期限；⑦违约责任；⑧合同终止和解除的约定；⑨当事人双方约定的其他事项。可见，没有物业合同的主旨，其材料也就无所依附，没有意义；没有相应的材料，物业合同就不能成立。以上两例，都充分表明物业应用文主旨和材料有着十分紧密的关系。

## 二、写作过程的结构与语言

物业应用文的写作结构平实、体例规范、约定俗成。例如，物业计划是为了完成某一任务或开展某项工作而制定的，它的适用范围和对象是计划的实施者，目的就是为了更好地完成该任务或工作，其结构不外乎前言、主体、结尾三大块。前言，交代写计划的目的意义；主体，分条列项（也可用表格形式）地表明计划的内容，即"做什么"、"怎么做"、"何时完成"；结尾，强调"一定努力完成以上工作或任务，敬请监督"等。标题和落款也属结构范畴。计划的标题必须四要素（计划单位、计划期限、计划内容和种类）完整，不能随心所欲地减少某一要素；计划的落款要在右下方写明计划单位（全称），提行右下方写明拟写计划详细日期。这样构成平实、完整、规范的物业计划写作结构。

物业应用文的语言朴实，开门见山，清楚明白，简洁明快，切忌使用华丽的辞藻，任何不切实际的夸夸其谈和故弄玄虚的比喻用典，都达不到物业应用文写作的真正目的。例如，在制订物业计划时，只需要使用清楚明白的语言，表明"做什么"、"怎么做"、"何时完成"，切不可去记叙描述自己写作计划的心理活动、行动过程，也不可去抒发情感，无病呻吟。总之，物业应用文的语言为用而发、实事求是、准确无误。

## 复习思考题

1. 什么是物业应用文？物业应用文写作有哪些特点？
2. 请说一说物业应用文写作的原则要求。
3. 说说怎样才能写好物业应用文？

# 第二章 公 务 文 书

## 第一节 通 知

一、定义

通知用于发布行政法规和规章，转发上级机关、同级机关或不相隶属机关的公文；批转下级机关的公文，要求下级机关或有关人员办理和需要周知或共同执行事项。通知的用途很广，使用率很高，在物业管理中也不例外，如入伙通知、收款通知、暂停某项服务通知、某项活动通知等。

二、格式

(1) 标题：由制文单位名称、通知的事由、文种三部分组成。

(2) 正文：包括接受通知的单位名称，通知的具体事项，制文单位的要求。行文要明确、简炼。

(3) 结尾：包括署名、具时。有的通知要加附件。

书写时，被通知的单位较多，应按普发性文件的发文单位写；上级发出的通知，要编写发文字号、编号等，应按公文程序办理，以便存档、查阅；一般通知，不需要按正式公文办理。若要求被通知单位尽快知道，可在通知的标题前或文种前加上"紧急"二字。

三、分类

按照通知使用的范围，可分为法规通知、转发通知、批转通知、事项通知、会议通知等类型。

(1) 法规通知：是用于发布行政法规、规章的通知。在通知中常用"发给"、"颁发"、"印发"等发布通知的性质及关系。结尾常用"请遵照执行"、"请照此执行"等作结语。

例文：

### 关于公布广东省物业管理服务收费政府指导价的通知

各市、县(区)、自治县物价局、建设委员会、房地产管理局：

根据《广东省物业管理条例》及国家相关法律法规的规定，现将我省物业管理服务收费政府指导价及有关问题通知如下，请结合当地实际贯彻执行。

一、我省各类物业管理服务费(指提供房屋、设施维修，绿化的养护，环境卫生，安全防范，档案资料管理服务收取的服务费)政府指导价(中准收费标准，按每月每平方米建筑面积计算)如下：

(一) 住宅

1. 多层住宅(9层及以下)

一级：按优质优价的原则确定；

二级：每平方米0.60元（装有电梯的为每平方米0.80元）；

三级：每平方米0.40元；

四级：每平方米0.30元。

2. 高层住宅（10层以上）

一级：按优质优价的原则确定；

二级：每平方米1.50元；

三级：每平方米1.20元；

四级：每平方米1.00元；

五级：每平方米0.80元。

3. 高档住宅区、别墅区主要依据业主的要求和所提供的服务内容、质量和深度，按优质优价的原则确定。

4. 以解困房（经济适用住房）、福利房（房改房）为主的住宅，可参照上述各类标准的70％收取。

（二）办公楼（写字楼）

一级：按优质优价的原则确定；

二级：每平方米12.00元；

三级：每平方米8.00元；

四级：每平方米5.00元；

五级：每平方米3.00元。

（三）商场（商铺）

一级：按优质优价的原则确定；

二级：每平方米14.00元；

三级：每平方米9.00元；

四级：每平方米4.00元；

五级：每平方米2.00元。

（四）工业区（厂房）

由各市物价部门会同当地物业管理主管部门根据当地实际情况制定政府指导价。

二、各市物价部门可结合本地实际情况，在省制定的政府指导价收费标准上下30％的浮动幅度内确定当地的收费标准。深圳、珠海、汕头经济特区的浮动幅度由当地物价部门确定。

三、住宅小区（楼宇）内的办公、商业用房标准可高于同类住宅，但办公用房提高幅度不宜超过100％；商业用房不宜超过200％。

四、各类物业管理服务费不包含小区（楼宇）内的公共水电费用，其公共水电费的分摊办法按国家和省有关规定执行。

五、已成立业主委员会的物业，其物业的分级和管理服务收费标准由业主委员会与物业管理公司参照各类物业分级参考标准（附后）和政府指导价约定或由双方协商议定，并报主管物价部门备案；未成立业主委员会的物业，其物业管理服务费标准由分管的物价部门审批。

六、获得全国城市物业管理优秀示范称号的物业，其服务收费标准可在当地指导价标准基础上再上浮不超过30%；获全国城市物业管理优秀称号的物业，可上浮不超过20%；获得省城市物业管理优秀称号的物业，可上浮不超过15%。

七、物业管理服务费政府指导价将根据我省经济发展状况、居民收入及物价水平的变化适时作出调整。

本通知自1999年5月1日起执行。

附：各类物业分级参考标准。

## 各类物业分级参考标准

一、住宅

（一）多层住宅

一级：

1. 小区布局合理，设计档次高、质量好，整体环境优美舒适，绿地覆盖率达到30%以上，有较大规模的园林小景，绿化物修剪整齐美观，维护管理良好。

2. 公共配套设施完善，维护良好，道路平整顺畅，水、电、消防设施先进，保障及时、有效。

3. 有住户活动会所，有充足良好的各种文化娱乐、体育等社区文化活动场所和商业等生活服务设施，并能经常开展各种文体活动。

4. 物业管理单位持有二级或以上资质证书。

5. 实行封闭式管理，配备先进保安设备和监控报警系统，保安人员24小时值班、巡逻，区内治安秩序良好。

6. 环境清洁卫生，公共场地每天清扫、保洁，楼内大堂洁净无灰尘，区内无卫生死角，无积存垃圾，无乱堆乱放，下水道、沙井、化粪池通畅，公共用水池定期清洗。

7. 管理人员素质高，文明礼貌，服务周到。

二级：

1. 小区内绿地覆盖率达到25%以上，园林绿化维护管理良好。

2. 公共配套设施维护良好，道路平整顺畅，水、电、消防设备保障有效。

3. 有较好的社区活动场所，并能开展文体活动。

4. 物业管理单位持有三级或以上资质证书。

5. 保安人员24小时值班、巡逻，保护小区安全。

6. 环境清洁卫生，公共场地每天清扫、保洁，无积存垃圾，无乱堆乱放，下水道、沙井、化粪池通畅，公共用水池定期清洗。

7. 装有电梯的多层住宅，其每平方米建筑面积收费标准可达到0.80元。

三级：

1. 小区内绿地覆盖率达到20%以上，园林绿化生长较好。

2. 公共配套设施完好，水、电、消防设施齐全有效。

3. 有公共社区活动场所，基本适应公共活动。

4. 物业管理单位持有三级或以上资质证书。

5. 保安人员24小时值班，保护小区安全。

6. 环境清洁卫生，公共场地保持清洁，下水道、沙井、化粪池通畅，公共用水池定期清洗。

四级：

1. 小区内绿化维护正常。

2. 公共配套设施完整，符合设计要求，能有效为小区服务。

3. 物业管理单位持有资质证书。

4. 保安人员24小时值班，保护小区安全。

5. 环境清洁卫生，保持公共场地清洁，下水道、沙井、化粪池通畅，公共用水池定期清洗。

(二) 高层住宅(商住楼)

一级：

1. 小区(或大楼)布局合理，设计档次高、质量好，用料上乘，环境优美舒适，绿地覆盖率达到30%以上，有园林小景，绿化物修剪整齐美观，维护管理良好。

2. 公共配套设施完善，维护良好，道路平整顺畅，电梯、水、电、消防设施先进，保障有效。

3. 有良好的住户活动会所和先进的各种文化娱乐、体育等社区文化活动场所，并能经常开展文体活动。

4. 物业管理单位持有二级或以上资质证书。

5. 实行封闭式管理，配备先进保安设备和监控报警系统，保安人员24小时值班、巡逻，区内治安秩序良好。

6. 环境清洁卫生，公共场地每天清扫、保洁，楼内大堂洁净无灰尘，区内无卫生死角，无积存垃圾，无乱堆乱放，下水道、沙井、化粪池通畅，公共用水池定期清洗。

7. 管理人员素质高，文明礼貌，服务周到。

二级：

1. 小区内绿地覆盖率达到25%以上，园林绿化修剪整齐美观，维护管理良好。

2. 公共配套设施完善，道路平整顺畅，电梯、水、电、消防设备保障有效。

3. 有良好的社区文化活动场所，并能经常开展文体活动。

4. 物业管理单位持有二级或以上资质证书。

5. 保安人员24小时值班、巡逻，区内秩序良好。

6. 环境清洁卫生，公共场地每天清扫、保洁，区内无卫生死角，无积存垃圾，无乱堆乱放，下水道、沙井、化粪池通畅，公共用水池定期清洗。

7. 使用高档电梯。

8. 有先进、完善的消防系统与供水、供电和防盗系统，维护使用良好。

三级：

1. 小区内绿地覆盖率达到20%以上，园林绿化维护管理良好。

2. 公共配套设施完善，道路平整顺畅，电梯、水、电、消防设施保障有效。

3. 有较好的社区活动场所，并能开展文体活动。

4. 物业管理单位持有三级或以上资质证书。

5. 保安人员24小时值班、巡逻，保护小区安全。

6. 环境清洁卫生，公共场地每天清扫、保洁，无积存垃圾，无乱堆乱放，下水道、沙井、化粪池通畅，公共用水池定期清洗。

（三）高档住宅、别墅区

1. 小区(楼宇)的房价在当地属高档水平，购房对象主要是高收入阶层或港、澳、台同胞。

2. 小区内绿地覆盖率达到30%以上，有一定规模的园林建筑小景，绿化物、花草修剪整齐美观，生长、维护良好。

3. 公共配套设施完善，道路顺畅，电梯、水、电消防设施先进，维护良好，保障有效，停车场地、生活服务、娱乐、商业设施配套、适用、方便。

4. 有功能齐全、设施先进的住户活动会所和充足、良好的社区文化活动场所，并能经常开展各种文体娱乐活动，商业等生活服务设施配套、齐全。

5. 物业管理单位持有二级或以上资质证书。

6. 小区(楼宇)实行封闭式管理，保安设施先进、完善，配备先进保安设备和监控报警系统，保安人员24小时值班、巡逻，治安良好，无偷盗案件发生。

7. 环境优美，清洁卫生，公共场地每天清扫、保洁，楼内大堂洁净无灰尘，区内无卫生死角，无积存垃圾，无乱堆乱放，下水道、沙井、化粪池通畅，公共用水池定期清洗。

8. 管理人员素质高，文明礼貌，服务周到。

二、办公楼(写字楼)

一级：

1. 大楼周围的绿化物管理维护良好，修剪整齐、美观。

2. 大楼装修质量优良，用料上乘，大堂与通道宽敞，整层楼面宽广，间隔极具弹性。

3. 有良好、充裕的载客和载货的高档电梯，维修保养完善、运行良好；不同的楼层使用不同组的电梯。

4. 大楼设有停车场，泊车设施先进，车位充足，管理良好，停车、取车方便又安全。

5. 供水、供电、消防、中央空调、保安监控、通讯等设施先进、完善、高效，管理维护良好。

6. 环境清洁卫生，每天保洁、巡查，做到大堂、楼道、楼梯间等公共场所清洁卫生，无灰尘。

7. 管理人员全天保安、消防值班，严防财物损失，保证安全。

8. 管理公司持有二级或以上资质证书。

二级：

1. 大楼周围的绿化物管理维护良好，修剪整齐、美观。

2. 大楼装修质量高，大堂与通道宽敞，整层楼面较宽，间隔弹性好。

3. 有良好、充裕的载客和载货的高档电梯，维修保养完善、运行良好。

4. 大楼设有停车场，泊车设施良好，车位充足，管理良好，停车、取车方便、安全。

5. 供水、供电、消防、中央空调、保安监控、通讯等设施完善、有效，管理维护良好。

6. 环境清洁卫生，每天保洁、巡查，做到大堂、楼道、楼梯间等公共场所清洁卫生，无积尘。

7. 管理人员全天保安、消防值班和巡逻，保护大楼安全。

8. 管理公司持有二级或以上资质证书。

三级：

1. 大楼周围的绿化物管理维护良好。

2. 大楼装修用料好，大堂与通道宽敞，整层楼面适中，有一定的间隔弹性。

3. 有能满足用户使用的载客中档电梯，维修保养正常、运行良好。

4. 大楼设有停车场地，停车、取车方便、安全，管理较好。

5. 供水、供电、消防、保安等设施完好、有效。

6. 环境清洁卫生，每天清扫，保持公共场所、楼道、楼梯间等干净卫生。

7. 管理人员全天值班，维护大楼安全。

8. 管理公司持有三级或以上资质证书。

四级：

1. 大楼周围绿化维护良好。

2. 大楼装修一般，大堂面积较小，楼层高度较低，整层楼面较小，可以间隔。

3. 公共配套设施完备，有满足用户使用的电梯、供水、供电、消防等设施完好、正常。

4. 环境清洁卫生并保持良好。

5. 管理人员全天保安值班。

6. 管理公司持有资质证书。

五级：

1. 大楼大堂或门口有盆栽摆设，维护良好。

2. 大楼装修普通，可以简单间隔。

3. 公共配套设施基本能满足用户要求，有电梯。

4. 环境清洁、卫生，并能保持。

5. 管理人员每天保安值班或营业时间值班。

6. 管理公司持有资质证书。

三、商铺

一级：

1. 内外装修豪华，设计新颖，设备先进齐全，质量优良、精心管理，运作良好，配备有货梯、高档自动扶梯、中央空调、通讯设备、自动消防系统、防盗监控装置，有较好的绿化或盆栽摆设，节日有灯饰。

2. 管理人员全天保安值班、巡逻，人员素质高，服务意识强、文明礼貌。

3. 营业时间全天保洁，地面、公共场所无垃圾，无灰尘，保持商场或大厦内外清洁、干净。

4. 有停车场地，交通顺畅方便。

5. 物业管理单位持有二级或以上资质证书。

二级：

1. 内外装修整齐美观，布局合理舒适，配备完善的消防、供水、供电和防盗装置，并运作良好，盆栽、装饰较好。

2. 配备有高档电梯或自动扶梯，中央空调维护良好，使用正常。

3. 管理人员全天保安值班，服务态度好，文明礼貌。

4. 营业时间巡逻保洁，每天清扫，公共场所保持干净卫生。

5. 物业管理单位持有三级或以上资质证书。

三级：

1. 内外装修整齐适用，环境较好，配备中档电梯或自动扶梯，能保证水电供应，消防设备正常，管理运作良好。

2. 管理人员坚持日常保安值班，服务态度好，文明礼貌。

3. 注意日常保洁，每天清扫，保持公共场所卫生、清洁。

4. 物业管理单位持有三级或以上资质证书。

四级：

1. 布置整齐，环境较好，能保证水电供应，消防设备符合要求，能正常使用。

2. 管理人员坚持日常保安值班，服务态度好。

3. 注意卫生，公共场所每天清扫，保持清洁。

4. 物业管理单位持有资质证书。

五级：

1. 布置有序，环境可以，水、电、消防设备符合要求，使用正常。

2. 配备保安人员。

3. 注意卫生，每天保持清洁。

4. 物业管理单位持有资质证书。

备注：上述各类各级别物业小区或楼宇，如不能全部达到该级别标准要求的，在具体核定收费标准时应适当降低。

（2）转发通知：是指转发上级机关或同级机关、不相隶属机关的公文时使用的一种通知。对该通知除了执行或参照执行外，还可以根据实际情况作出具体要求和补充规定，但不能写"同意"等批语。

例文：

## ××市教育委员会

转发团市委"关于在全市开展学雷锋、树新风、争创先进团组织、争当优秀共青团员活动的决定"的通知

各区、县教委、市属各大中学校：

现将团市委"关于在全市开展学雷锋、树新风、争创先进团组织、争当优秀共青团员活动的决定"转发给你们，请结合自身实际情况，认真组织好这次活动。

附：团市委"关于在全市开展学雷锋、树新风、争创先进团组织、争当优秀共青团员活动的决定"。

××市教育委员会<br>2002年×月×日

(3) 批转通知：是上级机关批转下级机关的公文的通知。在批转该通知时，常写"同意"或"原则同意"、"很好"或"很重要"等批语，要求有关单位"执行"或"研究执行"。

例文：

## 国务院批转《统计干部技术职称暂行规定》的通知

×发(19××)×号

各省、市、自治区人民政府、国务院各部委、各直属机构：

国务院同意国家统计局制订的《统计干部技术职称暂行规定》，现发给你们，请遵照执行。

198×年×月×日

(4) 事项通知：是上级要求下级机关有关人员办理和需要周知或共同执行事项的一种通知。

例文：

## 中国工商银行成都市信托投资公司代理发行四川新潮计算机产业集团公司短期融资券的通知

经中国人民银行成都市分行批准，中国工商银行成都市信托投资公司代理四川省新潮计算机产业集团公司向社会发行企业短期融资券。

1) 发行额：五百万元。月利率7‰，期限六个月，单位、个人均可购买。

2) 本融资券于4月4日起开始发行，到期后请持券人到原购券点办理还本付息手续。

3) 代理发行点：

工商行建设路办事处代办点(一环路东一段128号，电子科大路口)；

工商行春熙路营业部代办点(春熙路北段50号)；

工商行芷泉街办事处代办点(水碾河储蓄所)。

4) 联系电话：8681194，联系人：××。

(报刊通知，未具时)

(5) 会议通知：是指需要周知或执行的一种通知。

例文：

## 通　知

兹订于×月×日(星期×)×午×时，在×××召开××会议，研究××问题，希准时参加为荷。

此致

×××同志

×××局(公章)

2003年×月×日

（6）入伙通知书：是物业管理公司在物业验收合格后通知业主可以前来办理入伙手续的文件。

例文：

## 入 伙 通 知 书

尊敬的_____业主：

  首先，请接受我们××房产、××物业的全体同仁对您和您的家人致以最衷心的祝福！

  在您的关心和支持下，××嘉苑工程进展顺利。我们将分批分期迎接您和其他业主入住"嘉苑"，跨入你我共同精心营造的新社区、新生活！

  先期入场的××物业公司已为您所购买的××嘉苑_____幢_____单元_____楼_____座住宅做好了入伙前的充分准备，特安排您于（ ）月（ ）日起前来××嘉苑办理入伙手续。

  一、集中办理入伙时间：2004年（ ）月（ ）日至2004年（ ）月（ ）日9：00～16：30。由此次入伙的住户较多，为避免您办理入伙等候时间过长，建议您于2004年（ ）月（ ）日9：00～10：30前来办理入伙手续（办理入住时，请带好本通知书及已填妥的《业主资料表》）。

  二、请到现场交房接待处办理交房手续。

  三、办理入伙要求：

  A. 收到本通知后，请您本人及配偶尽可能按时前来办理入伙手续。在此期间，公司有关部门将集中办公，为您提供方便快捷的"一站式"服务。

  B. 收到本通知后，请您按"入伙须知"要求准备相关资料和费用，并按"入伙须知"所提供的入伙手续办理流程办理入住及相关手续。

  四、您若逾期未到场办理入伙手续，自2004年（ ）月（ ）日起视为我公司已将房屋正式交付给您。

  五、如果您对入伙事宜需要咨询，敬请垂询入伙专线：（028）86329778 值班时间9：00～17：30。

  如果您尚有不明之处，敬请拨打客户服务中心专线：

  值班时间：

  特此通知

  祝您

顺利入住嘉苑

  详细流程请参见《入伙须知》

××市××房产有限责任公司（公章）
××市××物业有限公司（公章）
2004年3月6日

附：

# 入伙须知

尊敬的_____业主：

您好！

您所购买的××嘉苑_____幢_____单元_____楼_____座房，将于（ ）年（ ）月（ ）日开始入伙，欢迎您及家人入住××嘉苑。为方便您办理入伙手续，现将办理手续时需要您提供的资料、办理程序及相关注意事项知会于您：

一、入伙手续办理流程：

您到达××嘉苑后可通过我们设置在现场的指引标识或通过我们的引导人带您到入伙手续办理现场。

1. 由××房产进行资料核验：校验您是否缴清了购房的所有款项，并将购房缴款收据换成购房缴款发票；核验您是否带齐了办理房屋产权的相关资料；核定立权面积并签填办理相关权证过户所需的申请表格。

2. 按本须知第六条所列产权办理费用计算标准，缴您办理房屋产权所需的各项费用。

3. ××房产出具交房通知书，业主凭交房通知书到××物业××嘉苑现场交房接待处办理交房入住相关手续。

4. 由××物业进行资料核验：核验您是否带齐了入伙相关资料，核验您所填写及签订的相关资料或协议是否正确。

5. 为了给您入住后带来方便，您在入伙时将需要签订"业主公约"。

6. 请您带上现金在现场交纳本须知第四条中列举的相关费用。

7. 管理处或开发商代表将陪同您验房并抄录水、电、气表底数，验房后请您填写"房屋交付验收表"。

8. 钥匙发放。以上手续办理完毕事，您即可到钥匙发放处领取钥匙和住户证。

9. 入住手续办理完毕。

二、如果您是个人或家庭购房，办理入伙手续时，请您携带以下资料：

入伙通知书（原件）；

业主身份证原件及一份复印件（主要用于管理处存档）；

业主家庭常住人员身份证复印件一份；

已填妥的"业主资料卡"（附业主及家庭常住人员1寸照片两张/人，其中一张用于办理住户证）。

三、如果您是单位购房，办理入住时请单位法定代表人携带以下资料：

入住通知书原件；

法定代表人身份证明书（单位出具）、身份证原件及复印件一份（主要用管理处存档）；

营业执照复印件（加盖公章）一份；

已填妥的"业主资料卡"（附居住在本物业的单位人员1寸照片两张/人）；

居住在本物业的单位人员身份证复印件一份/人；

如法定代表人委托他人办理入住手续，受托人除应带好以上各项的资料外，还需带上法人授权书（加盖公章）原件一份，受托人身份证原及复印件一份。

四、办理入伙所需缴纳的各类款项：

| 项　　目 | 收　费　标　准 |
|---|---|
| 首期公共维修基金 | |
| 代收一年光纤电视收视维护费 | 10元×12个月 |
| 宽带入网开户费 | 按网通公司有关规定交缴 |
| 物业管理服务费 | 按前期物业管理服务协议约定按季交缴 |
| 车位使用、服务费 | 按管理部门审批标准按月交缴 |
| 代缴水、气费 | 按月代收代缴 |
| 电费 | 按供电局规定缴纳 |
| 备注：入伙时需缴纳以上各项费用约2000元 | |

五、为了尽快为各业主办理房屋产权证，请您在办理入伙手续时提交办理房屋产权证的相关资料：

一次及分期付款用户请带购房合同原件及补充协议原件；按揭付款用户请带购房合同复印件及补充协议复印件。

购房款收据原件（按揭用户为首付款收据和银行个人住房贷款支付凭证），代收代缴天然气费收据原件。

业主身份证原件及两份复印件；按揭用户请提供购房人及配偶身份证原件和四份复印件。

按揭付款用户婚姻状况证明：已婚业主，请提供夫妻任一方的结婚证原件及复印件一份；未婚业主，请提供派出所或街道办事处出具的未婚证明原件及复印件一份（所在单位为国家党政机关的可由单位出具未婚证明）。

六、办理产权证所需缴纳费用计算方法及预缴费用_____元（多退少补）：

| | | 取得方缴费标准 |
|---|---|---|
| 住　宅 | 契　约　税 | 成交金额×1.05% |
| | 登　记　费 | 80元/套 |
| | 手　续　费 | 暂免征 |
| | 书　证　费 | 共有证10元/本 |
| 营业房（办公房） | | 取得方应交 |
| | 契　约　税 | 成交金额×3% |
| | 登　记　费 | 240元/宗（以门牌号计） |
| | 手　续　费 | 成交金额×0.35% |
| | 书　证　费 | 共有证10元/本 |

注：上表所列税费计算办法为税务局和产权处现行实施费率，实际发生税费以有关部门票据为准。

祝您
顺利入住!

　　　　　　　　　　　　　　　　　××市××房产有限责任公司(公章)
　　　　　　　　　　　　　　　　　　　××市××物业有限公司
　　　　　　　　　　　　　　　　　　　　　2004年3月6日

　　(7)缴款通知书:是物业管理公司通知业主在办理入住手续时应该缴纳的款项及具体数额的文件。
　　例文:

缴 款 通 知

　　本住宅小区竣工验收合格,请各业主在办理入伙手续的同时,缴交如下管理费用:
　　(1)管理费预收金0.5元/月平方米,预收三个月。
　　(2)入住时一次性缴交费用。
　　A. 水电周转金:多层住宅200元/户;高层住宅400元/户。
　　B. 装修保证金:多层住宅800元/户;高层住宅1500元/户。
　　C. 装修垃圾余泥清运费:100元/户。(业主以书面形式明确不进行室内装修的,不缴交装修保证金和装修垃圾余泥清运费)。
　　D. 公共设施费用:公共防盗门分摊费40元/户;有线电视初装费300元/户;管道煤气初装费(多层住宅3000元/户,高层住宅3500元/户)。

　　此致
　　_____业主

　　　　　　　　　　　　　　　　　　　　××物业管理公司(公章)
　　　　　　　　　　　　　　　　　　　　　2004年×月×日

　　需要提出的是,物业管理部和各业主之间的通知和联络均按有关业主单位和物业管理部的地址以书面方式进行。

第二节　通　报

**一、定义及特点**

　　通报是适用于表彰先进、批评错误、传达重要精神或情况时使用的一种公文。
　　通报是带有宣传性质的公文,对有影响的典型事例、突出的好人好事、成功的经验和失败的教训,都可以进行通报,借以扬善抑恶、树立正气、打击歪风、推广经验、总结教训、教育干部和群众。
　　通报具有周知性、典型性、新闻性等特点:
　　(1)周知性。通报是用来交流信息、激励群众、教育群众的好形式。通报的面一般较广,目的是让更多的人知晓,达到学习先进、批评后进、鞭挞坏人坏事的目的,以便吸取教训。因此,周知性很强。
　　(2)典型性。通报主要任务是对典型事例、典型人物或重要情况的传达,因而要具有典型意义,才能更加影响人、教育人、激励人。换言之,只有具有代表性的材料,才有通报价值,才能更好发挥通报的作用。

(3) 新闻性:通报的人物或事件,必须是当前发生的新鲜事实,才能引起人们的注意和重视,同时,在内容、事实、时间性上都与新闻要求一样,因而,它是新闻性很强的公文。

二、分类

在物业管理中通报按其性质和范围,可分为表扬通报、批评通报、情况通报等几种类型。

(1) 表扬通报:是指表彰先进人物时所使用的一种通报。它着重写明表彰的原因、依据、被表扬人的姓名、职务及事迹发生的时间,通报的具体事项及相应决定,最后以希望、要求、号召作结尾。

(2) 批评通报:是指用于批评错误时使用的一种通报。在撰写时,引言部分应写明所通报的基本情况,如批评的对象、事情发生的时间、地点、主要错误的经过与结果,象新闻导语一样,比较概括地反映这些内容;在主体部分重点归纳错误的事实,要求把详细经过和结果反映出来;然后分析错误的原因与危害;结尾部分,着重写明所采取的措施、办法或要求。

(3) 情况通报:是指传达重要情况时使用的一种通报。在拟写时,着重写明传达的事由、具体事项以及所属的范围、要求等。

三、写法

在物业管理中通报的基本格式可分为标题、正文、落款三部分。

标题:由行文单位名称、事由和文种组成。

正文:在引言部分,主要是概括通报的内容、性质、根据、作用和要求;主体部分,主要写明表扬、批评、情况的具体事实和对事实的本质的分析及处理决定;结尾主要是进行总结或提出要求或发出号召。

落款:署名、具时、加盖印章。

四、通报在拟写中应注意的一些问题

(1) 通报应按公文格式编写发文字号,明确主送机关、主题词、抄送、印制单位及时间。

(2) 通报以叙事为主,表扬好人好事的通报,在叙述具体事实的同时,可作适当的描述;对于批评错误事实的,可作必要的分析、批判,以加深认识。但不能夸大或缩小,用词得有分寸。

五、例文

××物业管理公司关于2002年
物业管理费收缴情况的通报

××发 [2002] ××号

各位业主:

现将本公司2002年物业管理费收缴情况通报如下:

为了规范物业管理收费行为,保护广大业主的利益,政府物价部门制定了物业管理综合服务收费指导价和一些其他有偿服务的收费标准。为此,本公司严格按照政府物价部门制定的收费标准收费。如综合管理费按50元/月·户收缴,本社区所有业主都按时缴交。

本年度共收综合管理费_____元。在特约服务方面，如室内清洁、家电维修、商品代购、代付各种公用事业费、代订报刊、代聘保姆、接送小孩、传真、打字、复印等，共收费用_____元。在其他经营业务方面，如投资咨询、房屋中介代理、装修设计、机电安装等，共收费用_____元。

同时，本公司要通报批评公司职员×××，在应个别业主的特殊要求，帮助提供家政、代购、代聘保姆、接送小孩等服务时，向业主索取高额费用为己有，这损害了业主的利益，有损于公司的形象。公司决定，对×××职员记"警告处分"一次。在此，我们向有关业主表示歉意，并如数退还多收的费用。

总之，公司将以满足用户需要为目的，以"保底微利，以支定收"为原则，坚决杜绝向用户乱收费或收费多、服务少的情况发生。敬请广大业主监督。

2003年1月×日

## 第三节 报 告

### 一、定义及特点

报告是下级机关向上级机关汇报工作、反映情况、提出意见和建议，答复上级机关的询问时使用的一种公文文种。

在物业管理中，报告的使用频率很高，它的作用主要体现在两个方面：

（1）提供决策依据。好的报告能帮助上级及时了解下情、做到心中有数，避免决策的盲目性和被动性。

（2）督导工作。通过报告，下级机关能及时将自己的工作情况反映给上级机关，以便接受上级机关的监督和指导，使自己的工作少走弯路、少出差错。

报告的主要特点有：

（1）汇报性。报告实质上就是将本机关工作的情况和调查了解到的情况告诉上级机关，所以实质就是一种书面汇报。

（2）陈述性。就报告的内容而言，有的是汇报工作，有的是反映情况，有的是提出建议。但不管哪种情况，都要求下级机关将自己了解和掌握的情况比较详细地呈给上级机关，而不只呈报结果，即使是提出建议的报告也不例外，所以它的陈述性十分明显。

### 二、分类

对报告我们可以按不同的标准进行分类。

按报告内容可分为：工作报告，用于向上级汇报工作进程、经验、问题等；情况报告，用于向上级汇报本机关调查了解到的重大的情况、特殊情况、突发情况和新情况；建议报告，用于向上级提出意见、建议；答复报告，用于答复上级机关查询；报送报告，用于向上级机关说明报送文件、材料或物品的情况。

按写作意图可分为：呈报性报告，呈报给上级机关而不要求上级批转的报告；呈转性报告，呈报给上级机关要求上级批准并转发给有关方面的报告。

按写作范围可分为：综合报告，用于汇报全面工作或几个方面工作情况的报告，内容上具有综合性、全面性的特征；专题报告，用于汇报某项工作或反映某一情况的报告。内容上具有单一性的特征。

按写作时限可分为：定期报告，定期向上级所作的例行工作报告，如旬报、月报、季报、年度报告等；不定期报告，无严格的期限规定，根据工作需要而写的报告。

### 三、写法

在物业管理中常见报告的写法及要求如下：

报告的结构包括标题、主送机关、正文、落款四个部分。

标题：一般由发文机关、事由和文种组成。定期报告往往还在事由前贯以时间概念。如"××物业公司1999年上半年工作情况综合报告"。

主送机关：除联合行文的报告外，一般只能主送一个机关。

正文：报告的正文因写作目的、内容和性质的不同，写法也不尽相同，但一般都由三部分构成。

报告缘由，开门见山说明为什么写报告，阐述撰写报告的原因，或是答复上级机关提出的问题。

报告的事实和问题，这是正文的重点内容，应着力写好。如果报告的是事件，就要将事件的起因、经过、结果写出来；如果报告的是问题，就要将问题产生的原因、表现、性质、影响、解决办法写出来；如果报告的是工作，就要将工作的基本情况、主要成绩、经验体会、存在问题、基本教训、今后的打算或建议写出来；如果是建议报告，就要在情况分析的基础上，切合实际地提出做好某项工作的意见、建议、措施；如果是答复报告，在引出答复依据后，就要针对所提问题写清答复意见或处理结果。

结语。除建议报告常用"如无不妥，请批转有关单位执行"等语作结尾外，其余各类报告通常以"请审查"、"请审核"、"请查收"、"请审定"、"请审阅"、"特此报告"等结尾。

撰写报告应达到以下要求：

(1) 要实事求是。下级的报告是上级决策的依据之一，为了切实发挥报告的作用，报告必须如实反映情况，不能报喜不报忧，更不能只报成绩，掩盖缺点。

(2) 要突出重点。写综合报告同写其他机关公文相比，最大的难点是要把各个方面的工作情况详略得当地组织在有限的篇幅之中。为此必须突出重点，只有把起主导作用的工作或工作的主要方面作为重点反映出来，把其他情况放在次要和从属的位置上，才能真正反映出一个地区、单位的面貌。

(3) 报告不兼写请示，因此，要避免报告与请示混用。

(4) 要拟写好报告，必须深入实际，进行周密的、系统的调查研究，占有大量的第一手材料；同时，要有明确的观点，因此一定要从实际情况出发，以高度的政治敏感性及时发现新事物、新问题，加以分析总结，找出带规律性的东西；并且，还要在材料充实的基础上，提出自己的看法，供领导批示参考。

### 四、例文

例一：

××物业公司1999年上半年

工作情况综合报告

市建委：

现将本公司在1999年上半年的工作情况报告如下：

一、重新确定人员编制　公司按现阶段业内比较认可的人员配置比例确定人员编制，即为每 800~1000m² 配一人，共确定编制为××人。

二、建立建全规章制度　我们知道，物业管理属劳动密集型的第三产业，其经济效益靠为业主提供服务而收管理酬金的方式体现出来，也就是通过管理公司全体员工的劳动而获得相应报酬。管理公司要得到业主的信任，要为业主提供优质的服务，首先必须要练好内功，抓好内部管理，建立建全规范的内部管理制度。为此，我们进一步完善了以下规章制度：员工手册、培训制度、考核制度、财务制度、对外项目招标制度、采购制度、仓库管理制度等。

三、建立调动员工积极性的激励机制　我们认识到，物业管理是一项繁杂、琐碎的服务性工作，工作辛苦，工资待遇也不高，因而人员流动性大。为了在日益激烈的物业管理市场竞争中留住人才，站稳脚跟，并立于不败之地，为此，我们建立起以下一套调动员工工作积极性的激励机制：目标激励、精神激励、奖励激励、福利激励、荣誉激励、参与激励、考核激励。

四、有效地进行员工培训　公司要提高服务水平，最关键是要通过提高员工队伍素质来实现，有效地对员工培训是提高员工队伍素质、提高服务质量的最佳方法。为此，我们采取了灵活多变的培训形式对员工进行培训，既有脱产培训，又有业余培训；既有学历教育，又辅之以非学历、岗位知识培训；还举办有专题培训、短训班等。通过培训，所有员工在服务意识、管理知识、法律知识、治安消防知识、房地产知识等素质方面均有明显提高。

我们取得一定的成绩，但还需继续努力。在新的一年中，我公司将加大管理力度，进一步强化内部管理，使我们企业在市场竞争中永远立于不败之地。

××物业管理公司<br>1999年×月×日

物业管理报告由物业管理公司按月或按季向发展商、业主委员会递呈，汇报物业管理公司对辖区一个阶段的工作情况。

例二：

# 物业管理报告

×××发展商、业主委员会：

一、新的项目

本公司已在×年×月×日正式接管××小区（或大厦）的管理。租户已陆续迁入。至今共有×个单位被租用。若有家电发生故障的问题，将由承包商和工程部合作解决。

二、改进、翻新工作

1. 小区（或大厦）的改进工作

为了促进更有效率的管理，本公司在小区（或大厦）周边建造一个链环栅栏，并在×年×月竣工。

2. 大厦幕墙渗水

大厦第二阶段渗水维修工作已在×年×月完成。至今，我公司未接到任何有关渗水的投诉。本公司将会对租户进行调查以确保维修工作达到应用的标准。

三、虫害控制

随着冬季即将过去，我公司发现住宅区内的虫害问题。本公司已与有关承包商达成协议，加快并加强虫害管制。我公司也与工程部合作加快对蚊帐纱的安装工作及旷地的保洁工作。

四、非法泊车

本公司已采购两把车轮锁以取缔非法泊车的行动。初犯将收到本公司的警告书，三张警告书后仍屡教不改者，我公司会将其车轮锁上。如果车主要打开锁，必须支付本公司￥××行政费。至今还没有车子被锁上。

五、客户服务

为迎接农历新年的到来，我公司将负责装饰美化整个住宅区，租户也可在保安人员及管理人员监督下放鞭炮。

六、财务

1. 每月收支报告

2. 欠款管理

随着电脑会计系统的启动，我公司将更严格地处理拖欠的物业款项。物业管理及水电费每月欠款不得高于￥_____和￥_____。

3. 审计报告

_____财政年的审计报告已在×年×月提呈。

×××物业管理公司<br>××年××月××日

(注：此报告仅为基本内容，谨供参考)

## 第四节　请　示

一、定义及作用

请示是下级机关向上级机关请求指示和批准时使用的一种公文。

请示的作用：第一，有利于正确贯彻执行党和国家的方针政策。党和国家的方针政策总是从全局出发制定的，对于很多具体问题不可能考虑得那么周到细致，这就使下级机关在具体贯彻实施过程中难免会出现把握不准的问题。遇上这种情况，下级机关就可以写"请示"请求上级机关给以明确指示，从而保证方针政策的正确贯彻和执行。第二，有利于提高工作效率。下级机关在实际工作中常常会遇到权力有限、物力财力不足、无法独立完成某些任务等问题，这时就可以运用"请示"请求上级机关支持，从而避免久拖不决。

二、特点及种类

1. 特点

(1) 事前性和期变性。请示的目的是为了得到上级机关的指示和批准，因而必须在事前行文，得到上级机关的批复后，方可决定能否办理和实施。也正因为如此，下级机关发出请示后都要求得到上级的明确答复。

(2) 陈述性。要使请示事项得到上级机关的指示和批准，请示必须陈述清楚请示理由，以证明请示的合理性和必要性。如果有分歧意见，还要分别陈述不同意见，提出自己的处理意图，以供领导批复时参考。

2. 种类

根据请示的写作意图，可以将请示分为：

（1）请求指示的请示，即请求上级机关对有关方针、政策、法规、规定、认识等作出指示的请示。

（2）请示批准的请示，即请求上级机关批准拨款、建房、成立机构、任免干部、增加编制等事务的请示。

（3）请求批转的请示，即请求上级机关对自己就涉及面广的某项工作提出的处理意见和办法给予批准并转发给有关方面贯彻执行的请示。

### 三、写法

请示的结构包括标题、主送机关、正文、落款四个部分。

标题：由发文机关、事由和文种构成。

主送机关：只能写一个且只能主送其直接上级机关。如需同时送其他机关，应用抄送形式予以处理。即使受双重领导的机关上报请示，也只能写一个主送机关，由主送机关负责答复所请示的问题。

正文：引言部分应写明请示的缘由，即请示什么问题，为什么要请示，可结合请示的问题把有关的历史情况或现实情况、政策规定进行简要介绍。主体部分应首先重点写明请示的具体问题和对解决问题的意见或态度，以供上级领导参考或筛选。但对于下级来说，必须表明自己希望上级批准的哪种意见，并说明理由。最后要提出请示的要求；要求必须要具体，才能达到请示的目的。最后以"以上妥否，请批复"、"特此请示，请批复"、"以上请示，如无不妥，请批转××××执行"为结束语。

落款：署名、具时并加盖公章。

请示在拟写中应注意以下一些问题：

（1）请示必须按公文格式行文，如编写发文字号、主送机关、主题词、抄送和行文单位及时间等内容。

（2）请示的内容必须具体，请示批准的内容必须明确，才能使上级了解意图，达到请示的目的。时间上，也应作强调与要求，以便上级及时批复。

（3）请示是要求回复的公文，请示的意见要有根据和可行性。超出了政策界限及原则，或提出不合理的要求都不能达到请示的目的。因此，应把解决问题的依据进行适当的摘引，以对解决的办法作提示，供上级参考。

（4）请示与报告不能混用，应严格分开。在有的系统的公文中，混用或代用很严重，在拟写时应特别注意。

（5）请示是请求指示、批准，具有请求性，因而语言应有分寸，不能以命令口吻或要挟的语气来行文。

### 四、例文

**关于增设地下消火栓需动用**

**物业维修基金的请示**

××发〔2003〕××号

市建委：

××市××嘉苑有一座3000m$^2$的地下车库。两年前，嘉苑交付使用时仅有消防栓一处，业主停泊的家用汽车由两年前的200辆增至350辆，如一旦发生事故，后果不堪设想。虽然省、市防火部门多次检查，提出建议，但因资金问题一直没再增设消防栓。为确保车库安全，做到常备无患，急需增设地下防火栓两处。现经业主委员会讨论通过，准备动用物业维修基金2.2万元(计划附后)。

妥否，请指示。

××市物业管理公司
2003年×月×日
(公章)

## 第五节　简　　报

**一、什么是简报**

简报，就是简明扼要的工作报告或情况报告。简报是机关、团体、企事业单位内部用以汇报工作、反映情况、推广经验、指导工作、沟通情况、揭露问题的一种文体。它常常以"工作简报"、"内部参考"、"信息快报"、"工作动态"、"情况反映"等名称出现。

简报是我国上下左右通用的信息传递方式，其特点是简明扼要、灵活、敏捷，因而使用率相当高。但是，应该明确，简报只是一种汇报工作、交流经验、沟通情况等的一般性材料，不是正式文件。

在物业管理中，简报有着广泛的运用。

简报的作用，一般来说有如下三个方面：

(1) 基层单位印发的简报，是向上级汇报工作，提供信息，使上级机关了解本单位情况的重要工具，也是争取上级机关对本单位工作及时指导和帮助的重要手段。

(2) 在平行单位间发送的简报，能起到沟通情况，促进了解、树立典型、推动工作的作用。

(3) 简报具有表扬先进，批评错误，通报情况的作用。

简报的种类很多。按时间分，有定期的简报和不定期的简报；按性质分，有专题简报和综合简报；按内容分，有工作简报、生产简报、学习简报、科技简报、商业简报、会议简报等。

**二、简报的写作方法和编辑方法**

在物业管理中，简报的写法是多种多样的，下面简略介绍几种常见类型的写法。

(1) 专题类写法。抓住一个典型进行较详细较深入的介绍。这个典型可以是一件事、一个问题、一个人、一个集体，可以从多方面介绍，也可以只介绍一个方面。但要注意的是：①典型要选得准；②要写出特点、写出新意。任何典型所包含的意义都是多方面的，介绍时应该抓住特点，对能体现新的精神、新的意义等方面作具体、切实的介绍。

(2) 综合类写法。这类简报常常是反映某件工作、某种事情在一个单位、一个地区开展或发生的情况。目的是要使人们了解全局，把握全貌。但写作时，不能不分事情的巨细面面俱到，应该主次分明、轻重得体、详略得当。写时要注意：①在提炼主题上多下功夫；②要从主题的需要出发去选择和组织安排材料；③选用材料要注意点面结合，使文章既有广度，又有深度。

（3）新闻类写法。这类简报是用新闻报道的基本形式去叙述事实和说明问题，它常常用于反映某些重大事件和活动的情况，或传达政策精神和领导的意图。写作时要注意：①导语要写得简明扼要，用精辟的语言写出要反映的情况或事实的最主要内容和精神；②文章的主体部分应紧扣导语概括的事实或揭示的精神展开；③应注意时效性。

有的简报不只是一篇文章，可以是几篇编为一期，这样，就有一个如何编辑的问题。

（1）选稿。简报中的稿件必须有强烈的针对性，有重要的指导意义。选稿人要充分领会领导的意图，站在全局工作的高度上，认真组稿、选稿。

（2）写按语。按语是简报编者对所编发的文章进行提示、评论、阐发和补充说明的文字。写按语时，要注意语言简炼，三言两语就能道破事情的本质，切中问题的要害。

（3）版面编排。简报的版面应简洁明快、大方庄重，方便阅读和处理。基本格式如下：

报头。一般占首页的1/3的上方版面，它包括：报名、期数、编号、编印单位、印发日期、密级等项内容。

报名。如"××简报"、"××情况"、"情况反映"，用套红大号字印刷，在报头居中位置。

编号。在报头左侧上方位置。

编印单位，在报头左侧下方位置。

印发日期，在报头右侧下方位置。

密级。如"机密"、"绝密"、"内部刊物"等，在报头左侧上方、编号之下位置。

正文。是简报的核心部分，是刊登文章的地方。

报尾。在末页的下方。有两项内容：报送、发送单位名称和印发份数。报尾一般用两条平行线框住。左侧写报送、发送单位名称或个人姓名、职务。右侧，写本期印刷份数。

一般简报编排格式如下：

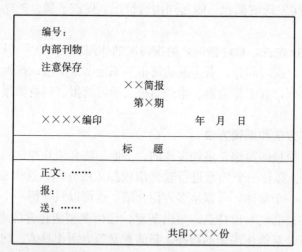

### 三、编写简报的一般要求

"精、准、快、简"，是编写物业简报的"四字诀"，是简报自身规律性的要求。

"精"，就是说选材要精。要求编写简报的人员有较高的政策水平、敏锐的眼光，善于从庞大芜杂的材料中，去粗取精、去伪存真、由此及彼、由表及里地进行筛选，选出那些典型的、有新意的、与党的方针、政策和当前的中心任务密切相关的情况和问题写入简报。只有这样，才能发挥简报应有的作用。

"准"，就是说简报的材料必须准确无误，真实可靠，有喜报喜，有忧报忧；不夸大，不缩小；不张冠李戴，不以偏概全；要注意分寸，务求准确；所引的材料、数据、时间、地点等，必须反复核实。

"快"，就是说简报要写得快、编得快、印得快、发得快。一般简报都是有时效性的，写慢了，发慢了，就会影响简报所起的作用。如会议简报，上午讨论的情况，下午就应有简报发出。这就要求写简报的人不但要文思敏捷、头脑清醒、精力集中，而且要有吃苦耐劳的精神。

"简"，就是说简报要写得简明扼要，一语破的，不要面面俱到。一份简报，一般以几百字、千把字以内为好。简报太长，人们就不乐意看了。

## 四、例文

简　报

（第×期）

××物业管理公司　　　　　　　　　　　　　　　　2003年×月×日

我公司初步取得智能化管理的成功

前不久，一家发展商推出了一个集电话、有线电视和电脑网络于一体（三电合一）的智能化商住小区，向买家展示了通讯、电脑与建筑紧密结合的住宅小区潮流趋势，让市民亲身感觉到智能化住宅的新奇体验。该小区被建设部评为"国家级智能网络化示范小区"。

机不可失。在众多物业管理公司的投标竞争中，我公司凭借先人一步采用物业管理信息系统进行管理的优势，并进一步提出在运用智能化管理的基础上，与开发商合作，利用小区的电脑网络拓展社区电子咨询服务、IC卡收费、社区多媒体视频点播等智能化服务项目，终于赢得了对该大型智能化小区的管理权。这是公司的荣誉，这是公司全体员工的荣誉。

公司准备与开发商进一步合作，使该智能化小区的智能化发挥得更加淋漓尽致，大大地增加科技附加值，使该小区成为充满现代科技色彩的新型明星楼盘。

报：××××

送：××××

（共印××份）

## 第六节　函

### 一、定义

函是机关之间互相商洽工作、询问和答复问题时使用的一种公文。一般情况下，函不具备指导作用。但上级机关对下级询问重要问题的复函，也有指示作用，甚至可以作为处理具体问题的依据。向有关主管部门请求批准等，有时也用函。在物业管理中，函有着广泛的运用。

### 二、写法
在物业管理中，函的写法如下：

（1）标题：函的标题由发函单位名称和文种组成，便函一般不用标题。

（2）正文：形式类似书信。函在正文之前须摘要事由，要编号、签发、归档。便函是处理一般性事务时所用的函件，不必编列发文字号，不归档，只需用机关名称落款，加盖公章即可。在一些重要机关单位，便函也编字号，并有专用的便函稿体。正文内容要有针对性，要写得简明扼要。商洽工作的函，要把情况写清楚，把对对方的要求写明确；答复问题的函，要先写依据，说明是按对方何时来函、询问什么问题给予答复的，然后针对询问写清答复意见。

（3）结尾：常以"此致、敬礼"、"特此函复"等作结语。具名、具时、加盖公章。

### 三、分类
函一般分为公函、便函两种。

（1）公函：是按照正归手续处理较大问题时所使用的函件。

（2）便函：便函是处理一般性事务时所用的函件。

### 四、例文
例一：

××物业管理公司公函
调字第×号

事由：为某同志联系工作调动事宜。

××物业管理公司：

  我公司职员×××，男，现年38岁，汉族，中共党员，现因其爱人长年患病卧床休息，无人照顾，其子5岁，家庭生活确有困难。该同志请求调往离家较近的贵公司工作，不知你们意见如何？请研究后函告我们。

  此致

敬礼

××物业管理公司（公章）<br>2003年×月×日

例二：

关于商洽代培物管人员的函

××省商业学院：

  得悉你院函授部将于9月份举办物业管理人员培训班，我公司拟送10名学员前往学习，请予代培。如同意，望告知学员入学的有关事宜，我公司将按你校规定办理一切手续，并如数拨付代培费，盼予复函。

  此致

敬礼

××市××物业管理公司（章）<br>2003年7月×日

## 第七节 会议纪要

### 一、定义

会议纪要是记载和传达会议情况和议定事项的一种公文。

会议纪要主要用于一些重要的大型会议，它是根据会议的指导思想和会议记录，由会议召开的基本情况、研究决定的主要问题整理而成的一种书面文件。它主要用于传达贯彻会议精神，汇报会议情况和结果，有较强的指导性，是处理公务活动的一种重要工具。

### 二、特点

会议纪要具有纪实性、纪要性、传达性、确定性等特点：①纪实性：会议纪要真实地记载会议的情况、精神、决议等内容，并作客观地整理，不能离开会议的基本情况和主要精神来写其他未涉及的问题。对于有争议的问题，也应把几种意见写上。②纪要性：会议纪要并不是原始记录的翻版，而是综合重要事实的要点写成的。它必须根据会议的目的和指导思想，把主要情况和重大问题反映出来，不能与会议记录无区别。③传达性：会议纪要主要用于传达会议精神和议定事项，它不仅应让参加会议的人知道，而且还应让参加会议的单位的广大群众知道。会议纪要作为正式文件下达，发送有关单位传达贯彻。④确定性：会议纪要为处理公务活动的一种公文，并不是可普遍采用的，而只限于一些重要的、大型的会议。在用语上常用第三人称，段首用语常为"会议认为"、"会议指出"、"会议决定"、"会议要求"、"会议号召"等，表述出确定性的意见。

### 三、分类

会议纪要根据会议的性质可分为例会纪要、工作会议纪要两大类。

（1）例会纪要：是就按照规定或惯例进行的会议所拟写的纪要，如各级行政机关办公会议、各级部门工作例会中的会议纪要都属于这种类型。它用来记录会议的主要过程、讨论情况和议定事项，是反映机关集体领导活动、主要决策和对日常工作处理情况的内部文件。

（2）工作会议纪要：是就国家机关以及职能部门解决当前工作中某些实际问题，专门召开的工作会议所作的会议纪要，它反映的内容，都是当前急需要解决的重要问题，政策性强，并带有指示性质，是一种决议性的纪要。

另外，按题材可写成综合型和专题型的会议纪要。

### 四、写法

会议纪要的基本结构格式可分为标题、正文和落款三部分。

标题：由行文单位名称、事由和文种组成。

正文：引言部分，主要概述会议的基本情况，如叙述会议主持单位、背景、时间、地点、参加人员、主要程序，有时还可交待原因与目的、主要领导的活动及会议产生的影响和意义。主体部分是会议内容的摘要，即会议中研究、讨论的问题，形成的决定和决议等，点明会议的议定事项和主要精神。结尾以希望和号召的形式，要求与会单位共同遵守、执行会议议定的事项和主要精神。

落款：主要是具时。但由于是会议文件，可直接在标题下用括号注明时间，而无须再具时。

会议纪要在拟写中应注意的一些问题：①会议纪要作为行政机关公文，可按公文格式编写发文字号、主送机关、主题词、抄报抄送、行文单位及时间等内容。但也可按会议文件要求，不编发文字号，而只在标题下注明会议时间即可。②拟写会议纪要，首先要明白会议意图，弄清会议宗旨，熟悉有关材料，了解讨论情况，然后进行客观的综合、归纳，并突出重点得出正确结论。语言要明白、流畅、准确。

五、例文

## ××物业管理公司管理员例会纪要

为了强化物业管理企业的管理，为了更好地为业主提供安全舒适的居住(工作)环境，××物业管理公司每月一次的公司会议召开了。会议由公司经理主持。会议就如何实现高水平的物业管理进行了认真而又热烈的讨论，与会者切实地认识到当前管理工作中存在的问题，并提出解决措施，最后通过了决议内容。

全体管理员一致认为，物业管理是一项以服务为本质，以管理体现服务的工作，要使企业在激烈的物业市场竞争中立于不败之地，企业必须在如下几方面再做努力：

1. 服务态度要热情。物业管理属服务性行业，我们管理公司的员工应以发自内心的真诚笑容为用户热情服务，尤其应做到文明礼貌、语言规范、谈吐文雅、遵时守约、衣冠整洁、举止大方、动作雅观、称呼得当。

2. 服务设备要完好。良好而完善的硬件设施是实现高水平物业管理的先决条件。物业管理中的服务设备包括房屋建筑、机械设备(如空调、电梯)、卫生设备、通讯设备、交通工具、电器设备等。我们对这些设备要加强管理，精心养护，使之始终处于完好状态，降低设备故障率。

3. 服务技能要娴熟。服务技能是物业管理从业人员在服务管理中应该掌握和具备的基本功。除了应有良好的服务意识外，更重要的是我们员工应具备较好的业务素质，如工程人员应具备过硬的设备维修技术，财务人员应具备丰富的财务管理知识，保安人员应具备过硬的治安消防本领等。

4. 服务项目要齐全。除了搞好物业管理综合服务收费所包含的必要服务项目外，我们物业管理公司还应努力拓展服务的深度和广度，努力开展各种能满足用户需要的特约服务和便民服务，使用户享受到无微不至的关怀和尽善尽美的服务。

5. 服务方式要灵活。物业管理除了规范管理，依法管理外，我们还应设身处地地为用户着想，努力为用户提供各种灵活的服务方式，切忌死板僵硬的管理，应尽可能在办事手段、营业时间、服务范围等方面给用户提供方便。

6. 服务程序要规范。服务程序是指服务的先后次序和步骤，这也是衡量物业管理水平的重要标准之一，如电话接听程序、设备操作程序、装修审批程序、清洁程序等，我们都要严格按次序一项接一项、一环扣一环，不可随心所欲，杂乱无章。

7. 服务收费要合理。物业管理属有偿的服务行为，用户不交管理费而享受服务是不现实的，但我们公司制定的综合服务收费标准不能高于政府规定的收费标准；我们开展的特级服务和便民服务也应以满足用户需要为目的，以"保底微得，以支定收"为原则，切不可张开大口向用户乱收费或收费多、服务少等。

8. 服务制度要健全。我们要在原有基础上健全规范、系统、科学的服务制度，以确保为用户提供稳定的服务，这制度要清晰有序、易于操作，切忌随意化、无章可循和凭个人意志的管理。

  9. 服务效率要快速。服务效率是向用户提供服务的时限。必须认识到，在"时间就是金钱，效率就是生命"的时间价值观下，服务效率高不仅能节省时间，而且能为用户带来利益。所以我们应全面提高员工素质，减少工作环节，简明工作程序，缩短办事时间，提高服务效率。

  与会者纷纷表示要忠于职守，努力工作，多作贡献，为公司争光。管理员例会圆满结束。

××物业管理公司<br>
2003年×月×日

## 复习思考题

1. 什么是通知？常见的通知种类有哪些？
2. 请拟写一份会议通知。
3. 通报的定义和特点是什么？
4. 通报有哪些类型？
5. 拟写一份情况通报。
6. 什么是报告？
7. 撰写报告有哪些要求？
8. 拟写一份物业工作报告。
9. 什么是请示？请示有哪些作用？
10. 写请示应注意哪些问题？
11. 拟写一份请求批准的请示。
12. 什么是简报？编写简报有哪些要求？
13. 拟写一份简报。
14. 什么是函？函有哪些种类？
15. 拟写一份公函。
16. 什么是会议纪要？会议纪要有哪些特点？
17. 拟写一份会议纪要。

# 第三章 事务文书

## 第一节 计 划

### 一、定义

计划是人们在一定时期内为完成某项任务而事前所作的打算。具体说,计划是个人、单位和团体,在一定时期内,为了更好地完成工作、生产、学习等任务,根据党和国家的方针、政策,以及上级的指示,结合本地区、本单位和个人的实际情况,作出的设想和打算。其中包括提出具体要求、规定奋斗目标、制定相应的措施、写明进行的步骤、明确完成的日期等。

在物业管理中,人们做什么事情都应该有计划。不管是工作、学习还是各种社区活动,都应制定出一定的计划,使之有目的、有条不紊地开展和进行。有了计划,可以事先统筹全局,做到心中有数,不仅可以合理地使用人力、物力、财力,还可以使广大群众明确奋斗目标,充分调动积极性。有了计划,还可以随时掌握工作进程,检查执行情况,提高工作质量,取得主动权,圆满地完成任务。因此,制定计划是进行各项工作前的一项必要准备。周密的计划可以克服盲目性,增强自觉性,使之有目的、有步骤、积极主动地完成既定任务,保证各项工作的顺利开展。

### 二、特点

(1) 明确的目的性。制定计划必须要有明确的目的性,也就是针对性。这是计划的灵魂。党和国家的方针、政策,上级的批示和要求,是我们制定各种计划的主要依据。在认真学习方针、政策的前提下,制定计划时要根据本部门、本单位的实际情况,针对形势发展和上级的要求,明确目的,使所定计划切实可行,产生实效。

(2) 很强的预见性。计划是工作的先导,是为完成预定目标或工作任务而制定的。或者说,计划在工作未进行之前就要制定出来。这就要求计划的制定者要站得高、看的远,对可能出现的问题作出正确的分析和估计,尽可能符合实际,对今后的工作具有指导意义。

(3) 措施的可行性。计划除了要有明确的目的性外,还必须具有切实可行的措施,否则就会"纸上谈兵",成为一纸空文。措施是否切实可行,关键在于能否从实际出发,实事求是,量力而行。

(4) 具有约束力。有些计划虽然不是正式文件,但一经法定的会议通过和批准,就有正式文件的效能,在计划管辖的范围内,具有权威性和约束力。

### 三、分类

计划是一个总称。一般来说,预定在短期内要做的一件事情,叫安排;准备在近期内要做的事情,一般叫打算;比较长期的,涉及面广,而又只能提出一个大概轮廓的,一般称计划；为长远工作或某种利益着想作出非正式的、粗线条的计划，一般叫设想；上级对下级布置一个阶段的几项工作，一般叫意见、要点；如果对某项工作从目的要求、方式方法到具体进度，都作了全面考虑的，一般叫方案。

除了名称以外，计划应用的范围很广，可以从不同角度去分类。

按内容分，有综合的、专题的、详细的、简要的计划。

按性质分，有工作计划、生产计划、学习计划、科研计划、教学计划等。

按范围分，有地区的、系统的计划，有单位的、个人的计划。

按时间分，有长期的、短期的计划，有年度的、季度的、月份的计划。

按形式分，有表格式计划、条文式计划、条文表格式计划。

在各专业部门，因业务的不同，还有一些专门的计划。如：财经预算计划，营销计划，招生计划等。

规划和纲要是比较全面的、长远的、带有发展性的计划，它展示出对于发展远景和总目标的设想，以及对实施设想所划分的阶段和步骤。例如：《××市2002~2012年十年经济发展规划》、《××地区农业发展纲要》。

**四、写法**

在物业管理中，计划的写法常见以下两种：

1. 表格式计划

这种计划简便、醒目，要点突出，便于张贴公布，但只适用于内容简单的小型计划和项目比较固定的计划。它的写法，只需按表格填写，有的可以加文字说明。表格式计划中的表格，实际上是计划中的"正文"，只不过是用表格的形式表达出来；而说明文字是不能代替表格的，两者应该是一个整体。如：季度、月份生产计划，银行现金计划，某一阶段原工作安排计划等，往往采用表格计划。

2. 条文式计划

条文式计划，通常包括以下几个部分。

（1）标题。计划的标题应写明制定计划的单位名称、适用时间、计划内容、计划种类，共四要素。例如：《××物业管理公司2003年员工培训计划》。

如果计划还不成熟，或还未讨论通过，在标题后面应加括号注释是草稿、讨论稿或是征求意见稿。如果是个人订的计划，还应把本人名字写在后面的日期之上。

（2）正文。开头，也叫前言，是全文的导语，一般比较简单，主要说明制定计划的目的、依据、指导思想、上级要求、本单位的实际状况，以及计划确定的目标、要求。开头要写得简明扼要，明确具体。切忌套话、空话和大话。

主体。这是计划中最重要的部分。应明确提出任务、指标和具体要求，写出主要步骤、方法、措施、分工及必要的注意事项等。也就是写出做什么、怎么做、什么时间做等内容。

每份计划都要将这些内容写清楚，其中的详略可以不同。有些计划还可以写执行计划的有利因素和不利因素，以及注意事项等。

主体部分应写得周到详尽、具体明白。语言文字上，要简洁、通俗、条理清楚，注意内容的逻辑联系。

结束语，是计划的辅助、补充部分。应根据需要确定写还是不写，如需要，可以写正文外的一些事宜，或强调工作中的重点和主要环节；或分析实施过程中可能出现的问题等。

（3）文尾。写明计划的制定单位或个人姓名。如果标题上注明单位，文尾可以不再署名。最后标明年、月、日。有的在落款后面，还要写出报送单位及有关人员。

### 五、写作要求

（1）要以党和国家的方针、政策为指南制定计划。树立全局观点，正确处理好全局与局部、长远利益和当前利益的关系，进行统一的安排，使计划在工作中发挥积极作用。

（2）要实事求是，从实际出发，将政策性和求实性结合起来。不论是单位还是个人计划，计划的指标、措施，既要先进，又要稳妥，既不保守，也不冒进。要切实可行，留有余地。

（3）要走群众路线。特别是单位计划，制定前要发动群众认真讨论，反复修改，在对草案进行修改、补充后再定稿，送交领导审定。这样的计划才有群众基础，有利于计划的实施。

（4）计划要明确具体。计划在时间、数量、质量上要力求准确；目的、任务、要求、办法、措施、步骤，都要具体写明，以便执行和检查。

（5）要有一定的灵活性。计划订于工作之前，是根据已有条件对未来工作的测定，因而计划是否正确，还要受实践的检验。因此，订计划时要有一定的灵活性，不能规定得过死，以便在执行计划的过程中，根据情况的变化随时修改，调整计划。

### 六、例文

## ××物业管理公司2003年工作计划

为了公司更好地适应市场经济的特点，为了公司进一步做好"一项服务，四种管理"，取信于业主，服务于业主，现将本年度公司工作拟订如下：

一、做好维修管理

1. 定期（每月一次）检查物业，确保该物业处于良好状况，保持国家和地方政府制定的标准。

2. 拟定于3月通过招标投标选择合适的承包商或专业人才两名，以保证房屋及其设备的日常维修养护工作。

3. 维修部须于一月底前提呈报告（包括安装机电配备的预防性维修），报告要详细具体地涉及项目、时间表和估计开支预算。

4. 维修部要切实安排和监督日常维修工作，包括建筑物维修、机电设备（电梯、供排水系统、水泵组合、电力分配系统、弱电系统和其他机电仪器、装备及系统）、园艺与清洁工作，美化工作，重新粉刷和装饰以确保物业处于良好状况。要求每周有检查、有记录、有措施。

二、加强财务管理

1. 财务部须保证准确的账目运作记录，包括租金、维修开支等记录，每月向公司汇报一次。

2. 及时做好处理员工的薪金记录。

3. 财务部负责提呈常月报告，详细说明收入开支，包括承租情况、维修项目、工程进展、建议和有关的记录等。

4. 要即时采取必要措施，收取拖欠款项、租金。

5. 每月向业主收取管理费、按金和其他费用，并开据发票。

三、强化行政管理

1. 及时处理与物业管理相关的任务文件。

2. 及时处理有关的投诉、询问和建议，必要时记录存档。

3. 处理好各员工的行政档案。每季度公司派人检查一次。

4. 办公室负责落实当年向保险公司投保的情况，包括火险、公共赔偿、意外和其他相关的保险。

5. 保持准确档案记录、文件或器材。

6. 记录和保管好业主（使用人）的资料。

7. 办公室要负责接受、保管并及时传达所收到的政府文件。

四、严密法纪管理

1. 做好物业管理合同的签订和执行。

2. 做好《公共契约》的拟定和执行。

3. 进一步执行好国家有关法规或规章制度。

4. 受发展商或业主委员会委托，通过法律途径解决好债务问题。

五、丰富社会服务

1. 进一步完善配套设施，为业主提供娱乐休闲场所。

2. 进一步做好咨询服务和会所服务。

3. 进一步丰富委托经营服务。

以上计划，希公司各部门认真讨论贯彻，并根据各自的实际情况，研究具体工作意见，扎扎实实地搞好今年的工作。

2003年元月2日

## 第二节 方 案

### 一、定义

方案，就是工作的计划和制定的方式。物业管理方案的拟写是一项极其重要的工作，因为前期物业管理中最主要的一点，也是发展商和业主最关心的，便是物业管理公司提供的管理方案。管理方案的拟写是否明了、规范，对于是否成功获得管理项目起着至关重要的作用。

在拟写物业管理方案时可按以下三种方式考虑：

（1）发展商/业主委托物业管理公司全权经营管理；

（2）发展商/业主委托管理公司进行初期管理，在这期间管理公司负责帮助发展商/业主培养一批有专业素质的物业管理人才，而后由发展商/业主独立管理；

（3）发展商/业主与物业管理公司合作成立一家公司，由发展商负责管理，物业管理公司负责提供人员培训、项目咨询等。

**二、制定管理方案所需的物业资料**

每个发展项目都有各自的特点，不同的设施配备。只有详细掌握相关的物业资料，才能编制最佳的管理方案和安排合适的人员配备。以下是物业管理公司在制定方案时必须获取的基本物业资料：

1. 项目概要
（1）物业类型；
（2）公共面积；
（3）绿化面积；
（4）单元套数；
（5）停车位数；
（6）完工日期。

2. 水泵系统
（1）每幢楼的输送泵；
（2）每幢楼的加压泵；
（3）两种水泵的电动机和泵的大小。

3. 空调系统
（1）每幢楼内的空调数目，功效；
（2）冷却塔、风机和冷凝器，功效。

4. 备用发电机
（1）每幢楼内的数量；
（2）功效。

5. 供电能力
电力负载。

6. 有线电视系统
系统类型。

7. 防火系统
（1）喷淋装置的数量；
（2）报警装置的数量；
（3）探测器的数量；
（4）灭火器的数量；
（5）泵的数量；
（6）泵的类型；
（7）泵的功效。

8. 保安系统
系统和装置的类型。

9. 游泳池
（1）电动机和泵的大小；
（2）过滤系统。

10. 会所设施

注：所有机电设备的保修期限，特别是保修范围是物业管理最重要的组织部分，在物业资料中应注明此项。

### 三、物业管理方案的组成部分

管理方案一般由以下几部分组成：

第一部分：引言（综合说明物业管理的意图及管理公司概况）；

第二部分：物业概况；

第三部分：物业管理公司所选择的管理模式：

(1) 管理模式的选择；

(2) 采用此管理模式的优点。

第四部分：管理的宗旨、方针、内容：

(1) 宗旨；

(2) 方针；

(3) 内容：

1) 物业的基础管理：房屋建筑管理；房屋设备维修管理。

2) 物业的综合管理：清洁管理；绿化管理；消防管理；保安管理；停车场管理。

3) 物业配套的综合服务：综合配套服务和娱乐设施；开展与物业管理有关的服务项目；接受高标准的物业管理业务和顾问咨询业务。

第五部分：管理公司的组织结构：

(1) 组织结构；

(2) 人员编制计划。

第六部分：管理的财务预算：

(1) 管理费编制说明；

(2) 人员经费测算；

(3) 年度管理费用预算；

(4) 年度能源费用预算。

第七部分：物业管理的前期介入内容及经费：

(1) 前期介入的工作内容；

(2) 前期介入的费用预测。

必须强调的是物业管理的财务预算是整个管理方案中最重要的一部分。预算的合理、正确与否，直接关系到方案是否具有竞争力，是否能成功获得管理项目的关键。财务预算所包括的具体内容如下：

(1) 前期物业管理中发生的费用预算，包括办公设备购置费、工程调整购置费、清洁设备购置费、通讯设备购置费、保安设备购置费、商务设备购置费、绿化设备购置费等。

(2) 第一年度物业管理费用预算。包括物业管理人员的工资、福利费、办公费、邮电通信费、绿化清洁费、维修费、培训费、招待费等。

(3) 年度能源费预算。包括水费、电费、锅炉燃油费等。

(4) 物业所具有的各项服务项目的收入预算。包括各项收入、利润分配等。

(5) 年度管理支出费用预算，包括人员费用、行政费用、公用事业费、维修消耗费等。

### 四、写作要求

(1) 拟写物业管理方案，在文字上要力求通俗、规范；在内容上做到全面、合理；在编排上做到重点突出。

(2) 在拟写综合说明时，要做到层次分明、言简意赅。

(3) 在拟写物业概况时，除了做到数据正确、介绍全面以外，还要注意用词的专业性，尽量发掘物业自身的潜力。

(4) 在介绍物业管理公司概况时，要做到如实介绍、突出优势与实力，具有竞争力。

(5) 在拟写管理宗旨、方针时，要注意从发展商/业主的利益出发，替他们着想，为他们服务，具有亲合力。

(6) 在拟写机构、人员、费用等关键内容时，要做到机构设置科学，人员编制合理，费用测算正确，具有吸引力。

(7) 要不失时机地宣传发展商所具有的良好传统、作风、精神，并可作为物业管理公司今后工作的借鉴，具有鼓动力。

拟写物业管理方案，要把财务预算作为重点，注意管理费用的合理性。在进行前期物业管理费用的测算时，还要掌握勤俭节约、最低配置、急用先置的原则。其他如管理规定、员工岗位职责等内容，可以作为管理方案的附件。

### 五、在物业管理中，工作图表的设计

**装 修 申 请 表**

```
A. 业主资料        装修申请表
   姓名/公司名称：_____ 地址：_____ 层_____
   联系电话：_____ 传呼：_____
B. 装修承包商资料
   公司名称：_____ 负责人姓名：_____
   电话号码：_____ 身份证号码：_____
   装修期：由____月____日至____月____日
   所需工人数：_____人
   施工员姓名：_____ 身份证号码：_____
C. 装修设计图
   1. 室内设计竣工平面图
   2. 反射平顶竣工图
   3. 分部与正面竣工图
   4. 给水排水竣工图
   5. 供暖空调管道图
   6. 通风设备竣工图
   7. 洒水灭火系统设计图
   8. 机电竣工线路图
   9. 单线系统图
   10. 电力供应标志设计
```

续表

11. 其他，请注明：

_____

D. 电源供应

1. 总动力开关_____个

　　　　　_____A；　　　　　插头_____个

　　　　　_____A；　　　　　插头_____个

　　　　　_____A；　　　　　插头_____个

其他，请注明：

_____

2. 空调开关_____个

　　　　　_____A；　　　　　插头_____个

　　　　　_____A；　　　　　插头_____个

　　　　　_____A；　　　　　插头_____个

其他，请注明：

_____

3. 照明开关_____个

　　　　　_____A；　　　　　插头_____个

　　　　　_____A；　　　　　插头_____个

　　　　　_____A；　　　　　插头_____个

其他，请注明：

_____

4. 热水开关_____个

　　　　　_____A；　　　　　插头_____个

　　　　　_____A；　　　　　插头_____个

　　　　　_____A；　　　　　插头_____个

其他，请注明：

_____

5. 热水器开关_____个

　　　　　_____A；　　　　　开关_____个

　　　　　_____A；　　　　　开关_____个

　　　　　_____A；　　　　　开关_____个

其他，请注明：

_____

E. 室内灯光安装　　□

　　1. 小筒灯　　□

　　2. 大筒灯　　□

　　3. 日光灯　　□

　　4. 双管日光灯　　□

37

续表

5. 反光灯　　□
6. 氖光灯　　□
其他，请注明：
_____

电源消耗_____ W/m²

第一部份
致：物业工程部(或物业管理处)
　　本人现向贵部申请以下工程，望贵部批示。
申请人姓名：_____电话：_____
通讯地址：_____
签字：_____日期：_____
注：申请者必须在两个星期内提前申请。
第二部分(由专业电工填写)
工程项目：_____
地址：_____邮编：_____
(在适合的方框内打"√")
申请类别：□初次供电□增设负荷□增加电气装配□改装线路
　　　　　□电表移位□增加电表□临时供电□改变电压
　　　　　□其他服务(请注明)
电源来源：□供电局直接供应□业主供应□其他来源供应
企业性质：□工厂□商业□住宅□其他
专业电工(姓名)：_____
　　　　　证件号码：_____
电气外包商(姓名)：_____
　　　　　证件号码：_____
电气所需要求
总申请负荷
□30/40A　230V□60/100A　230V□30/60A　400/230V
　　单相　　　　单相　　　　三相四线
□100A　400/230V□　　kVA400/230V
　　三相四线　　　三相四线
□高压供电：　　总需求量：
供应日期：

提供所需的附件：
　　□　　两份土建图纸

_____

　　□　　两份设备安装图
　　□　　有关政府部门的指示

续表

请详细注明

a)

| 名称型号 | 数 量 | 名称型号 | 数 量 |
|---|---|---|---|
|  |  |  |  |
|  |  |  |  |
|  |  |  |  |

b) 室内总面积＿＿＿＿＿＿＿＿＿＿ m²

　估算最大用量＿＿＿＿＿＿＿＿＿＿。

＿＿＿＿＿＿＿＿＿＿　　　　　＿＿＿＿＿＿＿＿＿＿

专业电工签名　　　　　　　　　　日期

我部同意此项申请,可施工日期为：＿＿＿＿＿月＿＿＿＿＿日

＿＿＿＿＿＿＿＿＿＿　　　　　＿＿＿＿＿＿＿＿＿＿

部门经理签字　　　　　　　　　　日期

### 楼宇绿化摆放、种植、养护月检查表

| 项 目 | 内 容 | 检 查 结 果 | 备 注 |
|---|---|---|---|
| 草 皮 | 长势是否良好 |  |  |
|  | 有无超长 |  |  |
|  | 有无杂草 |  |  |
|  | 是否干旱缺水 |  |  |
| 观赏植物 | 长势是否良好 |  |  |
|  | 有否干枯枝叶 |  |  |
|  | 修剪是否整齐、美观 |  |  |

续表

| 项　目 | 内　容 | 检 查 结 果 | 备　注 |
|---|---|---|---|
| 草　花 | 长势是否良好 | | |
| | 有无干枯枝叶 | | |
| | 是否萎靡 | | |
| 盆　栽 | 长势是否良好 | | |
| | 有否干枯枝叶 | | |
| | 是否干旱缺水 | | |
| 盆　景 | 长势是否良好 | | |
| | 修剪是否整齐、美观 | | |
| 其　他 | | | |

检查日期：　　　　　　　　　　　检查部门：

注：好"√"差"×"　　　　检查人：_____

### 物业机电部一周工作进度表　　　日期：_____

| 序　号 | 本周计划内工作项目 | 进 展 程 度 |
|---|---|---|
| 1 | | |
| 2 | | |
| 3 | | |
| 4 | | |
| 5 | | |
| 6 | | |
| 7 | | |

填写管理人员签字：_____

部门经理签字：_____

## 上门维修服务留言条

| 上门维修服务留言条 |
|---|
| 亲爱的_____幢_____住户<br>　　接获部门报修通知，本人于_____月_____日_____点_____分到访您住居，因无人在家，故请您与我客户服务部再联系，另预约时间入室维修。<br>　　祝好！<br>　　维修员_____<br>　　联系电话： |

## 报 修 表

致：

| 报修人/单位 | | 日期 | |
|---|---|---|---|
| 联系电话 | | 时间 | |
| 联系地址 | | | |

| 报 修 内 容 | 预约时间 | 整 改 情 况 |
|---|---|---|
| | | |
| | | |
| | | |
| | | |
| | | |
| | | |
| | | |
| | | |
| | | |
| | | |
| | | |
| | | |
| | | |
| | | |

备注：① 有关维修人员必须先到物业工程部登记，否则所产生的一切后果自负。
　　　② 三日内维修逾期，我部将另行处理，发生费用由贵公司余款中扣除。

签字：_____

## 报修工作联系单

编　　号_____
发放日期_____

第一部分

| 申报单位：幢 | 可施工日期/时间： | 完工日期/时间： |
|---|---|---|
| | | |

需要维修项目：_____

_____

_____

_____

_____

实际维修内容：_____

_____

_____

_____

_____

_____

_____

_____

维修所需费用：

人民币(大写)_____(小写)_____

住户签字认同费用：_____

| 维修完毕住户签字： | 维修人员签字： | 主管签字： |
|---|---|---|

备注：客户请携此单于7日内将以上款项交到物业管理部，逾期将按日加收0.1%的滞纳金。

## 室内检修服务申请单

申请人：_____  住户单位：_____幢_____—_____

联系人员姓名：_____电话：_____

申报内容：_____

_____

_____

电话通知☐　　亲自拜访☐　　书　信☐

记录人员姓名：_____　申请日期：_____

工作分类：

机电工程☐　　土建工程☐　　其他项目：_____

### 机电工程部安排

承包公司：_____　电　话：_____

负责人员姓名：_____　施工人数：_____

本部门指示：_____　施工日期：_____

### 供住户使用

实际施工日期：_____　实际完工日期：_____

入室时间：_____　住户或代表认同签名：_____

### 备　用

| 实际工作内容： | 所发生费用 |
|---|---|
|  |  |
|  |  |
|  |  |
|  |  |
|  |  |

注：物业管理公司将不负责任何物品失窃事件。

## 维修工作通知单

单号：_____

日期：_____

承包商：_____

地　址：_____

工作地址：_____

详细资料如下：

| 编　号 | 工 作 内 容 | 数　量 | 单　价 | 价格(RMB) | 备　注 |
|---|---|---|---|---|---|
|  |  |  |  |  |  |
|  |  |  |  |  |  |
|  |  |  |  |  |  |
|  |  |  |  |  |  |

| | | |
|---|---|---|
| 申请人/签名/日期 | 共　计 | |
| | 工作完成满意/日期 | |
| 核查人/签名/日期 | 发 票 号/日期 | |
| 批准人/签名/日期 | 验 收 人/签名/日期 | |

## 室内紧急维修收费标准

| 机 电 项 目 | 收费标准(RMB) |
|---|---|
| 1. 检查屋内电线及损坏的电器装配 | |
| 2. 更换电器断电保护器(5～40A) | |
| 3. 更换5A弧形开关 | |
| 4. 更换13A电插座 | |
| 5. 更换15/20A电插座 | |
| 6. 更换电路断路电器(30mA) | |
| 7. 更换白光灯支架 | |
| 8. 更换灯管(包括吸顶灯、吊灯) | |
| 9. 更换一般普通灯泡 | |
| 10. 恢复电器短路引起的跳闸 | |
| 11. 人为短路故障跳闸 | |
| 12. 调试或检查大型家电 | |
| 13. 代联系专业维修人员手续费(包括上门服务费) | |
| 水 管 项 目 | |
| 1. 清除一般地面/弯道/洗脸盆/水槽阴塞 | |
| 2. 清除马桶阻塞 | |
| 3. 修理一般抽水马桶溢水/水管漏水 | |
| 4. 更换铜制水管 | |
| 5. 更换洗脸盆/马桶上水软连接管 | |
| 6. 更换洗脸盆/洗碗盆塑胶存水弯 | |
| 7. 更换塑胶抽水马桶水箱 | |
| 8. 淋浴器修理 | |
| 9. 浴缸与墙面裂开打胶 | |
| 10. 水龙头修理 | |
| 11. 三角阀更换 | |

| 序 号 | 其 他 项 目 | 收费标准(RMB) |
|---|---|---|
| 1 | 木门维修(包括五金) | |
| 2 | 铝合金门窗维修 | |
| 3 | 家具维修 | |
| 4 | 吊顶维修等 | |

注明：① 以上所有价格必须到当地物价部门审批。
　　　② 价格仅为人工费用(不包括主材费)。

# 电梯定期保养工作单

保养合同编号：

单位名称：　　　地址：　　　梯型：　　　站门：

| 类别 | 保 养 项 目 | | |
|---|---|---|---|
| | 涨紧轮<br>(离地距离,清洁加油,断绳开关间隙) | | |
| | 对生缓冲距，轿厢缓冲距检查，对生防护栏补偿链连接可靠，运行正常 | | |
| | 上下限位开关动作可靠性检查 | | |
| | 安全钳间隙检查调整，清洁，开关动作正常 | | |
| | 底坑安全开关工作正常 | | |
| | 液压缓冲器油位检查，限位开关动作正常 | | |
| | 厅门轿门机电联锁开关动作可靠性检查 | | |
| | 轿门厅门导轨检查，清洁润滑 | | |
| | 安全触板动作灵活，开关接线可靠 | | |
| | 光电保护，超声波保护装置工作正常 | | |
| | 轿顶安全窗限位开关工作正常 | | |
| | 轿顶检修箱开关工作正常 | | |
| | 轿顶感应器工作正常，清洁调整 | | |
| | 限速器铅封完整，开关动作正常 | | |
| | 制动器动作灵活，维持电压正常，间隙调整，轴销加油润滑 | | |
| | 极限开关动作正常 | | |
| | 紧急停靠装置(MELD)工作正常 | | |
| 备 注 | | | |
| | 电动机，曳引机检查 | | |
| | 主付导靴及靴衬检查 | | |
| | 各导轨支架连接螺栓检查 | | |
| | 钢丝绳涨力检查调整 | | |
| | 轿顶轮，对重轮及导向轮检查，清洁润滑 | | |
| | 曳引轮绳子槽及钢丝绳磨损程度检查 | | |
| 备 注 | | | |
| | 控制屏清洁检查<br>(各接触器、继电器、电阻、电容工作正常,接线牢固) | | |

续表

| 类别 | 保 养 项 目 | | |
|---|---|---|---|
| | 曳引机检查、清洁、润滑，减速箱无渗漏没有异常声响 | | |
| | 各层厅门、滑块检查，调整，清洁，润滑 | | |
| | 各层门锁限位动作可靠性 | | |
| | 轿门和自动门机构检查，调整，清洁 | | |
| | 操纵箱各开关按钮，信号灯，批示灯工作正常 | | |
| | 确认平层误差在规定范围内 | | |
| | 各层呼唤按钮，指示灯完好无损 | | |
| | 各层楼指示正常 | | |
| | 厅外开关门灵活可靠 | | |
| | 消防开关工作正常 | | |
| | 到站钟，电话工作正常 | | |
| | 厅门地坎滑槽内无异物 | | |
| | 底坑，轿顶及机房应整洁 | | |
| | | | |
| | | | |
| | | | |
| | | | |
| | | | |
| | 电动机，曳引机换油 | | |
| | 制动器铁芯拆洗调整 | | |
| | 清洁导轨 | | |
| | 各安全装置动作检查调整 | | |
| | 轿厢，对重缓冲距离检查调整 | | |
| | — | | |
| | | | |
| | | | |

| 保养人员： | | 保养日期 | |
|---|---|---|---|
| 到达时间： | | 离开时间 | |
| 用户签名： | | | |

## 物业管理常年运作预算估计表

(×年1月1日至×年12月31日)

| 序号 | 项目 \ 月份 金额 | 1月 | 2月 | 3月 | 4月 | 5月 | 6月 | 7月 | 8月 | 9月 | 10月 | 11月 | 12月 | 合  计（元） |
|---|---|---|---|---|---|---|---|---|---|---|---|---|---|---|
| 1 | 前期物业管理 | | | | | | | | | | | | | |
| 2 | 物业管理顾问费 | | | | | | | | | | | | | |
| 3 | 办公室人员有关开支 | | | | | | | | | | | | | |
| 4 | 保安服务 | | | | | | | | | | | | | |
| 5 | 清洁服务 | | | | | | | | | | | | | |
| 6 | 绿化保养维护费 | | | | | | | | | | | | | |
| 7 | 办公室开支 | | | | | | | | | | | | | |
| 8 | 电讯费用 | | | | | | | | | | | | | |
| 9 | 邮费 | | | | | | | | | | | | | |
| 10 | 设备维修保养费 | | | | | | | | | | | | | |
| 11 | 公共机费 | | | | | | | | | | | | | |
| 12 | 公共水费 | | | | | | | | | | | | | |
| 13 | 水电技工有关开支 | | | | | | | | | | | | | |
| 14 | 高压电工有关开支 | | | | | | | | | | | | | |
| 15 | 公共照明日常维修费 | | | | | | | | | | | | | |
| 16 | 公共水管日常维修费 | | | | | | | | | | | | | |
| 17 | 土建日常维修费 | | | | | | | | | | | | | |
| 18 | 电视线路维修费 | | | | | | | | | | | | | |
| 19 | 市内交通费用 | | | | | | | | | | | | | |
| 20 | 报刊杂志费 | | | | | | | | | | | | | |
| 21 | 银行费用 | | | | | | | | | | | | | |
| 22 | 常年法律顾问费 | | | | | | | | | | | | | |
| 23 | 节日装饰费 | | | | | | | | | | | | | |
| 24 | 物业保险费 | | | | | | | | | | | | | |
| 25 | 物业管理公约公证费 | | | | | | | | | | | | | |
| 26 | 住户手册和年报 | | | | | | | | | | | | | |
| 27 | 其他不可预见费 | | | | | | | | | | | | | |
| 28 | 专业审计费 | | | | | | | | | | | | | |
| 29 | 税收 | | | | | | | | | | | | | |
| 合计（元） | | | | | | | | | | | | | | |

**每月收入与支出表**

| 序 号 | 项 目 | 预算金额(元) | 实际开支(元) | 偏差(%) | 备 注 |
|---|---|---|---|---|---|
| 1 | 前期物业管理 | | | | |
| 2 | 物业管理顾问费 | | | | |
| 3 | 办公室人员开支 | | | | |
| 4 | 保安服务 | | | | |
| 5 | 清洁服务 | | | | |
| 6 | 绿化保养维修费 | | | | |
| 7 | 办公室开支 | | | | |
| 8 | 电讯费用 | | | | |
| 9 | 邮费 | | | | |
| 10 | 设备维修保养费 | | | | |
| 11 | 公共电费 | | | | |
| 12 | 公共水费 | | | | |
| 13 | 水电技工有关开支 | | | | |
| 14 | 高压值班电工有关开支 | | | | |
| 15 | 公共照明日常维修费 | | | | |
| 16 | 公共水管日常维修费 | | | | |
| 17 | 土建日常维修费 | | | | |
| 18 | 电视线路维修费 | | | | |
| 19 | 市内交通费用 | | | | |
| 20 | 报刊杂志费 | | | | |
| 21 | 银行费用 | | | | |
| 22 | 聘常年法律顾问费用 | | | | |
| 23 | 节日装饰费 | | | | |
| 24 | 物业保险费 | | | | |
| 25 | 物业管理公约公证费 | | | | |
| 26 | 住户手册和年报 | | | | |
| 27 | 其他不可预见费 | | | | |
| 28 | 专业审计费 | | | | |
| 29 | 税收 | | | | |
| 合计 | | | | | |

## 第三节 调查报告

**一、定义**

调查报告是把调查的成果和结论写成的一种局面报告。它以记叙、议论、说明为主要表达方式,内容以挖掘新问题、总结经验、反映情况、揭露矛盾为主体,并鲜明地向人们揭示事物的本质,提出解决问题的办法,指明前进的方向,用以推动各项工作。

针对性:调查的目的是为了解决某一社会实际问题,因此,调查的针对性很强。它不仅需要针对近期解决的问题,而且,还要按照党的方针、政策有意识地开展调查。

新闻性:调查报告属于广义的新闻范畴,同样具有新闻的特点、价值,一经交流或发表,即能传递新闻信息。

具体性:调查报告用事实说话,不能夸大或缩小,必须尊重客观实际,材料、数据的选择都必须可靠,阐述的道理应无可辨驳,具体、真实是调查报告的生命。

科学性:调查报告要在调查的基础上抓住事物的本质,反映事物的规律,得出科学的结论,因此,科学性也很强。

**二、种类**

调查报告按性质可分为新生事物调查报告、典型经验调查报告、情况反映调查报告、揭露问题调查报告等。从形式上可分为综合调查报告、专题调查报告。

(1)新生事物调查报告。新生事物调查报告是用于扶植和推广那些代表历史发展方向的新生事物,使它成长、发展和完善的一种书面报告。这类调查报告,要求真实、准确、生动、完整地报道一个新事物,并揭示事物发生、发展过程及其本质,找出规律性的东西。

(2)典型经验调查报告。是通过一些具有代表性的先进典型,通过调查之后总结出经验的一种书面报告。这种报告是党的路线、方针、政策在某一单位或部门贯彻落实的结晶,它不仅有表彰先进的作用,还能给其他单位或部门提供具体的经验和办法,具有很强的现实指导意义。

典型调查报告要求从事物的发生发展全过程中,揭示其本质找出带有规律性的东西来。这类调查报告不仅是经验的归纳,有时还要进行分析,引述典型事例,得出结论,使经验也有说服力。

(3)反映情况的调查报告。反映情况的调查报告是在贯彻执行党的路线、方针、政策的过程中,通过对一些值得重视的问题或情况进行调查研究后,把它反映出来,供上级领导机关了解情况、掌握情况的一种书面报告。这类调查报告主要是反映一些值得探讨的问题或值得重视的情况,但也有不少是把某一事情的做法、意义、作用、弊端等反映出来,以引起人们注意。它为领导机关研究问题、制定各项方针、政策和计划提供依据。撰写这种报告,着重是写调查的目的、方法、存在的问题或有关情况,以及改进的意见、办法或措施等。

(4)揭露问题的调查报告。这类调查报告用于揭露问题,暴露事实的真相,以引起人们的注意,以达到弄清是非,教育群众,解决总结的目的。它要求证据确凿,写得尖锐泼辣,一针见血。它的特点在于用事实说话,只在关键地方发表适当的议论。这种调查报告，用于现实生活，也用于历史事件。

### 三、写法

（1）调查报告的标题。调查报告的标题以概括文章的中心内容为主，并且根据需要，还可限制一定的范围。如《关于中青年干部锻炼成长的几个问题》，它高度概括了文章中"干部锻炼成长的几个问题"这一中心内容，并对干部的范围用"中青年"作了限制。

（2）调查报告的正文。它包括引言、主体文、结尾三个部分。

引言：引言是调查报告的开头部分，又可称为导语、前言等。这一部分是对调查报告基本情况作一概括介绍。首先是对调查的目的、主要内容、调查对象作一个简要说明。同时，根据需要把地点、时间、方法、范围、过程以及背景、成败等情况作一个介绍，或对结果作一估计。总之，调查报告的引言是极精要的，有时只有一句话。根据内容的需要，也可写得详细些。但它不是主体文，它只为正文的开展作准备，以引起读者的注意。

正文：正文是调查报告的核心部分，主要是把调查的过程和结果作具体的叙述和说明，并通过阐述剖析，寻找其规律性的东西，然后将文章的中心内容归纳、提炼，把成绩或问题、经验或教训，整理成几个观点，加以概括论述。根据实际需要，并以典型事例和确凿的数据对提炼形成的观点进行说明，在说明基础上进行小结。

调查报告因种类不同，其结构形式也不一样。有的根据事物的发生、发展的需要，可以写成横式，即按时间先后顺序来安排结构，必要时作一定的论述，最后作出结论。有的是按总结经验教训、成绩和问题来组织材料，这是一种纵式结构，即根据文章的中心内容，围绕主次、并列、层递的关系来安排结构。这类结构形式，按其每一方面的问题先归纳类似论文分论点的小标题，然后每一段落围绕所提出的问题进行阐述（有时是夹叙夹议，有时是叙述夹说明），然后根据实际需要举例说明。有时也可用概括的事例或数据进行说明，最后进行小结。

（3）结尾：调查报告的结尾多以结论和建议结束全文。

调查报告和许多实录性文章一样，通过议论的表达方式对某些问题加以说明；有的是对抽调查的现状作归纳性的说明，并指出其发展的远景；有的是总结全文，明确主题；有的是对正文里没有讲到的方面作一个补充说明；有的是谈了成绩或经验，在结尾谈问题或教训。总之，大多数调查报告都有一个简要的结尾。但也有把正文写完了，没有写结尾的。

### 四、注意事项

调查报告在写作中要注意以下一些问题：

（1）要做好深入细致的调查研究工作。调查报告是把调查的情况和结论写成文章，因此必须做好调查研究工作。首先是要勤问、勤记，全面掌握材料；其次在分析材料的基础上形成观点，确定调查报告的主题。

（2）要用事实说话，挖掘新问题，总结新经验，找出带规律性的东西。调查报告和新闻一样，要凭客观存在的事实说话，因此，必须选择真实可靠的数据和事例来说明自己的观点。特别要选择那些新鲜的、典型的材料，不能说空话和假话。并且还必须透过事物的现象，找出带共同特点的东西。这样才能揭示事物本质，找出规律性来。

（3）语言要简洁、生动。表达方式可综合应用，但不能去描绘。应通过议论表明某种观点，然后用事实直接说明某种观点，或用叙述事件的方法来说明观点。最后再用议论来表达结果。

调查报告在物业管理中应用广泛。

作为专业的物业管理公司,在接管物业前,有义务向发展商建议对物业的整体情况进行调查。其目的在于针对物业的使用性质,指出物业在规划设计上有待改进之处,或物业在施工和设备安装阶段遗留下来的问题。物业整体情况调查有助于分清发展商与管理公司在某些改进或维修项目上的责任,从而维护产权人或房屋使用人的利益。

然而,物业管理公司的责任只是向发展商提出整改意见,供发展商参考,发展商仍有最后的决定权是否要采纳管理公司的建议,加以改进或提高物业的整体水平。

物业情况调查报告分为两部分:一部分为缺陷记录;另一部分为管理公司针对物业缺陷提出的整改意见。这类调查报告多采用表格形式,如下:

### 建筑物调查报告

| 序号 | 缺 陷 | 整 改 建 议 | 备 注 |
|---|---|---|---|
| 1 | 向消防通道的开门缺乏自动关闭装置 | 在开门顶部安装自动关闭装置(开门应为防火门) | |
| 2 | 厕所窗口自然光线不足,厕所空气不流通。窗口是封闭性质的 | 放宽窗口让足够光线进入。把窗口改为拖拉式或安装送风扇 | |
| 3 | 电梯大厅窗口高度过低。这对于稍微高一点的观光者或在火灾住户混乱中逃跑时,可能会意外冲出窗外 | 在窗口周围加装适当高度的安全围护栏。也可摆设一些花盆 | |
| 4 | 住宅房间窗口高度过低而且没有反锁 | 加装锁头或装置铁窗 | |
| 5 | 安装在墙面的插座孔施工不到位,如果线种没作好绝缘的话,便会经常引起跳闸 | 作相应处理 | |
| 6 | 电缆竖井隔层要采用防火材料并填补所有洞口 | 一旦电缆敷设完毕,必须确保各项工作的进行 | |
| 7 | 楼上的阳台有洞口需填补 | 采用适当材料填补洞口 | |
| 8 | 局部电缆悬挂,安装不规范 | 使用线槽、线路安装规范 | |
| 9 | 商业中心楼顶的大片玻璃栅栏对今后的清洗和维修会带来一定的难度 | 此为设计问题 | |
| 10 | 商场的楼梯间加宽部位连接处还未完成 | 跟踪处理 | |

### 中央空调系统调查报告

| 序号 | 缺 陷 | 整 改 建 议 | 备 注 |
|---|---|---|---|
| 1 | 通向冷却塔的入口无门锁装置 | 调换成带锁的手柄 | |
| 2 | 大多数的阀和轮盘都已生锈 | 除锈并涂上保护膜 | |
| 3 | 供水、排水管尚未用适当的颜色油漆 | 供水管道应漆成蓝色,如有冷煤管道,要用青色 | |

续表

| 序号 | 缺　陷 | 整 改 建 议 | 备　注 |
|---|---|---|---|
| 4 | 维修、保养电动机的空间过小 | 进行维修保养时要注意安全 | |
| 5 | 减速外壳留有间隙。下雨时，雨水会轻易渗进去严重影响效率 | 修理这一缺陷 | |
| 6 | 在冷却塔周围提供足够的照明以便于夜间进行维修、抢修工作 | 在冷却塔周围提供足够照明度 | |
| 7 | 冷却塔技术指标标牌设置过高 | 调低技术指标牌位置 | |
| 8 | 排风扇外露，若小孩将手插入旋转的轮叶中，会造成伤害 | 在扇壳表面加装安全护栏网 | |

在物业管理中，也常用到条文式的调查报告。

例一：

## 让物业管理走向社会化、专业化
### ——对"丽江"物业管理模式取得成功经验的调查

　　××省物价局于1998年4月对被列为本省物业管理试点的丽江花园进行了为期一周的调查，通过调查，物价局认为丽江物业管理模式是一个先进，成功的模式，希望在全省得以推广。

　　已成立了业主委员会并于1998年被列为××省物业管理试点的丽江花园，其物业管理已初步走上了专业化和社会化道路。××省物价局房地产价格处处长××认为，丽江花园目前的物业管理模式是一个先进、成功的模式，值得全省的住宅小区学习。这种走上专业化和社会化的物业管理模式将会是一个发展趋向。××省物价局准备向省内一些收支基本平衡的大型住宅小区推行丽江花园的物业管理试点模式。

　　1997年底，丽江花园通过民主选举了业主联合会。业主联合会审批了丽江花园物业管理公司提交的1998年度管理开支预算，并与丽江花园物业管理有限公司签订了合约，正式委托丽江花园物业管理公司对丽江花园进行管理，合约为期两年。

　　丽江花园物业管理公司成为被雇佣者之后，进一步走上专业化、社会化道路。首先，它把专业项目，如清洁、绿化、机电水维修等公开向社会招标，交由专业的清洁公司、绿化园林管理公司和专业的机电水维修公司负责。另外，管理公司成立了一个由专业的水电工程师和绿化园艺师组成的物业部和督导队，对专业公司进了监督检查。

　　聘用了专业公司之后，物业管理公司将部分操作职能转为管理智能，既大大提高了物业管理水平，又大大减少了物业管理的成本，同时也减轻了业主的物业管理费负担。例如，管理公司在聘请专业清洁公司之前，光是几十栋住宅一年的清洁费就是67万元。而聘用专业清洁公司只需62.5万元。1998年通过招标，一年的清洁费更减至53万元。费用减少了，清洁水平反而大大提高了，不但为业主节省了清洁费用，管理公司也减轻了负担，精减了成本。同样，聘请其余项目的专业公司也节约了成本，提高了专业服务素质。据丽江花园物业管理公司的总经理×××介绍，每一个项目聘请专业公司之后，都能够比原来节约成本5%～10%。相信随着丽江花园物业管理专业化和社会化的逐步深入，丽江花园的业主们可花更少的钱而得到更好的专业服务。

据了解，丽江花园物业管理公司在成功取得丽江花园业主联合会的委托合约后，更加积极地开展对外业务，为其他楼盘的业主提供物业管理服务，使物业管理真正成为了专业化、社会化的行业。

——摘自《××晚报》（1998年5月8日）

例二：

巨额管理费哪去了？<br>——275户业主对这里的物业管理<br>深为失望，愤起签名要求进行监管

近日，××市天河区嘉陵苑住宅小区的257户业主签名支持成立"嘉陵苑临时业主委员会"，要求对嘉陵苑物业管理处进行监管，并清查业主缴纳的巨额管理费的去向。

根据国家建设部及××省建委的明文规定，未经竣工综合验收或核定为不合格的工程一律不得交付使用。但嘉陵苑业主入住两年多了，小区至今仍未通过有关部门的竣工综合验收。

嘉陵苑第一期车库投入使用了一年多，至今也未通过质监部门的验收。原来承诺1997年1月交付使用的第二期车库至1998年未投入使用。业主停车时，小区管理处每小时收费5元，超出物价部门制定的每小时4元的收费标准。

嘉陵苑每月收取的物业管理费长期维持在5元/$m^2$，明显高于××市物价局规定的标准。虽然目前按规定已降为3.9元/$m^2$，但各种分摊费用说收就收，如业主须缴3个月管理费按金、预缴6个月管理费、公共设施维修费基金、水电周转基金、保安联岗报警设备安装费等，这些收费全在物价部门核发标准之外。更令业主气愤的是，名目繁多的物业管理费收了两年多，收支账目却从未公开过，业主们对小区物业管理费用的使用情况至今还是一抹黑。单算每月3.9元/$m^2$的综合服务费，478户每年所缴费用近300万元，还有各种各样的按金、基金、车位费等。收取业主高额的管理费用，却远未达到高级住宅小区的物业管理要求。

两年来，业主们反映的小区物业管理问题总是迟迟得不到答复。有些业主拒缴不合理的管理费，结果至今拿不到房产证。因为开发商私自规定，业主必须缴清所有管理费才可拿到房产证。据了解，至今只有少数嘉陵苑业主拿到房产证。

更令嘉陵苑业主担心的是消防安全得不到保障。业主反映，嘉陵苑住宅楼至今还没有安装消防自动喷淋、紧急呼叫系统和消防烟火感应系统。记者前往××市消防局查询电脑资料，只查到1998年2月才登记的嘉陵苑地下室和1~3楼商场的消防验收合格证。

开发商原来承诺的高雅舒适住宅环境也完全变了样：网球场、游泳池、高级会所至今还在纸上；小区花园一直在敲敲打打，至今没有完工；小区内的一块公共用地如今成了某酒楼倒污水、放垃圾的地方。

根据《××市物业管理行业管理规定》和《××市住宅小区业主委员会实施办法》，小区入住率达到50%，须由住宅小区物业管理单位召开业主大会，选举产生业主委员会。

而嘉陵苑交付使用两年多，入住业主已达到八至九成，业主代表多次提出成立业主委员会，开发商却一推再推，至今没有召开过全体业主大会。

记者呼吁有关部门着手管一管。

——摘自《××晚报》(1998年5月8日)

## 第四节 合 同

### 一、合同的概述

合同，旧时称"契约"，现在称"合同"，有时又写作"协议书"。合同是单位与单位、单位与个人、个人与个人之间，为了办理某一事务，根据国家法律、法令、政策的规定，经过双方(或几方)协商，订出的共同遵守的条款。它用书面形式固定下来，各执一份，作为凭据，所以，合同含有合起来相同的意思。合同这种文体，在我国源远流长，早在周朝，人们在借贷过程中，就有签订契约的先例。这种契约就是把双方经协商决定的事项用文字书面确定下来，为日后发生异议时作为佐证。当时的书面契约或凭证叫做"券"。《史记·孟尝君列传》记载："酒酣，乃持券如前，合之。"文中所记的"券"，即为今之"合同"。古代的这种称为"券"的契约，分为左右两联，双方各执一联。"左券即左联，常用为索偿的凭证。《史记·田敬仲完世家》载："公常执左券以责于秦、韩"，陆游诗《禽言》云："人生为农最可愿，得饱正如持左券。"持左券即是有保证，成语"左券在握"、"胜操左券"即由此而业。"右券"即右联，为债务人所执。现在，我们的凭证，都在证明与存根之间加盖缝章，就是沿袭了古代的这种形式。

合同在社会上使用广泛，名目很多。这里着重就经济合同的特点、格式等作一介绍。

### 二、经济合同

(一)什么是经济合同

合同这种应用文体，使用于经济领域的叫做"经济合同"。具体地说，经济合同运用于社会生产和流通的各个领域，是在国家和企业之间，工农商各个经济部门之间，单位与单位、单位与个人、个人与个人之间，为实现一定的经济目的，按照法律规定，确定各自的权利与义务的协议。

经济合同是协议的一种，它具备协议应有的特点，是经过谈判协商而制定的共同承认、共同遵守的文件。但协议的适用范围更为广泛，它不仅运用于社会生产和流通的各个领域，也存在于其他活动领域，它是一种法律行为；而经济合同，则不仅是一种法律行为，也是一项经济活动。

随着我国社会主义商品经济的发展，机关、企业、事业、团体之间，以及国内某些机构与国外商团之间，经济往来日益频繁，达成协议、签订合同日益增多。1981年12月31日，第五届全国人民代表大会第四次会议通过了《中华人民共和国经济合同法》1982年7月1日开始实施，这标志着在新的历史条件下，经济合同的普遍推行。

(二)经济合同的基本特点

经济合同是当事人双方(或几方)，为实现一定经济目的，根据有关的政策法令，经双方(或几方)协商，共同订立的一种明确相互权利与义务关系的书面协议。因此，它必须具备如下特点：

1. 经济合同是法人之间为实现一定经济目的而订立的协议

据此,就要求签订协议双方(或几方)都必须具有法人资格。法人有别于法律上所称的"自然人",一般说来,构成法人资格必须有三个条件。

(1) 法人必须是经过国家认可的社会组织。

(2) 法人必须有能够独立支配的财产。

(3) 法人能以自己名义进行民事活动,参加民事诉讼。

以上三点,均为构成法人资格的必要条件,必须同时具备,才能成为法人。

随着商品经济的发展,除法人之间为实现一定经济目的而发生往来外,个体经营、农民同法人之间也出现了为一事实上的经济目的而发生经济往来。在此情况下,根据需要,可参照《经济合同法》,订立经济合同。

2. 经济合同是明确签约双方相互权利、义务的协议

列宁曾经说过:"订立正式的书面合同"使"我们确切知道自己的利益和损失,自己的权利和义务"(《列宁选集》第四卷第521页)。明确权利和义务,合同双方就能互相监督,这是一项实现国民经济计划的有力保证。同时,以契约为形式固定下来的各方应享受的权利、义务,受到法律保护。当事人一方,一旦因对方不履行其应尽义务,而使自己的权益蒙受损失时,就可以诉诸法院,以求国家机关保护自己的经济利益。

3. 经济合同一般是采用书面形式,将双方或多方当事人意见完全一致的协议事项,用文字固定下来

在现代复杂的经济活动中,各经济组织之间所签订的合同,其标的物(物品、金额)数量较大,内容较复杂,不采用书面形式把协议内容固定下来,单凭记忆来履行其义务或要求享受权利,都易发生"口说无凭",扯皮推诿,难以保证经济活动的正常进行。要"口说有凭",就应先"立据为证"。因此,为了不影响正常的经济秩序,保证经济活动的顺利进行,避免给国家和集体造成损失,不妨先将各经济组织之间协商的协议,用文字记录下来,"立此存照"。所以,经济合同要求采用书面形式。

4. 经济合同是双方或多方的法律行为

经济合同是双方或多方当事人意思表示的一致,而不是单方的法律行为,合同当事的任何一方,都不能把自己的单方意愿强加于另一方。当事人为达到一定法律后果的共同意愿,是区别合同和其他法律行为的基本标志,这就体现了国家保护合同当事人有意识、有目的地从事各种经济活动的民事权利,以满足他们生产、经营或生活等方面的实际需要。

(三) 经济合同的作用

经济合同是经济活动中协作关系的具体反映,是国家管理经济的有效手段。实行经济合同制,用经济方法管理经济,这是当前经济体制改革中一项需要普遍推行的重要制度。正确运用经济合同,对加速我国社会主义现代化建设,实现党的战略目标,具有重要作用。在全国人大常委会法制委员会起草的民法草案中,有关合同的条款多达257条,占整个民法条款的一半以上。可见国家对经济合同的重视,也体现了合同在发展社会主义经济中,有着极其重要的作用。其具体作用表现在以下几方面。

1. 既有利于保证国家计划的实现,又是制定计划的重要依据和必要补充

经济合同是落实国家计划,使计划具体化的重要形式。各经济组织按计划要求签订合同,确定了产品的品种、规格、质量、数量和交货日期等,就使计划的实现有了具体保

证。通过签订经济合同，把各有关经济部门、企业联系起来，并以法定的形式明确解答各方应负的经济责任，这样国家计划就会落到实处。

经济合同也是制定经济计划的重要依据和必要补充。因为经济合同是连接生产与消费的纽带，是反映社会需要状况的一面镜子，国家在这些合同或合同要求汇总的基础上制定各级计划，就能避免生产和需求脱节。所以说经济合同是制定计划的依据。不仅如此，由于社会经济活动十分广泛复杂，国家下达的计划不可能详细具体地规定不同时期包括各种规格在内的全部产品的生产、分配和销售指标，因此，对于那些不能直接纳入国家计划的产品，就利用经济合同的形式，把它们纳入计划的轨道。这样，经济合同对经济计划就起到了必要的补充作用。

2. 有利于发展生产的专业化和各经济部门的大协作，提高经济效益

生产力的发展，科学技术的进步，对生产专业化的要求越来越高，各专业化部门的大协作也越来越密切。专业化是大协作的基础，大协作又是专业化生产不可缺少的条件。经济合同签订后，由于具有法律的强制性质，就可以保证各部门、各单位之间有机联系起来，使供应、生产、运输和销售等各个环节相互紧密地衔接起来，按时、按质、保量地完成各部门、各单位的任务，保证各部门、各单位之间协调一致，从而形成完整的、有机的社会经济体系。所以《中共中央关于加快工业发展若干问题的规定》(《工业三十条》)中规定：要对企业实行"五定"、"五保"，基础条件之一便是确定协作关系，保证企业有稳定的生产条件。它规定"协作双方必须签订经济合同，稳定的协作关系要逐步向签订长期合同的方向发展"。可见，经济合同在社会化大生产中，起着合理组织生产协作和调整协作关系的作用，是联系各企业、各部门之间经济活动的重要纽带。

3. 有利于国家加强对企业的监督与管理

经济合同是落实和完成国家计划的重要手段，又是检验计划完成情况的依据。国家主管部门和经济领导机关，可以通过对企业经济合同的签订和履行，通过对经济合同的监督、鉴证，对经济合同纠纷的仲裁，了解和掌握企业完成生产任务的情况和经营管理的好坏，有利于及时发现、纠正企业经营中的问题，改革企业的经营管理制度。

4. 有利于提高企业经营管理水平

经济合同是促进企业提高经济效益的重要措施。《经济合同法》第六条规定："经济合同依法成立，即具有法律约束力，当事人必须全面履行合同规定的义务，任何一方不得擅自变更或解除合同。"在法律约束下，当事人必须履行合同中的各项协议，为此，各企业必须加强经济核算，提高劳动生产率，全需完成协议规定的各项经济技术指标，提高经济效益，这就促进了企业加强经营管理。

5. 有利于加强国际经济往来，促进对外贸易，发展国际间经济技术大协作

改革开放以来，国际贸易和经济交往日益频繁，经济合同在国际经济交往中，占有重要地位。在每年两次的广州交易会和各种专业交易会上，我国同外商、港商签订了大量的经济合同，大大促进了对外贸易的发展。此外，还和许多国家签订贷款合同、承包工程和劳务合同等。对外签订各种形式的合同，是实现国际经济协作，利用外资和引进先进技术的有效法律形式。由此可见，经济合同在对外经济关系中的重要作用。

6. 有利于保护经济合同当事人的合法权益，有利于经济秩序的稳定

经济合同一经签订，就具有法律约束力。《工业三十条》中明确规定："合同一经签订

必须严格执行。破坏协作,破坏合同,就是破坏社会主义计划经济。不按规定执行合同和随意中断协作关系的,要追究责任并赔偿损失……"。对那些不执行经济合同的单位或个人,要依法进行制裁。这样就保护了经济合同当事人的合法权益。

合同签订后,各有关部门明确了各自责任,减少了扯皮、互相推诿、不负责任等现象的出现,有利于社会主义经济秩序的稳定。

(四)经济合同的种类

随着社会主义商品经济的发展,企事业单位之间的交往日益频繁,经济合同的种类,也越来越多,按不同的分类标准,正确区分经济合同的种类,可以揭示各种不同种类合同的特征,更好地调整经济关系,发挥经济合同的作用。现就目前实际经济生活中,经常用到的经济合同作如下分类:

**经常用到的经济合同分类**

| | | | |
|---|---|---|---|
| 常见的经济合同的种类 | 按内容分类 | 协作合同 | 供销合同 |
| | | 产销合同 | 建筑安装施工合同 |
| | | 运输合同 | 物资保管合同 |
| | | 购销合同 | 财产保险合同 |
| | | 供应合同 | 技术转让合同 |
| | | 租赁合同 | 加工合同 |
| | | 订货合同 | 包工合同 |
| | | 修缮合同 | 借贷合同 |
| | | 出版合同 | 劳动竞赛合同 |
| | | 师徒合同 | 劳动合同 |
| | | …… | |
| | 按形式分类 | 条文合同 | |
| | | 表格合同 | |
| | 按时限分类 | 长期合同 | |
| | | 短期合同 | |
| | | 一次性合同 | |
| | 按合同签订者的经济关系分类 | 全专项所有制企业之间的协作合同 | |
| | | 全民所有制与集体所有制企业之间的协作合同 | |
| | | 工商企业之间的产销合同或供应合同 | |
| | | 工商企业与各级国家管理单位之间的经济合同 | |
| | | 企业内部的合同 | |
| | | …… | |

(五)经济合同的基本内容和格式

1. 经济合同的基本内容

经济合同种类繁多,因其种类不同而内容也不尽相同,但不管其种类如何,作为经济合同,都必须具备一些共同的基本内容。《经济合同法》第十二条明文规定:"经济合同应具备以下主要条款:①标的(指货物、劳务、工程项目等);②数量和质量;③价款或者酬金;④履行的期限、地点和方式;⑤违约责任。根据法律规定或按经济合同性质必须具备的条款,以及当事人一方要求必须规定的条款,也是经济合同的基本内容。下文逐一加以说明。

(1)标的

标的是签订经济合同的当事人双方权利和义务共同所指向的对象。任何经济合同都得有标的，且标的一定要准确、具体、肯定。标的的名称、型号、规格要写清楚。否则，当事人应享受的权利、应尽的义务，便无所依据，合同要求就无法实现。如某食品厂与某食用油厂签订《香油购销合同》，其标的物为"香油"，"香油"这个名称是不准确的，因为我国南方的一些地区（如安徽省），把芝麻油叫做麻油，把菜籽油叫做香油；而我国北方的一些地区，却是把"芝麻油"叫做"香油"。合同的标的物名称不统一，有歧义，这样的协议条款在执行中就容易发生纠纷。

(2) 数量和质量

这是指标的物准确的数量，精确具体的计量单位和质量标准。

1) 数量。标的数量是衡量合同当事人双方权利义务大小的尺度，不规定数量，双方权利和义务的大小就不能确定。在确定数量时，数字要准确，计量单位要明确，不能含糊，如：××贸易公司与××实业公司，签订一服装购销合同，其数量为 200 包，用"包"作为数量单位显然是错误的。因为包有大有小，它不是一个确切的度量衡单位，用它来表述协议的数量，是很容易发生纠纷的。在协议中表述数量时，应该用度量衡单位。

2) 质量。标的的质量，是标的物的使用价值的具体化，是标的物的内在素质和外观形态的综合，经济合同必须明确、具体地规定标的质量要求。例如，工业产品的质量必须具体订出何时的国家或部颁标准。如果是协商标准，还必须另附协议书或提交样品，否则其权利义务的大小，责任的轻重程度就难以确定，也就不利于标的质量的提高。

(3) 价款或酬金

这是取得对方产品或接受对方劳务时所支付的代价，它是以货币数量来表示的。双方（或几方）都应遵照等价互利的原则，对标的的价款或酬金协调一致属明规定的计算标准、具体金额、给付办法；同时还应写明当发生标的物品价格涨落变化时，价款或酬金的应变处理办法。在合同签订后，如遇国家定价调整时，应按照《经济合同法》的规定执行。这就是：凡执行国家定价的，在合同规定的交付期限内国家价格调整时，按交付时的价格定价；逾期交货的，遇价格上涨时，按原价格执行，价格下降时，按新价格执行。

在实践中，由于价格的调整，双方为价格问题发生争执的事，时有发生。这种争执往往表现在提供物资一方在价格上涨时，要按新价格执行，在价格下降时，要按原价格执行；而受货一方在物价上涨时，要按原价格执行，在价格下降时，要按新价格执行。各执一端，影响合同的履行，因此，签订合同时，不仅要写明价格，而且要明确遇到物价变动时应该如何处理。

(4) 合同履行的期限、地点和方式

经济合同的履行期限，是关于合同范围内的经济活动的期限的规定。否则，就会给对方造成损失。《经济合同法》规定："交（提）货期限要按照合同规定履行。任何一方要求提前或延后交（提）货，应在事先达成协议，并按协议执行。"

经济活动的履行地点，就是履行经济合同义务所规定的地方。履行地点直接关系到履行费用。因此，签订合同时应明确费用负担的归属。履行地点可按法律或合同的规定。例如运输合同，履行地点就是规定把货物运到某个目的地；购销合同的履行地点，可定在需方所在地，也可在供方所在地，抑或供需双方商定的第二地（仓库或其他指定地点）。

经济合同的履行方式，是根据经济合同的不同内容而定，其方式多种多样。有的合同需要交付一定工作成果来履行，如建设工程承包合同，就是用完成某项工程方式来履行的，如购销合同就是供方把货物转移给需方，其转移方式，又有一次履行或分批履行，是送货还是到供方所在地提货；供方送货是委托交通部门托运还是自己跟车送货……由于履行合同的方式多种多样，由此，在签订合同时，都应具体规定。

（5）违约责任

这是对不按经济合同规定履行义务的制裁措施。除不可把握的意外事故外，违约一方应承担赔偿责任。这样就强化了双方的责任心，保证经济活动正常化。违约赔偿金具有惩罚的性质，《经济合同法》就明确规定：不得将违约赔偿金作为成本开支。

以上五项内容，是任何一份经济合同必须写上的主要条款。至于标的物包装方法、运输方式、保管、结算方法、验收及损耗的处理方法等，也应该在经济合同中明确规定，以免责任不清，引起纠纷。此外，凡是根据法律规定的，或按经济合同性质必须具备的条款，以及当事人要求规定的合理合法的条款，均应作为经济合同的基本内容。

### 三、经济合同的格式

经济合同的格式，主要有表格式和条文式两种：①条文式把双方（或几方）达成的协定列成几条，写入合同；②表格式是按印制好的表格，把协商同意的内容逐项填入表中。凡经济合同，无论是条款式，还是表格式，一般都包括以下四个部分：

1. 标题

即合同名称，直接标明了合同的性质，要写在合同的第一行的中间，且字体要大一些。如："加工订货合同"、"托运合同"、"购销合同"等。

2. 签订合同的单位名称

一般采用并列式书写，先写单位全称，为了在正文中语言表达方便，可在当事人一方的名称后面加括号注明为"甲方"（或"以下简称甲方"）；另一方"乙方"（或"以下简称乙方"）；如有第三方时，则简称"丙方"。有的合同直接用"供方"和"需方"来表示；有的称一方是"卖方"，另一方是"买方"。有的合同在单位名称前，还要写明合同性质。

立联营合同单位　　××食品厂（简称甲方）

　　　　　　　　　××县供销社（简称乙方）

3. 正文

这是经济合同的主体，应包括如下内容：

（1）开头。条文式合同的开头，一般都要用一段文字，写明签订合同的目的、依据和协商经过。如："为了……，经双方协议，订立下列条款，以资共同遵守。"

（2）双方议定的条款。即双方（或几方）协议的基本内容，它包括前面所讲的五项基本条款及其他有关条款。

（3）附则。一般是规定执行合同中发生了意外情况的处置办法。这也是经济合同中必备条款，包括因自然灾害等非人为因素造成无法履行或无法完全履行合同的情况，注明合同份数和分送单位及其他未尽事宜等。合同如有表格、图纸、实样等附件，应写在或附在正文后面，并在附则中注明件数。

4. 结尾

（1）签字盖章。在正文的下方写明签订合同的双方的名称和代表姓名，并盖上印章。如果需要双方（或几方）上级主管部门证明和工商行政管理部门或司法部门鉴证或公证的，需要写双方（或几方）上级机关或鉴证、公证机关的全称和上述单位代表人姓名，并分别加盖印章。

(2) 如签订合同各方相距较远，还应写上各单位地址、电话、电报挂号以及开户银行、账号等。

(3) 签订日期。在双方签字盖章的右下方，写明签订合同的年、月、日。

例文：

## 建设工程设计合同

立合同单位　　　　××工业公司（简称甲方）

　　　　　　　　　民用建筑设计院（简称乙方）

为了加强协作，明确双方分工，相互促进，多快好省地完成本工程的设计任务，经协商同意共同遵守下列各条：

第一条：甲方委托乙方设计职工住宅 $4000m^2$，投资 230 万元，6 层楼，包括供水、供电、供煤气系统在内。

第二条：甲方应组织施工单位对结构造型、施工方式、建筑用料等意见书于 1990 年×月×日前提交乙方。经商定后，乙方于 1990 年×月×日提交初步设计文件。

甲方收到初步设计文件后，应尽快（不得超过 15 天）将主管部门审查批准意见送回乙方。如初步设计文件审批意见涉及用地范围、建设规模、设计原则等重大变更，需另搞设计，要重新商定合同，另收设计费。

第三条：施工图纸在初步设计审查文件确定后 6 个月内交清。乙方如未按期完成施工图纸，拖延工期造成损失，应按实际损失赔偿。

第四条：本工程甲方应付给乙方设计费×万元。

本合同签订时预付设计费 20%；乙方交付施工图时，共设计费全部付清。

第五条：乙方应保证工程设计质量。如乙方因设计原因造成工程质量事故，乙方应及时采取措施，予以补救；如已造成经济损失，应按实际损失赔偿。

第六条：甲方如因城建、规划、施工等原因，或因设计任务有较大变动，中途要求变更设计时，乙方按已完成的设计进度的百分比，收取设计费，设计进度另议。

第七条：甲方中途停止设计，应及时书面通知乙方，并付清相应的设计费。

第八条：乙方到外地现场设计，住宿费、交通费由甲方负担。

第九条：本合同正本二份，甲乙双方各执一份；副本四份，甲乙双方各执两份。

第十条：本合同自 1990 年×月×日起生效。

建设单位：（盖章）　　　设计单位：（盖章）

负责人：（签字）　　　　负责人：（盖章）

联系人：　　　　　　　　设计总负责人：（签字）

地址：　　　　　　　　　地址：

电话：　　　　　　　　　电话：

19××年×月×日

## 四、签订合同应遵循的原则和要求

1. 签订合同遵循的原则

(1) 经济合同内容不得违反国家法律、法令和国家的有关经济政策,也就是说,订立合同要贯彻合法的原则。如有单位私下订立买卖土地合同,这就是违反法律的规定,因为我国实行土地公有制,国家法律明令禁止买卖土地或变相买卖土地。私订的土地买卖合同不仅无效,而且要不定期追究法律责任。

(2) 签订经济合同,要符合国家计划的要求。经济合同是实现国家计划的一个重要的法律形式,是执行国家计划的保证。因此,企事业等单位之间或各种组织与个体户、农民间签订合同,只要是属于国家计划管理范围内的产品、物资或项目,就必须符合国家计划的要求,绝不能违背国家计划。

(3) 经济合同内容不得违反社会公共利益和社会主义道德规范。否则经济合同就不具有法律效力,情节严重还要依法惩处。

(4) 经济合同必须贯彻平等互利、协商一致等价有偿的原则。

所谓签订经济合同必须贯彻平等互利、协商一致的原则,就是说签约双方必须在经济法律地位平等和自愿的基础上充分协商,取得一致意见。任何一方都不得损害对方或第三方的利益;不得以一方意志强加于另一方,任何单位或个人也不得利用职权或其他特殊条件,恣意践踏这个原则。

等价有偿原则,是商品——产品等量劳动相交换原则在法律上的具体化。经济合同双方必须本着等价交换,有偿调拨的原则签订合同,才能比较科学地反映出经济合同中权利和义务的内容,否则,必然是一方无偿占有另一方劳动或商品;必然是一方得到的价值不能补偿它的物质消耗和劳动消耗,这不仅违背了等价有偿的原则,也践踏了平等互利的原则。

(5) 经济合同的当事者,必须具备法人资格,否则,无权签订经济合同,严格审查当事者的法人资格证,就可以防止社会上少数不良分子开"皮包公司"、订"口袋合同"、投机倒把、买空卖空、走私贩私等犯罪活动的发生。

2. 签订经济合同的要求

(1) 经济合同的条文内容,必须具体明确,措词用字,应力求准确、简洁。如:一份技术转让合同,其技术转让内容为"'××镇咳平喘烟'的配方及生产工艺资料,有关部门的鉴定材料等"。这条款最后的"等"字就使用不妥不符合用语准确的要求。一就是一,二就是二,该条款最后使用了一个"等"字,就使得技术转让内容变得不确定。这不仅不利于转让方明确自己的义务,而且也容易成为受让方追究责任的口实。

(2) 合同字迹要清楚,标点要正确,有关钱货数目要大写,要用钢笔或毛笔书写,不能用圆珠笔写,以防日久字迹模糊。

(3) 经济合同所包括的项目要完整,其基本内容,不得有遗漏。

(4) 经济合同拟好后,一般要请业务主管部门(如合同鉴证处)工商行政管理部门进行鉴证或公证,以免发生差错。鉴证就是对合同的合法性、可行性、真实性进行审查,如果有不符合要求之处,经鉴证机关指出,签订合同的各方应及时纠正、修改或补充。

(5) 标明附件。如:工程合同,往往附图样、项目、工程进度等。附件同样具有法律效力。因此附件名称、件数都必须在结尾写明,不得马虎从事。

(6) 不得随意涂改。合同是甲乙双方(或几方)具有法律效力的文书,对参加签订者均有同等的约束力,因此,任何一方都不得擅自涂改。如因合同的文字和内容有错或因特殊情况必须修订补充时,必须经过双方协商同意,并在修改处由双方加盖印章,以示慎重、负责。有时亦或用互致函件方式进行修订补充,这种函件应作为合同附件一并保存。

合同在物业管理中有着重要的作用和特别的规定。

1994年3月11日,中华人民共和国建设部第五次常务会议通过了《城市新建住宅小区管理办法》(以下简称《办法》)。该《办法》于1994年9月1日起施行。这是中国改革开放后建设部第一次颁布的有关物业管理的行政法规。该《办法》第五条明确规定:"房地产开发企业在出售住宅小区房屋前,应当选聘物业管理公司承担住宅小区的管理工作,并与其签订物业管理合同。"第十条指出:"物业管理合同应当明确:①管理项目;②管理内容;③管理费用;④双方权利和义务;⑤合同期限;⑥违约责任;⑦其他。"

1997年5月28日通过的《上海市居住物业管理条例》规定:"物业管理企业接受委托从事物业管理服务,应当与业主或者业主委员会签订物业管理服务合同。"对于新建住宅小区,住宅出售后,在业主委员会未成立前,《条例》规定为"前期物业管理"。并规定住宅出售单位应当选聘物业管理公司和签订前期物业管理合同。"新建商品住宅出售单位应当在出售住宅前制定住宅使用公约,与其选聘物业管理企业签订前期物业管理服务合同","前期物业管理服务合同业主委员会与其选聘的物业管理企业签订物业管理服务合同生效时终止。"

无论是前期物业管理合同还是物业管理合同,其内容都应注明以下事项:

(1) 业主委员会(或住宅出售单位)和物业管理企业的名称、住所;
(2) 物业管理区域的范围和管理项目;
(3) 物业管理服务的事项;
(4) 物业管理服务的要求和标准;
(5) 物业管理服务的费用;
(6) 物业管理服务的期限;
(7) 违约责任;
(8) 合同终止和解除的约定;
(9) 当事人双方约定的其他事项。

《条例》还规定"物业管理服务合同的期限为两年"。当物业管理服务合同终止或者解除后的十日内,物业管理企业应当向业主委员会办理下列事项:

(1) 对预收的物业管理服务费用按实结算,多收的部分予以退还;
(2) 移交全部物业档案资料和有关财务账册;
(3) 移交业主共有的房屋、场地和其他财物。

例:

物业管理合同(上海示范文本)

第一章 总 则

第一条 本合同当事人。

委托方(以下简称甲方):

组织名称:_____

代 表 人:_____

地 址:_____

联系电话：_____
受委托方（以下简称乙方）：
企业名称：_____
法定代表人：_____
注册地址：_____
联系电话：_____

根据有关法律、法规，在自愿、平等、协商一致的基础上，甲方将(物业名称)委托乙方实行物业管理，订立本合同。

第二条 物业基本情况。
物业类型：_____
坐落位置：_____市_____区_____路(街道)_____号
占地面积：_____ m²
建筑面积：_____ m²
委托管理的物业构成细目见附件一。

第三条 乙方提供服务的受益人为本物业的全体业主和物业使用人，本物业的全体业主和物业使用人均应履行本合同，承担相应的责任。

## 第二章 委托管理事项

第四条 房屋建筑共用部位的维修、养护和管理，包括：楼盖、屋顶、外墙面、承重墙体、楼梯间、走廊通道、门厅、庭院。

第五条 共用设施、设备的维修、养护、运行，共用的上下水管道、落水管、污水管、共用照明、中央空调、供暖锅炉房、楼内消防设施设备、电梯、_____、_____、_____。

第六条 公共设施和附属建筑物、构筑物的维修、养护和管理，包括道路、室外上下水管道、化粪池、泵房、自行车棚、停车场、_____、_____场、_____、_____。

第七条 公共绿地的养护与管理。

第八条 附属配套建筑和设施的维修、养护和管理，包括商业网点、文化体育场所、_____、_____、_____。

第九条 公共环境卫生，包括房屋共用部位的清洁卫生，公共场所的清洁卫生、垃圾的收集、_____、_____、_____。

第十条 交通与车辆停放秩序的管理。

第十一条 维持公共秩序，包括安全监控、巡视、门岗执勤、_____、_____、_____。

第十二条 管理与物业相关的工程图纸、住用户档案与竣工验收资料。

第十三条 负责向业主和物业使用人收取下列费用：
1. 物业管理费：_____；
2. 保洁费：_____；
3. 保安费：_____；
4. 房屋设备运行费：_____；

5. 维修养护费：＿＿＿＿＿＿＿＿＿＿＿；

6. ＿＿＿＿＿＿＿＿＿＿＿＿＿＿＿。

第十四条　业主和物业使用人房屋自用部位、自用设备及设备的维修、养护，在当事人提出委托时，乙方须接受委托并合理收费。

第十五条　对业主和物业使用人违反《业主公约》的行为，针对具体行为并根据情节轻重，采取批评、规劝、警告、制止、＿＿＿＿＿＿＿等措施。

第十六条　其他委托事项。

1. ＿＿＿＿＿＿＿＿＿＿＿；
2. ＿＿＿＿＿＿＿＿＿＿＿；
3. ＿＿＿＿＿＿＿＿＿＿＿；
4. ＿＿＿＿＿＿＿＿＿＿＿。

第三章　委托管理期限

第十七条　委托管理期限为＿＿＿＿年。自＿＿＿＿年＿＿＿＿月＿＿＿＿日＿＿＿＿起至＿＿＿＿年＿＿＿＿月＿＿＿＿日＿＿＿＿时止。

第四章　双方权利义务

第十八条　甲方权利义务。

1. 代表和维护产权人、使用人的合法权益；
2. 制定《业主公约》并监督业主和物业使用人遵守公约；
3. 审定乙方制定的物业管理方案；
4. 检查监督乙方管理工作的执行情况；
5. 审定乙方年度管理计划、资金使用计划及决算报告；
6. 在合同生效之日起＿＿＿＿＿＿日内向乙方提供＿＿＿＿＿＿＿＿m² 建筑面积管理用房（产权仍属甲方），由乙方按下列第＿＿＿＿＿＿项执行：

（1）无偿使用；

（2）按建筑面积每月每平方米＿＿＿＿＿＿元租用，其租金收入用于＿＿＿＿＿＿。

7. 负责归集物业管理所需全部图纸、档案、资料，并于合同生效之日起日内向乙方提供；

8. 当业主和物业使用人不按规定交纳物业管理费时，负责催交或以＿＿＿＿＿＿方式偿付。

协调、处理本合同生效前发生的管理遗留问题：

（1）＿＿＿＿＿＿＿＿＿＿＿；

（2）＿＿＿＿＿＿＿＿＿＿＿。

协调乙方做好物业管理工作和宣传教育、文化活动：＿＿＿＿＿＿＿＿＿＿＿。

第十九条　乙方权利义务。

1. 根据有关法律、法规及本合同的约定，制定物业管理方案；
2. 对业主和物业使用人违反法规、规章的行为，提呈有关部门处理；
3. 按合同第十五条的约定，对业主和物业使用人违反业主公约的行为进行处理；
4. 选聘专营公司承担本物业的专项管理业务，但不得将本物业的管理责任转让给第三方；

　　5．负责编制房屋、附属建筑物、设施、设备、绿化的年度维修养护计划，经双方议定后由乙方组织实施；

　　6．向业主和物业使用人书面告知物业使用的有关规定，当业主和物业使用人装修物业时，书面告知有关限制条件，并负责监督；

　　7．每_____个月向全体业主和物业使用人公布一次维修养护费用收支使用情况；

　　8．对本物业的公共设施不得擅自占用和改变使用功能，如需扩建或完善配套项目，须与甲方协商后报有关部门批准方可实施；

　　9．本合同终止时，乙方必须向甲方移交全部管理用房及物业管理的全部档案资料；

　　10．_____。

### 第五章　物业管理服务要求标准

　　第二十条　乙方须按下列约定，实现管理目标，即业主和物业使用人对乙方的管理满意率达到_____%：

　　1．房屋外观：_____；
　　2．设备运行：_____；
　　3．房屋及设施、设备的维修、养护：_____；
　　4．公共环境：_____；
　　5．绿化：_____；
　　6．交通秩序：_____；
　　7．保安：_____；
　　8．急修：_____；
　　　小修：_____。

　　具体的物业管理服务质量见附件二。

### 第六章　物业管理服务费用

　　第二十一条　物业管理服务费：

　　1．管理费由乙方按建筑面积每平方米_____元或按套每户_____元向业主收取。

　　2．保洁费由乙方按建筑面积每平方米_____元或按套每户_____元向业主或物业使用人收取。

　　3．保安费由乙方按建筑面积每平方米_____元或按套每户_____元向业主或物业使用人收取。

　　4．高层住宅电梯、水泵、_____运行费按实结算，由乙方向业主收取。

　　5．管理服务费标准的调整，按_____调整。

　　6．对业主和物业使用人逾期交纳物业管理费的，乙方可以从逾期之日按应缴费用千分之三加收滞纳金。

　　第二十二条　住宅区域的非居住用房管理服务费按居住收费标准的_____倍收取。

　　第二十三条　车位和使用管理费用由乙方按下列标准向车位使用人收取：

　　1．露天车位：_____；
　　2．车库车位：_____；

3. _____；

4. _____。

第二十四条　乙方对业主或物业使用人的房屋自用部位、自身的费用计付。

第二十五条　乙方向业主和物业使用人提供的其他服务项目的收取标准约定如下：

1. _____；

2. _____。

第二十六条　房屋共用部位、共用设备、设施、公共设施的维修、养护费用由物业管理区域内的全体业主按照各自拥有的住宅建筑面积的比例共同承担，在物业维修基金中列支或直接向业主收取。

## 第七章　违　约　责　任

第二十七条　甲方违反本合同第十八条第_____款的约定，使乙方未完成规定的管理目标，乙方有权要求甲方在一定期限内解决，逾期未解决的，乙方有权终止合同；造成乙方经济损失的，甲方应给予乙方经济赔偿。

第二十八条　乙方违反本合同第五章的约定，不能完成管理目标，甲方有权要求乙方限期整改，逾期未整改的，甲方有权终止合同；造成甲方经济损失的，乙方应给予甲方经济赔偿。

第二十九条　乙方违反合同第六章的约定，擅自提高收费标准的，甲方有权要求乙方清退；造成甲方经济损失的，乙方应给予甲方经济赔偿。

第三十条　甲乙双方任何一方无法律依据提前终止合同的，违约方应赔偿对方××元的违约金，造成对方经济损失的，应给予经济赔偿。

## 第八章　附　　则

第三十一条　双方约定自本合同生效之日起_____天内，根据甲方委托管理事项，办理接管验收手续。

第三十二条　双方可对本合同的条款进行补充，以书面形式签订补充协议；补充协议与合同具有同等效力。

第三十三条　本合同之附件均为合同有效组成部分。本合同及其附件内，空格部分填写的文字与印刷文字具有同等效力，但不得修改本合同印制条款的本意。

本合同及其附件和补充协议中未规定的事宜，均遵照中华人民共和国有关法律、法规和规章执行。

第三十四条　本合同正本连同附件_____页，一式三份，甲乙双主及物业管理行政主管部门（备案）各执一份，具有同等法律效力。

第三十五条　因房屋建造质量、设备设施质量或安装技术等原因，达不到使用功能，造成重大事故的，由甲方承担责任并作善后处理。产生质量事故的直接原因，以政府主管部门的鉴定为准。

第三十六条　本合同执行期间，如遇不可抗力，致使合同无法履行时，双方应按有关法律规定及时协商处理。

第三十七条　本合同在履行中如发生争议，双方应协商解决，协商不成时，提请上海市仲裁委员会裁决（当事人双方没达成书面仲裁协议的，可以向法院起诉）。

第三十八条　合同期满，本合同自然终止，双方如续订合同，应在该合同期满

_____天前向对方提出书面意见。

第三十九条　本合同自签订之日起生效。

甲方签章：　　　　　　　　　乙方签章：
代表人：　　　　　　　　　　代表人：
见证人：　　　　　　　　　　见证人：
签　章：　　　　　　　　　　签　章：

## 第五节　公　约

**一、定义**

公约是在一定范围或行业内的社会成员自己倡议制定，共同遵守的行为准则和道德规范。公约具有与守则相同的特点，即准确性、可行性、针对性。

公约有文明公约、服务公约、爱国卫生公约等不同类型。在物业管理中，我们常用的是《业主公约》。

**二、写法**

(1) 标题。标明公约的名称，说明公约的性质，也可以加上地区或单位名称，如《××嘉苑爱国卫生公约》等。

(2) 正文。分条写出公约的具体内容，也就是参与订立公约者要遵守的事项。有的在条文前简明扼要地说明订立本公约的目的。

(3) 结尾。在右下方属上订立公约的单位名称与日期。如标题上已写单位名称的，就只需写清日期。

**三、要求**

(1) 事前应充分酝酿，广泛讨论，使群众对党和政府的有关方针政策或指示有正确认识，并要充分考虑本单位的实际情况。

(2) 要充分发扬民主，让所有订立公约的人都提意见、出主意，然后把意见集中起来，写成条文通过，才能成为正式的公约。要避免由个别人或少数人包办代替。

(3) 条文要力求简明、具体、便于记忆、执行和检查。

(4) 公约定好后，要抄写清楚，贴在大家容易看到的地方，以便相互监督、共同遵守、真正落实。

(5) 在执行公约的过程中，随着形势或情况的发展与变化，应及时修改补充。

在物业管理中，公约有着十分重要的作用。在业主大会或业主代表大会能上能下，全体业主或业主代表应审议通过"业主公约"，《××市居住物业管理条例》指出："业主公约是有关物业使用、维修和其他管理服务活动的行为规范，对全体业主具有约束力。"而使用人也应当遵守业主公约。

**四、例文**

例一：

### 《业主公约》（上海示范本）

为加强望江嘉苑(以下简称"本物业")的管理，维护全体业主和物业使用人的合法权益,维护公共环境和秩序,保障物业的安全与合法使用,根据《上海市居住物业管理条例》和有关法规、规章、规范性文件制订本公约。全体业主和使用人均须自觉遵守。

一、在使用、经营、转让所拥有物业时,应当遵守物业管理法规、规章和规范性文件的规定。

二、执行业主代表大会(业主大会)和业主委员会的决议、决定,服从业主委员会的管理。

三、遵守物业管理企业根据有关法规、规章、规范性文件和业主委员会委托制定的各项物业管理制度。

四、积极配合物业管理企业的各项管理工作。

五、对物业管理企业的管理服务工作的意见或建议,可直接向物业管理企业提出,发生争议时可通过业主委员会协调解决。

六、加强安全防范意识,自觉遵守有关安全防范的规章制度,自觉做好防火防盗工作,确保家庭人身财产安全。

七、业主或物业使用人装修房屋,应遵守有关物业装修制度,并事先告知物业管理企业。物业管理企业对违反规定、制度进行装修的行为,应当劝阻制止,对拒不改正的,物业管理公司可采取相应措施制止其行为,同时告知业主委员会并报有关行政管理部门依法处理。业主或物业使用人违规、违章装修房屋或妨碍他人正常使用物业造成他人损失的,应承担赔偿责任。

八、业主如委托物业管理企业对其自用部位和自用设备进行维修、养护,应支付相应费用。

九、物业已经损坏或可能妨碍、危害公共利益或第三人利益,或有碍外观统一、市容观瞻,按规定应由业主单独或联合维修,业主应及时进行维修;拒不进行维修的,由业主委员会委托物业管理企业采取措施进行维修,或由区、县房地产管理部门指定物业管理企业代为维修、其费用由业主承担或按规定分摊。

十、业主将房屋出租时,应告知并要求对方遵守物业管理规定和本业主公约。

十一、在本物业范围内,不得有下列行为:

(1) 损坏房屋承重结构和破坏房屋外貌;

(2) 擅自改变房屋设计用途、功能和布局等;

(3) 占用或损坏房屋共用部位、共用设备、公共设施或移装共用设备;

(4) 在天井、庭院、平台、屋顶以及道路或者其他场地搭建筑物、构筑物;

(5) 在高层住宅室外设置晒衣架;

(6) 随意堆杂物、丢弃垃圾、高空抛物;

(7) 违反规定存放易燃、易爆、剧毒、放射性等物品和排放有毒、有害、危险物质等;

(8) 乱设堆、乱设集贸市场;

(9) 在建筑物、构筑物上乱张贴、乱涂写、乱刻画;

(10) 随意停放车辆;

(11) 聚众喧闹、噪声扰民等危害公共利益或其他不道德行为;

(12) 违反规定饲养家禽、家畜及宠物;

(13) 法律、法规、规章禁止的其他行为。

十二、人为造成物业损坏的，由责任人负责修复或赔偿经济损失。

十三、按规定和物业管理合同交纳各项应交费用。

十四、使用本物业内有偿使用的文化娱乐体育设施和停车场等公共设施、场地时，应按规定交纳费用。

十五、自觉维护物业的整洁、美观、共用部位、通道的畅通及共用设备、公共设施的完好。

十六、加强精神文明建设，弘扬社会主义道德风尚，互助友爱，和睦共处，共同创造良好的工作和生活环境。

十七、违反本公约或不遵守业主委员会、业主大会(业主代表大会)的决定，而造成其他业主、使用人人身伤害或财产损失的应负赔偿责任。

十八、本业主公约，经业主大会(业主代表大会)审议通过，自　年　月　日起生效。

例二：

## 望江嘉苑业主公约

为加强望江嘉苑(以下简称"本物业")的物业管理，维护全体业主的合法权益，保障物业的安全与合理使用，维护公共秩序，创造良好的居住环境，根据建设部建房［1997］第219号文、成府发［1998］65号文《成都市住宅小区与高层楼宇物业管理暂行规定》等有关规定，制订本公约。

一、物业基本情况

1. 物业名称：青年房产·望江嘉苑；
2. 座落位置：成都市三官堂街16号；
3. 占地面积：约100亩；
4. 建筑面积：约12万 $m^2$；
5. 物业类型：多层住宅、小高层电梯公寓及营业房。

二、业主的权利、义务

业主是指房产所有权人。

(一) 权利

1. 依法享有所拥有物业的各项权利；
2. 依法合理使用房屋建筑共用设施、共用部位和本物业内公用设施和公共场所(地)的权利；
3. 有权按有关规定进行室内装饰装修；
4. 有权自己或聘请他人对物业自用部位的各种管道、电线以及其他设施在不影响他人物业安全性能的前提下进行合法修缮，但法规政策规定必须由专业部门或机构施工的除外；
5. 所住楼宇在保修期及保修范围内，业主有权要求开发商维修。保修期满后可委托物业管理处代为修缮，同时须支付相关费用；
6. 有权根据房屋建筑共用部位、共用设施设备和属物业管理范围的市政公用设施的状况，建议物业公司及时组织修缮；

7. 有权参加业主大会，并拥有对本物业重大管理决策的表决权，有权选举或被选举为精度委员；

8. 有权就物业管理的有关事项向业主委员会、物业公司提出质询，并得到答复；

9. 有权要求业主委员会和物业公司依照规定的期限定期公布物业管理收支账目；

10. 有权对物业管理工作提出建议、意见或批评；

11. 有权向物业管理主管部门进行投诉或提出意见与建议；

12. 有权要求房屋建设毗连部位的其他维修责任人承担维修养护责任，对方不维修养护或不予配合的，可要求业主委员会或物业公司维修养护，按规定分摊费用。

（二）义务

1. 在使用、经营、转让所拥有物业时，应遵守物业管理法规政策规定；

2. 服从和执行业主委员会或业主大会的决议、决定；

3. 自觉维护公共场所的整洁、美观、畅通及公用设施的完好；

4. 服从物业公司对本物业的管理，按时足额缴交物业管理服务费、房屋及公共设施维修基金等费用；

5. 业主如需装饰装修，应遵守建设部［2002］110号令《住宅室内装饰装修管理办法》、《成都市城市房屋装修结构安全管理规定》、《望江嘉苑装饰装修施工手册》及望江嘉苑《居住指南》等相关规定；

6. 业主如请物业公司对其自用部位及设施设备、毗连部位及设施设备进行维修、养护，应支付有关费用；

7. 明白并承诺与其他非业主使用人在建设使用、维护、改造所拥有物业的法律关系时，应告知并要求对方遵守本物业管理的有关规定和本业主公约，并承担连带责任；

8. 明白并承诺业主及非业主使用人与物业公司在本物业内不存在人身、财产保管或保险关系（另有专门合同规定除外）；

9. 业主或物业使用人应配合物业公司防止所在辖区内各类事故的发生；

10. 物业自用部位及附属设施设备已经或可能妨碍、危及毗连房屋业主或非业主使用人的利益或安全，或有碍外观统一、市容观瞻的，应及时进行维修养护，相邻业主应积极支持、配合。不及时进行维修养护的，由物业公司维修养护，费用由当事业主承担；

11. 业主转让、出租房屋或以其他方式将物业交由其他人使用时，新业主或使用人须在房屋权属转移后七日内到物业公司办理相关手续；

12. 业主搬家或搬运大件物品时，应到物业公司办理手续。搬运物品时请勿损坏苑区道路、绿化、楼道、扶手及公共设施，如造成损失，应及时修复或按价赔偿；

13. 业主应负起所拥有物业的安全责任，加强安全意识，做好防火、防盗工作，确保家庭人身财产安全，物业的户主就是安全防火责任人；

14. 在本物业范围内，不得有下列行为：

14.1　不按规定时间装修，造成噪声扰邻；

14.2　占用、损坏或移装楼梯、通道、屋面、平台、道路、停车场、自行车棚等共用部位、设施设备及公共场所（地）；

14.3　在公用部位如楼梯间、走廊、邻近空房、绿地等地堆放或放置家具、垃圾，停放车辆等妨碍整体环境的物品或阻碍通行；

14.4 擅自在花园、平台、屋顶、道路或其他场地搭建建筑物、构筑物;

14.5 擅自改变房屋建筑及其设施设备的结构、外貌(含外墙、外门窗、阳台、露台、屋顶等部位设施的颜色、形状和规格)、设计用途、功能和布局等;

14.6 在物业公司指定之外的位置搭晾衣架、安放空调外机及排水管;

14.7 损坏、拆除、覆盖、改造供电、供水、供气、通讯、排水、排污、烟道、避雷、消防等共用部位、设施设备及公共场地;

14.8 在公共区域堆放物品、设置神位、丢弃垃圾、高空抛物;

14.9 违反规定存放易燃、易爆、剧毒、放射性等物品和排放有毒有害、危险物质;

14.10 违反规定饲养家禽、宠物等;

14.11 践踏、占用绿化地,损坏、涂划园林建筑设施;

14.12 影响市容观瞻或本物业外观的乱搭、乱贴、乱挂、设立广告牌等;

14.13 随意停放车辆、鸣喇叭,发出影响其他物业使用人的噪声、气味及其他影响他人的行为;

14.14 利用房屋进行危害公共利益或其他不道德的行为;

14.15 在本物业乐园内架设独立天线;

14.16 擅自在本物业内从事经营活动或未经许可举行游行、示威、结社、联欢、聚众喧哗等活动;

14.17 在本物业公共区域内及住家门外从事设立神位、燃烛、烧纸、焚香、燃放鞭炮等危害公共利益或政府及本物业管理制度所规定禁止的其他行为;

14.18 以任何方式干扰物业公司对本物业的维修养护和管理;

14.19 法律、法规及政府禁止的其他行为;

15. 本物业享有专用或便利使用权的露台或底层带花园住宅之业主必须承担该花园的维护责任,并为公共维修无条件提供方便;

15.1 享有专用使用权的露台仅限用于绿化,只能搭建通透式花架,请勿进行任何形式的封闭、半封闭等。花架最大限高为露台标高以上2.5m,应距任何方向之女儿墙1m以上;

15.2 除花台(架)外,屋面其他任何地方应保持原状,请勿进行任何装修、装饰或堆放杂物;

15.3 阳台、露台使用荷载请遵守商品使用说明书有关规定,且不应植土;

15.4 所建花园请勿影响相邻住户的生活、安全及小区的整体绿化效果;

15.5 进行屋顶绿化前,请将绿化方案报物业公司审批,并办理相关手续;

15.6 底层住宅享有便利使用权的花园请勿改变交楼时由开发商提供的花园围栏的形式、高度及颜色,但须进行适当的维护,保持统一;

15.7 花园内请勿种值超过3m之高度的树木,并不应影响相邻住户的安全、采光、通风等;

15.8 除绿化植物外,花园内请勿停放车辆及堆放杂物等;

16. 使用本物业内有偿使用的文化娱乐、体育设施和停车场等公用设施、场地时,应按规定交纳费用。

三、业主大会和业主委员会

1. 第一次业主大会，在入住率达50%以上或入住已满一年时间时，由开发商、物业公司按法定程序招集并选举产生首届业主委员会。

2. 业主大会必须有过半数以上具有投票权的业主出席，业主大会做出的决定，必须经出席会议的半数以上具有投票权的业主表决通过。所有享有投票权的已住用业主应按时出席业主大会或书面委托他人出席业主大会和代投票，否则视作弃权，弃权者必须服从业主大会做出的决定。

3. 投票权的计算方法：住宅房屋一套一票，非住宅（车位及车库除外）每100m² 建筑面积为一票，不足100m² 的，每一产权证一票。

4. 业主大会可以采用会议或书面征求意见等形式，会议表决采取投票、举手或无异议通过等形式。

5. 业主委员会成立后，负责召集此后的业主大会并且每年至少召开一次。经持有10%以上投票权的业主提议，业主委员会应于接到该项提议后二十天内就其提议召开业主大会。业主委员会应于召开业主大会七天前将会议地点、时间、内容、方式及其他事项予以公告并报告政府物业管理主管部门。

6. 业主委员会必须支持、配合物业公司依法对本物业进行管理。

7. 业主大会和业主委员会均接受政府主管部门的指导与监督。业主大会的决定和业主委员会章程的内容不得与宪法、法律、法规和政策相抵触，违反规定的，物业管理主管部门有权予以纠正或撤销。

四、违约责任

1. 违反本公约业主义务条款中各项规定的，物业公司有权处理，并要求限期整改。逾期不整改的，物业公司有权强制整改并采取包括停水、停电、停气等催改措施；造成本物业公共利益损失的，物业公司有权要求责任人予以赔偿并承担违约金；强制整改措施予以公告，赔偿金和违约金纳入本物业公共收入。赔偿金的项目及标准视违约情况而定。

2. 业主不按规定缴纳管理服务费及住宅共用部位共用设施维修基金等费用以及赔偿金的，物业公司可从违约之日起对欠费业主每日处以所欠金额5‰的滞纳金。无正当理由逾期三个月仍不交纳时，物业公司除采取公告、停水、停电等催缴措施外，还可向当地人民法院提起诉讼。

3. 对来访的客人违反物管规定的，由签订本公约的业主对其访客的违法(规)行为承担连带担保责任。

五、其他事项

1. 本公约由开发建设单位或受其委托的物业公司报锦江区物业管理主管部门备案，由业主在办理入住手续时签字，并经50%的业主签字后生效。

2. 本公约对物业所有业户(即业主和非业主使用人)均具同等效力，如业主变更，本公约继续有效。

3. 业主大会可以根据本物业的实际情况对本公约进行修改补充，并报锦江区物业管理部门核准备案。修改补充条款自业主大会通过之日起生效，无须经业主重新签订。

4. 业主之间、业主与业主委员会之间、业主与物业公司之间因本公约发生的纠纷，协商不成的，提请物业管理主管部门调解或提交成都市仲裁委员会依法裁决。

5. 本公约共8页一式两份，业主、物业公司各执一份。

6. 本公约的格式、内容及产生方式的合法性、公平性已由律师见证。

六、本人及家人同意本公约，并愿意自觉遵守

本业主所拥有物业名称：青年房产·望江嘉苑

住　　宅：12栋3单元4楼1座(号)

商业用房：＿＿＿＿＿号(店、铺)

其　　他：

所在单位：

电　　话：　　　　　(宅)　　　　　(办公室)

业主(签章)：

　　　　　　　　　　　　　　　　　　　年　月　日

## 第六节　投　标　书

### 一、定义

投标书是对招标书的回答。它是指投标人按照招标书的要求，提出应标能力和条件，投送给招标单位的文字材料。随着物业管理市场的发展，通过招投标方式，决定物业管理权已成为一种趋势。因此，物业管理公司做好投标文件就显得十分重要。

### 二、要求

写物业投标书之前，必须对招标项目作周密的调查研究和精确的计算，了解物业市场信息，知己知彼，使成本核算合理，报价不高不低。这样，使自己的投标既有竞争力，又能取得一定利润。否则，达不到投标的目的。之后，投标人要根据招标书的要求和招标项目的特点编制物业管理方案，详细阐明如何借助经济和法律手段，对房屋、附属设备设施及公共区域实施管理，为业主和使用人创造一个整洁舒适、安全优美的生活环境。

### 三、内容

物业管理招投标不仅限于物业管理权的投标，而且也包括物业管理公司发出的分承包方招投标，如清洁、保安、绿化、机电维修养护等。一般说来，投标文件应包括以下内容：

(1) 投标项目概况；

(2) 管理目标；

(3) 组织构架；

(4) 各类人员岗位职责；

(5) 管理内容；

(6) 主要管理制度；

(7) 管理成本核算及测算依据；

(8) 本项目管理所需要的设备及专业工具；

(9) 要达到目前先进管理水平或具有相当强的管理特色，投标人所采取的保证措施；

(10) 投标单位情况及以往业绩。

### 四、投标规定

(1) 投标者需提供给招标者总额为(　　)元的支票作为投标押金。所有未附上投标押

金的标书将被否决。投标结束后,若投标者撤消其标书,上述押金将被没收。与中标者签订合同后,其余投标者的投标押金将会退还。中标者的投标押金将由招标者用于与所投标项目相关的费用中。此押金包括在投标者的投标总额中。

(2) 投标者须填写并签名与本合同有关的投标规定、投标表格及相关文件的所有细节。就本次投标而言,必须在规定时间内填好上述所有表格,并把它封入如下地址的信封内,于(　　)年(　　)月(　　)日上午(　　)时至下午(　　)时交给招标办公室。招标办公室地址(　　　　　　),邮编(　　　　　),无论任何理由,标书未在规定时间内送抵招标者,都作无效处理。

(3) 投标者若对投标表格进行任何修改或删除,其投标都将被否决。

(4) 如果投标表格破损,投标者需用替换表格重新打印。

(5) 准备标书的费用将由招标者承担。

(6) 如果投标者或其负责人利用关系,企图游说、请示或接近招标者的员工,其标书将被否决,招标者将在一定时期内禁止该投标者参与投标。

(7) 自投标日期结束有效期为6个月,假如投标者因为某种原因在有效期内撤回标书,除了没收投标押金外,在一段时期内投标者将禁止参加招标者以后工程项目的投标。

(8) 在标书已被招标者接受之后,如有需要,投标者必须提供保证押金,此押金总额在合同范围中有说明。

(9) 所有的报价以××元报价,所有合同要求下的付款也需要付。

(10) 投标者所提呈的标书中包含所有文件的所有权归属招标者。

(11) 招标者若对投标者的标书、附件及更改信的内容有疑问的,投标者应在投标结束前一星期内向招标者书面澄清。此澄清将以给所有参与投标的投标者发信函的形式处理。

(12) 标书仅以公布于标书文件上的投标者的名称提呈。如果没有以公布于标书上的投标者名称提呈的标书将被视作没有诚意而被否决。

(13) 投标者需填写标有"投标书规定"附页上的所有项目(如有不需填写的请注明)。没有填写完整的标书将被否决,该表格需由公司法定授权人或代表人签字。需要时,投标者必须出示所有的原始文件,以证实上述文件的真实性。

五、投标者简介

投 标 者 简 介

1. 公司注册名称及地址

公司全称:

注册地址:

通信地址:

电话:

传真:

营业注册日期及人数:

创办时间:

营业形式:

2. 资本

如果是合作关系请注明拨出资本。

拨出资本：

如果是有限公司，请注明注册资本和缴交资金。

注册资本：

缴交资本：

3. 公司董事的详细资料

（投标者需附上公司注册以来最新一次的信息）

| 姓名/签名 | 证件号码 | 工作经历 |
|---|---|---|
|  |  |  |

4. 通过建筑委员会/经贸局的注册

| 名　　称 | 承接范畴 |
|---|---|
|  |  |

5. 禁止事项(如有)

| 发本单位 | 原　　因 | 禁止有效期 ||
|---|---|---|---|
|  |  | 自 | 至 |
|  |  |  |  |

6. 专业人员、管理人员、技术人员工作经历及特长

| 人　员 | 序号 | 姓名 | 专业证书/资格证书 | 毕业学校 | 授予年份 | 相关工作经历（包括曾负责的有关工作） |
|---|---|---|---|---|---|---|
| 专业人员学位或相当学历持有者 |  |  |  |  |  |  |
| 管理人员学历或相当学历持有者 |  |  |  |  |  |  |
| 技术人员技术职称持有者 |  |  |  |  |  |  |

注：如果该表格不够填写，请按同样格式增加一页表格。

7. 可提供的至少3年以上执行同类工程的经历

| 序号 | 同类合同标书的项目名称 | 客户名称和地址 | 工程总额 | 合同期限（年/月/日） || 负责人 |
|---|---|---|---|---|---|---|
|  |  |  |  | 自 | 至 |  |
|  |  |  |  |  |  |  |

注：如果该表格不够填写，请按同样格式增加一表格。

8. 提供在中国注册的会计师事务所最近两年的最终财务审计报告

审计报告应由以下内容组成：

(1) 审计报告；

(2) 资产负债表；

(3) 损益表；

(4) 财务状况变动表；

(5) 财务说明书。

9. 提供工程现场人员组织结构

主承包商提供现场员工资料（包括分承包商），例如：

(1) 公司全称；

(2) 员工和分承包商的名称；

(3) 工地执行人员总数。

下表列举现场人员组织结构：

| 主 承 包 商 |
|---|
| 公司名称：_____ |
| 工程管理员姓名：_____ |
| 同类工程管理年数：_____ |
| 现场安全负责人姓名：_____ |
| 同类工程管理年数：_____ |
| 工地执行人员总数：_____ |
| 分 承 包 商 |
| 公司及人员名称：_____ |
| 领班姓名：_____ |
| 同类工程管理年数：_____ |
| 工地执行人员总数：_____ |

\* 如果该表格不够填写，请按同样格式增加一页表格。

10. 声明

我/我们在此声明我们所提供的所有资料属实，如果有任何错误之处，标书将无效；如果已中标将被立即终止，并根据招标者的要求赔偿损失。

在合同期间，如果承包商的合作伙伴或有关公司负责人发生变动，我们将负责及时通知招标者。

_____        _____
  签 名              日 期

_____
公司（盖章）

a) 表格中的所有条款都必须填写，不须填写的请注明，没有填写完表格的标书将予以否认。

b) 所有表格都需具有法律效力的负责人或代表人签名。

六、投标书

_____年_____月_____日至_____年_____月_____日××小区（或大厦）一期、二

期的物业维修(包括土建、机电、水暖设施等)工程合同。

致：招标者

1. 请仔细审查下列文件：
a) 投标条件；
b) 投标申请；
c) 合同条款；
d) 说明及规定；
e) 价格表；
f) 图纸。

我们是位于_____的_____公司在此同意负责以上所有工作，包括提供所有劳力、工具、运输、机械设备、材料等。从合同期开始或接到认可书之日开始，每项工作单价以合同内价目清单为依据，其工程总价可调整比例为：

上浮_____%
下调_____%

填入调整比例，如不适用划掉"增加"或"减少"项。如果接受所提供合同项目单价表，则填"无调整"，不接受则填"不报价"。

2. 如果我们的标书被接受，我们必需在被接受的标书所规定的时间内，按照上述文件提供给招标者独立的保证金(见"合同范围"附件1)。

3. 在签订正式的独立的合同之前，将以标书认可信函作为彼此的协议。

4. 我们同意招标者保留授予整份合同或部分合同给其他承包商的权利，无需任何补偿。

5. 我们同意招标者保留接受最低价或其他标书的权利，无需任何说明和理由。

6. 我们同意遵守所有标书及附件中规定。

7. 我们同意在投标结束后的3个月内(投标最后日期由接受标书的监督者确定)遵守标书内容。我们在期满的任何时间内均受标书约束。

8. 如果我们的标书被接受，我们会提供招标者满意的保险单，这些保险单不受"增加条款"的影响。

9. 如果我们的标书被接受，我们将按照接受信上的日期开始工作，并执行合同包含的所有条款及工作内容。

10. 我们完全同意合同中规定的条款及附件。

我们_____以_____的资格，
（授权人姓名、黑体大写）　　（任命或选派的）

代表_____，受其委托在此同意上述条款。
（公司名称、黑体大写）

日期：_____年_____月_____日

_____
（公司地址）

电话：_____

传真：_____

## 七、投标合同范围

1. 总则

承包商应对××物业进行的工作负责。××物业范围包括：

（1）××小区（或大厦）范围内的所有物业。

（2）在合同期满前的任何时间，招标者可以以书面形式通知承包商延长合同期，延期期限为12个月或根据招标者的要求而定，承包商依此延期。

承包商在合同延期期限内应遵循合同价格、所有条款及合同规定，应注明要求降低或提高费用或因延期而造成的损失。如果招标者要求延期，合同将自行终止。

2. 开始时间及延迟

（1）如果承包商被认为延误了工期，尽管通过努力并采取了合理的方式，仍负有不可推卸的责任。

监督者可以在任何时间（不论是工作结束前还是结束后），根据他的判断制定一个公平、合理的延期时间。

（2）如果承争商在工作通知单规定的时间内没有完成工作，承包商应根据提供的"合同范围"附件1，按比例支付损失费用。招标者可以从承包商处得到损失赔偿或从其应得的款项中扣除。

（3）任何工作都不可以与合同所包含的规定的意思相反，诸如下文所提及的，在晚间、休息日或公众假期进行工作而没有得到监督者的书面同意，其中不可避免的、生活所必需的、紧急修理或更换的工作除外，但必须及时通知监督者，此规定不限于那些上班时间以外的例常维修或作业或两班轮班的工作。

（4）监督者可根据自己的要求，让整个或部分工作在夜间、休息日或公共假期进行，如果承包商不能完成工作，监督者可以直接把工作交给自己的工人或另外委派承包商，并且所有的费用都由该承包商负担。

（5）承包商的报价应包括在夜间、休息日或公共假期工作的费用和开支，其不应要求获得因这种工作所产生的减少、增加、损失等费用。

3. 工作中的要求

（1）在收到接受函的14天内，承包商应支付雇主在信中所要求的或"合同范围"附件1中所规定的保证金，作为承包商在合同期间履行义务和职责的担保。在保修期满后，保证金或余款将退还承包商。

（2）在收到接受函的14天内，承包商可依据本条款提供与保证金等值的保证书"合同范围"附件2，以此替代保证金，并提供有关担保人的资料。在担保期满后6个月，应把担保书交还给担保人。

（3）承包商应负责交纳与本合同有关的印花税。上文所提及的开支与费用包括所有应交的印花税，均由承包商承担，并认为包括在合同中，即由招标者代扣代缴。

（4）在不违约的情况下，雇主可在任何时候（无需经承包商同意）以任何方式把本合同或其中部分委派给其他合作者。

（5）承包商在没有雇主的书面同意下，不能把合同的任何部分或利益分派给其他承包商。

（6）承包商应查明并遵守政府有关实施规定，并在法律许可的范围内进行施工。同时还应保证雇主利益不受损害，并履行因政府的法律条规而产生的各种义务。

4. 场地安全规定

如果在施工场地发生事故或灾祸，不论是因为安全措施不充足，还是违反安全条规，承包商都应及时通知监督者和有关负责人。并且在 7 天内写明有关情况报告给招标者及有关政府部门。

5. 付款

（1）合同价格在合同期内应保持不变，而不因各种成本、资料、人工费的涨跌而有变化。

（2）除非合同中有特别提及，合同单价应包括所有附加工作、其他的项目及支出。不论在合同中是否单独提出或特别提及和描述，承包商都应保证在合同期内完成工作。

（3）在合同期满前的任何时候，如果被发现已支付给承包商超出了工程本身价值的费用，监督者有权在以后的付款中扣除，并可以把超出的总额用在其他商业费用上。

（4）在合同规定下，对雇主负责的承包商的所有损失（包括清偿的损失）、费用、价钱、开支、欠款或金额，可由雇主在承包商按合同应得的款项中扣除，包括赔款、保证金和债券。

6. 项目完成与维护

（1）承包商应在"合同范围"附件 1 中所注明的保修期期间进行维护工作，在保修期内的任何时候都应保证维护工作处于良好的状态（自然损坏除外）。

（2）承包商应承担对各项缺陷、故障进行整改的费用。在保修期满 14 天内，监督者列出缺陷清单并以书面形式通知承包商，承包商在收到通知书后即刻对缺陷部分进行整改直至完好。

（3）以上所有整改项目（包括监督者认为应整改的项目）的整改费用应由承包商承担，包括在此期间所需的材料费、劳务费等。

（4）如果承包商所负责的工作没有令监督者满意，雇主可以雇佣自己的工人或其他的承包商完成该工作，此费用将从该承包商的费用中扣除或视同增加违反合同规定的费用。

（5）第 3 条款中所提及的担保书期限为保修期后 3 个月。但如果雇主在担保期满后 6 个月内提出合理的要求，担保人都应将负责处理。

7. 物业损坏或损伤的责任和保险

（1）承包商应对以下事项负责：

1）人员伤亡（包括雇主雇佣的人员）；

2）雇主或其他人员、其他公司物业的损坏、破坏；

3）其他受损项目。

无论任何原因（直接或间接）导致有关工作发生故障或缺陷，承包商都应立即采取补救措施。

（2）承包商的职责还包括（扩展为）因各种原因（如人为、自然、不可抗力等）导致的人员或物业的损伤或损坏。

（3）雇主因上列原因而受的损失、损坏由承包商负全责，所有有关费用、开支等均由承包商承担。

（4）在上述条款中所提的责任和应承担损失的费用不因任何原因而减少或降低。

（5）承包商在其费用中，应以承包商和雇主的名义购买合同期间公众责任险，保险具体条款及内容可参照"合同范围"附件 1 和附件 3。

(6) 依据合同规定扣除承包商的工程款是不受本保险条例限制的。

(7) 如果承包商没有按要求提供保险，雇主可以根据上述规定自行购买保险，有关费用将从承包商应得的款项中扣除或视作欠款。

8. 导致违约或终止工作的补救方法

如果在执行工作中，承包商没有完成合同所要求的工作，或者拒绝完成监督者依据合同规定下发的指令或命令，雇主有权把工作交给自己的工人或其他承包商，所有的费用由雇主从该承包商的费用中扣除。

9. 附录

(1) 附录(一)合同范围附件1；

(2) 附录(二)合同范围附件2；

(3) 附录(三)合同范围附件3。

附录(一)：合同范围附件1

合 同 范 围

| 序 号 | 内 容 | 条 款 | 细 节 |
|---|---|---|---|
| | 保证金 | | |
| | 人员伤害保险和物业损失保险 | | 包含<br>保险期内每次_____元的公众责任险，无限额 |
| | 损失赔偿 | | 参见××条款 |
| | 保修期 | | 工程验收合格后 X 个月 |

注：表格中的内容仅供参考用。

附录(二)：合同范围附件2

履 约 保 证 书

保证书代号：

收件人：　　　　　招标者名称

履 约 保 证 书

保证人：_____

注册地址：_____

保证金额：_____

合同号：_____ 中标通知书日期：_____

合同/项目名称：_____

承包商：_____

注册地址：_____

根据此保证书，我们即上述承包商和上述保证人，就上述保证金额受到招标者(以下简称"业主")的控制和约束；对于该金额的支付，承包商和保证人自身及其继承人和受让人都共同和分别受本文件的约束，保证人对承包商承担连带责任保证。

鉴于以承包商为一方，以业主为另一方，已经根据上述中标通知书签订了上述合同(以下简称"合同"，该词汇包括承包商与业主签订的任何与具有上述编号和名称的项目或合同有关的正式合同)。

上述保证书在下列任何一种情况下才告无效，即：

1. 如果承包商或其继承人或受让人完全切实履行、执行和遵守作为承包商一方或其继承人或受让人应该根据真正的主旨、意图和意义予以奉行、履行、执行和遵守的合同的一切条款、契约、条件、款项、附文和规定。

2. 如果承包商或其继承人或受让人未能或没有这样做，保证人应无需论证、无条件地向业主支付上述金额保证金。

下列情况下，只要不以任何方式解除保证人、承包商或他们的继承人或受让人根据上述保证书所应承担的任何责任，上述保证书便仍然有效，即：

1. 无论承包商或其继承人或受让人作为个人或合伙人所在的公司的章程作了什么增补或改动；

2. 业主与承包商或继承人或受让人商定后对合同的条款、契约、条件、款项、附文或规定作了变更或者对根据合同规定所应建造、完成和维护的工程的范围或性质作了变更。

3. 业主一方对承包商或其继承人或受让人应该履行、执行或遵守的合同或合同中提及或包含的任何事项在履行或遵守的时间上给予任何宽限或延长，或者业主一方对承包商或其继承人或受让人在合同有关的任何问题或事项上就这样的问题或事项给予原谅或宽容。

业主总监证明业主所蒙受的损失、损害、代价和花费的金额的证明书也应被认为是最终的和确定无疑的，只要这些金额总和减去任何确实到期应付给承包商的支付额或赊欠款项后不超过上述保证金，保证金的金额在满足其他各方的索赔要求后应退还给保证人。

于　　年　　月　　日

本契约盖有承包商的公章并且当着下列人员的面正式交付：

签　　字：_____

负责人姓名：_____　公章：_____

签　　字：_____

负责人姓名：_____

注：负责人的姓名须清晰填写。

附录（三）：合同范围附件3

## 综 合 说 明

1. 以米为计算单位

所有的工作应以米为计算单位，特殊情况下，如果以米为单位不适用，可用适当的标准单位替换，但需得到监督者的批准，合同中的"米"或替换单位不应变更。

2. 工作指令或执行

承包商应进行和完成监督者以书面形式指令的工作。

3. 寻呼机服务

承包商在合同期间应提供两个人员的寻呼机服务，并且24小时开机服务随时回电。在收到雇主对标书的接受函时，承包商应立即提供寻呼机服务。寻呼机的申请和维护费用及开支由承包商负担，并包含在标书中。

4. 在公共假期/休息日/正常工作日以外的时间被要求工作

(1) 承包商应根据监督者或雇主指定的紧急维修部门的要求在公共假期/休息日/正常工作时间以外的时间进行工作。雇主根据合同的规定支付主承包商款项。如果是技术工或非技术工执行工作，应依据执行工作的实际小时数支付给承包商。

(2) 在公共假期/休息日/正常工作日以外的时间，承包商应保证在任何时间能及时迅速地回复寻呼机来电。承包商在收到雇主指定的紧急维修部门的寻呼后应在30分钟内回电。如果承包商没有在30分钟内第一次回电或隔30分钟以后回电，因未回电而受的损失由承包商承担。承包商应负的损失费为每次延误为××元，每件事最高不超过××元。如果连续五次没有回电，承包商将被认为不接受或不回复寻呼。

5. 公共或私人物业的损坏

如果承包商损坏了公共或私人物业，如电线、水管等，不管是因为事故或其他原因造成的断电或其他损坏或妨碍公务以及其他类似以致使雇主名誉受损的事情，雇主因恢复或修理损失的开支应由承包商直接支付或从应得的款项中扣除或成为欠款。

6. 定期会议

承包商及其授权代表与雇主及代表人应定期召开会议，讨论与合同有关的事项。

7. 把工作授予其他承包商的权力

如果雇主对承包商执行的工作不满意，有权雇用其他的人去从事部分或全部工作，以上的所有费用将由承包商负担。

8. 指示牌

在工程进行过程上，承包商应树立一块警示牌以引起路人注意，并使公众保持在危险区以外。有关费用由承包商承担。

9. 公共障碍物

承包商应保证在工程进行时不致产生障碍物以影响或打扰公众。

10. 运走所有垃圾

在工作进行中或每项工作完成时，承包商应定期清理和运走堆积的断枝和垃圾。承包商应把那些环境部门不负责清运的垃圾，诸如断枝、碎石及过剩的泥土，处理掉并运至指定的垃圾场，有关费用及支出由其负责，同时也包括垃圾场的使用费。

11. 噪声及污染的控制和道路维护

承包商必须在遵守上述各项有关法规、规定、协议及相关法令的情况下完成工作。承包商应清扫干净运输车上掉下的垃圾或物品。同时补偿因违反公众要求或制度使雇主所受的损失。

12. 有权指令或执行特殊的工作

雇主有权把其认为有特殊性质的工作或服务指定给其他的专门承包商或公司。被指定的承包商或公司将由雇主直接分配工作，并在雇主的监督下执行工作，有关费用将单独结算。

13. 控制蚊蝇滋生

(1) 承包商应采取预防措施和方法阻止工地蚊蝇滋生。

(2) 工程进行时产生的积水、水沟或坑道应及时清理。

(3) 如果在工地发现有蚊蝇滋生，将按以下标准向承包商收取罚金。

第一次　　××元/次

第二次　××元/次

第三次　××元/次

在收取罚金的同时，雇主将通知有关政府部门采取适当的措施。

14. 材料、物品、做工及测试的质量

（1）所有材料、物品及做工应根据各自在合同中所规定的细节。承包商应直接提供给雇主证明购买材料是按照说明的批复文件。所有参照国内或国外标准或操作规定应包括最新修改进的标准或规定。材料样品在被指事实上提供以前应得到雇主的批准。所有材料、物品及做工在雇主的要求下可随时进行测试。

（2）所有测试费用（包括预试）都应由承包商承担，并视作包含在投标价格中。

（3）在职责范围内已完成的或部分完成的工作中进行的测试，如果有不满意或未达标的地方，必须返工直至雇主满意为止。且由承包商负责费用及开支。

15. 材料的简易储藏

承包商应在事先由雇主同意的前提下在工地上提供一个合适的简易储藏地作为工程材料堆放处。同时还应采取所需预防措施以防止物品溢出、物业损坏或其他妨碍的事项。

## 复习思考题

1. 什么叫计划？计划在物业管理中有何作用？
2. 写作计划有哪些要求？
3. 拟写一份学习计划。
4. 物业管理方案由哪几部分组成？
5. 写作物业管理方案有哪些要求？
6. 设计一份工作计划图表。
7. 什么是调查报告？调查报告有哪些种类？
8. 拟写一份物业调查报告。
9. 什么是经济合同；经济合同有何作用？
10. 签订经济合同有哪些要求？
11. 经济合同在物业管理中有何作用？
12. 什么是公约？写作公约有哪些注意事项？
13. 在物业管理中，业主公约有何作用？
14. 什么是投标书？
15. 写投标书之前应做哪些工作？
16. 投标文件应包括哪些内容？

# 第四章 法律文书

## 第一节 定义和作用

法律是由国家行使立法权的机关依照立法程序制定，由国家强制保证执行的行为规则。如宪法、刑法、民法、经济法、诉讼法、劳动法、行政法等。它是为健全社会主义法制、巩固和发展社会主义制度，切实有效地保障人民群众的权益，有力打击种种犯罪活动而制定的。而法律文书就是法律上所用文书的总称。它具有公文的一般特点。

首先，法律文书在社会生活中、在物业管理中有着非常重要的作用。社会生活的复杂化和规范化使得法律文书的实用性越来越强。我国正处在经济体制改革的重要阶段，新旧经济体制的交替，多种经济成分的并存，国际经济往来的日益频繁，经济利益关系的调整，必然会带来一些矛盾和问题。而在经济正在步入规范化和法制道路的今天，许多矛盾和问题是需要通过法律的渠道和手段加以解决的，法律文书正是以法律的渠道和手段解决问题的必备工具。

其次，人们法制观念的加强也使得法律文书的用途越来越大。随着人们的法制观念的增强，以法律手段处理社会生活中的问题，处理物业管理中的矛盾，特别是解决经济纠纷，越来越显示出合理性和有效性，也为越来越多的人所接受。经济纠纷案件几乎会涉及所有的经济领域，比如土地纠纷、产权纠纷、经济合同纠纷、专利纠纷、商标纠纷、环境污染引起的赔偿纠纷及涉外经济纠纷等。在这些纠纷中，如当事人之间协商调解无效，都可以诉诸法律，请求司法机关予以裁决，这时，法律文书就起着直接的作用。

最后，法律文书除了在现实社会生活中的作用之外，其历史凭证作用也是不可忽视的。各类法律文书忠实地记录了某一特定历史时期社会经济和法律实践活动的内容，有着一定的文献价值，可对以后的法律工作起到借鉴或指导作用。同时，某一特定时期的司法工作水平也可以通过各类法律诉讼文书反映出来。

下面举《拖欠物业管理费一分不能少》一例，来说明法律在社会生活中在物业管理中的作用，同时，也就说明法律文书在社会生活中在物业管理中的作用。

例文：

### 拖欠物业管理费一分不能少

本报日前报道的邛崃××物业管理公司，状告其管理的××花园小区业主××等4户拖欠并拒交物业管理费一案昨日有了结果，邛崃市人民法院作出判决，××等4被告败诉，所欠物管费一分不能少。

2002年6月，邛崃市民××等先后入住××花园小区，入住时，他们与负责该小区物业管理的××物业管理公司签订了一份物业管理协议，协议中就物业管理费的收取约定：按照邛峡市物价局对该小区的定价标准"每月每平方米0.5元收取"。

从今年3月起，××等业主认为，该小区物业管理服务质价不符，遂以"物业管理费标准过高"为由拒交物业管理费，4业主共欠物业管理费近4000元。

在多次协商无效的情况下，今年10月，××物业管理公司将4业主告上邛峡市人民法院，要求其按约交纳应该交纳的物业管理费和物业管理公司为其垫交的水费等。经过开庭调查，昨日，邛峡市人民法院作出判决：××等4被告的理由不成立，其与××物业管理公司签订的物业管理协议有效，其物业管理费应该按照邛峡市物价局对该小区的定价标准"每月每平方米0.5元"收取，要求4业主在规定的时间内，补交所欠的物业管理费。该判决为一审判决。

据悉，拖欠物业管理费现象相当普遍，四川拖欠时间最长的已经超过了10年之久。今年9月1日，我国新颁布的"物业管理条例"正式实施。××物业管理公司状告××等一案成了四川首例物业管理公司状告拖欠并拒交物业管理费案，随着该案划上句号，类似纠纷有了解决的参考。

## 第二节 写　作

法律文书写作，这里着重介绍诉讼文书、公证文书、经济仲裁文书。

### 一、诉讼文书写作

诉讼文书又叫讼状，俗称"状子"。它是民事案件原告人和刑事案件自诉人向人民法院提起诉讼的书面文书。

民事案件的原告或其诉讼代理人，运用诉状维护自己或受自己保护的民事权益；刑事案件中的自诉人通过诉状，让法院了解自诉人的看法、意见、要求，以便对案件进行审理，有利于及时追究被告的刑事责任，保证受害人更好地陈述情况，不仅可以调动人民群众同罪犯斗争的积极性，同时，也体现了我国社会主义法制的民主原则。

诉状是原告人或自诉人为了维护自己的合法权益或把案件事实弄清楚，而将有关情况告诉人民法院，请求法院按有关规定，进行裁决，因此，具有明确的告知性；它的目的是请求法院解决实际问题，因此，又具有请求性。又因为叙述的理由针对性很强，因而又具有针对性。

诉状按其性质分为民事诉状和刑事诉状两大类；按审判程序又可分为起诉状和上诉状两类，前者由一审判决裁定，后者由二审判决裁定。

1. 民事起诉状

起诉状又名起诉书，俗称"状子"。是当事人（原告）向人民法院提起诉讼的一种重要文书。

民事案件的原告或其法定代理人，为维护自己的民事权益，就有关民事权利和义务的纠纷，向人民法院提起诉讼，请求人民法院通过审判给予法律上的保护时，所书写的一种书面诉讼文书就是民事起诉状。

2. 刑事自诉状

在刑事案件中，自诉人或他的法定代理人，根据事实和法律直接向人民法院提起诉讼，控告被告人侵犯自身权益，要求追究刑事责任的一种诉讼文书就是刑事自诉状，也称

"控告书"。

诉状的基本格式：

1. 诉状标题

由案件范围和文种组成。

2. 正文

（1）起诉人与被告的个人情况，即：姓名、性别、年龄、民族、籍贯、职业、工作单位、地址等八项，先介绍起诉人，再介绍被告。

如果有数个原告、被告，应依他们在案件中的作用，逐次说明其个人的基本情况。

（2）原告人诉讼的请求事项。应当写明当事人争执的民事法律关系或权益，或者自诉人控告被告侵犯自身权益的犯罪行为的罪名，以及要求人民法院依法判决和给予赔偿的请示事项。

（3）原告所诉的事实和理由。要把事件的前因后果写清，还必须提出证据，以资证明。理由方面是对案情事实的概括，同时提出诉讼请求所依据的法律条文，以论证请求事项的合理性。

3. 结尾

要写明诉状所提交的人民法院名称，要有具状人签名并盖章，要写出具状年、月、日。

4. 附项

应写明本状副本×份，物件×件，书证×件。

写作要求：

（1）所叙事实要实事求是，不夸大，不虚饰，如实反映情况，抓住实质性、关键性问题，突出主要情节，与案情关系不大的枝节问题不写入。

（2）陈述理由、分析问题必须有理有据，观点明确，论据充分，说理中肯，援引法律应正确、适当。

（3）请求事项要明确、具体、要有法律依据，不能任意变换。

（4）行文简明，层次清楚，语言通顺。

二、公证文书写作

公证书，是指国家的公证机关对企、事业单位机关、团体和公民个人的申请，根据国家赋予的权力，按照法定程序，证明特定的法律关系或法律事实，是具有法律效力的证明文件。如公证遗嘱证明书，公证委托的委托证明书。公证书的内容就是公证证明的对象。我国目前的公证范围有：

（1）继承权；

（2）合同（契约）、委托书、遗嘱；

（3）财产赠与、分割；

（4）收养关系；

（5）亲属关系；

（6）身份、学历、经历；

（7）出生、婚姻状况、生存、死亡；

（8）文件上的签名、印鉴属实；

(9) 文件的副本、节本、译本影印本与原本相符；
(10) 对于追偿债款、物品的文书，认为无疑的，在该文书上证明有强制执行的效力；
(11) 保全证据；
(12) 保管遗嘱或其他文件；
(13) 代当事人起草申请公证的文书；
(14) 根据当事人的申请和按国际惯例办理其他公证事务。

公证文书对于适应四化建设的需要，对于健全社会主义法制，防止和减少由于继承、委托、遗嘱、婚姻状况、收养、买卖等引起的纠纷，监督签订合同的双方履行合同，促进安定团结，都有重要的意义。这是因为，各种法律行为和文书、事实，有合法的、真实的，也有不合法、虚伪的，甚至有的与法律、法令、政策相抵触。用公证文书，就可避免由于进行诉讼而带来的人力、财力的损失。另外，随着社会主义建设事业的发展，市场经济的活跃，涉外公证事务也逐渐多起来。不少涉外公证关系到财产转移问题，如证明收养关系、亲属关系、财产继承权等。涉外公证事务的发展，必将为国家增加贸易外汇。

公证文书的特点：①真实性：按照公证的性质和公证机关的职能，写作公证书必须强调公证的真实性。因为，一切公证文书都能产生证据上的效用。任何证明法律行为和有法律意义的事实文书，首先而且主要确认的是它的真实性；②合法性：要使公证行为具有法律上的可靠性，必须以不违背国家的政策、法律、法令为前提，只有这样，才能确保公证事项的合法性。公证有了合法性，公证文书才能起到证据的作用；③灵活性：公证文书的灵活性，是在坚持真实、合法的前提下，在确保当事人的合法权益、不违反我国法律、法令、政策的前提下去灵活掌握，办理有关公证文书。

公证按其内容的范围可分为委托书、有法律意义的文书或事实的公证；合同公证；房屋买卖；继承权公证；收养公证；遗嘱公证；涉外公证等。

公证书的格式：

(1) 文头部分：包括名称与编号。公证书的名称应根据所公证的各种法律行为与事实内容，写明"委托证明书"、"出生证明书"、"结婚证明书"、"遗嘱证明书"等。编号包括机关代字、年号、顺序号。如××证字［19××］第×号。

(2) 正文部分：一般是一事一证，也可数事一证，但几项证明必须属于同一内容。

(3) 结尾部分：签名、盖章、具时。公证人员应亲自在公证书上签名或盖章。申请人不会签字的可盖章，通常可按手印。多数不必贴被证明者的照片，但经历证明书、学历证明书一律贴照片；结婚公证书贴夫妇两人的单身或合影照片。

写作要求：①公证书的文字，力求通顺精炼、具体，用词高度准确，不能含糊其词，书写清晰，所涉及的金额、数量、期限等数词，必须大写；②公证书一般一事一证，以保证公证内容的确切与清楚，也可数事一证，但必须是申请公证的几项内容属于同一使用的目的和范围；③公证书要写清当事人或代理人的姓名、性别、年龄、住址。引用机关、团体、企事业单位名称时，至少有一次须写全称。使用公历；④公证书空白的地方要划线，如有增添、修改或删除字句，需由公证员签名盖章。

### 三、经济仲裁文书

经济仲裁是指第三者对当事人之间的经济争议，按照仲裁程序进行审理并作出裁决，从而解决争议的一种制度。经济仲裁文书，是仲裁机关按照法律规定的仲裁程序，处理经济纠纷案件所制作的具有法律效力的文书。

我国的经济仲裁分为国内经济仲裁和涉外经济仲裁。相应地形成了经济仲裁文书和涉外经济仲裁文书。仲裁机关在处理经济争议案件的过程中，必须使用相应的仲裁文书予以裁决，以便当事人遵守执行。否则，仲裁工作就失去了依据和凭证，当事人也就无从实现自己的合法利益。仲裁文书具有法律效力，易于当事人接受，也有利于执行。对正确、及时地解决经济纠纷，维护社会主义经济秩序，保护当事人的合法权益，促进中外经济交流和社会主义现代化建设事业的发展，起着十分重要的作用。因此，认真研究经济仲裁文书的制作，不断提高其质量，切实掌握和运用好经济仲裁文书十分必要。

经济仲裁文书的特点：①内容的法律性。仲裁文书是仲裁机关行使职权的一种形式，是实施国家法律的工具。由于仲裁机关处理的经济争议案件情况复杂，起因多样，涉及面广，每一起案件的处理，都与国家的经济建设紧密联系，与人民群众的利益息息相关，因此，仲裁文书的内容，必须充分体现国家的法律、政策，无论叙述案件事实，阐明裁决理由，或作出裁定结论，都要以事实为根据，以法律为准绳，严格依法办事，不能歪曲事实、随意立论、草率制作，更不允许与有关的法律、政策相违背；②执行的强制性。仲裁文书发生法律效力后，当事人应当依照规定的期限自动履行。一方逾期不履行，他方可向有权管辖的人民法院申请强制执行。人民银行、各专业银行、信用合作社在收到人民法院的协助执行通知书后，应按通知的规定，从被执行单位的账户中扣留或划拨需支付的款项；③制作的合法性。经济仲裁文书只能由国家仲裁机关制作，其他任何组织和个人都无权制作。非经法定程序，不能变更或撤销。合法性还体现在仲裁文书在制作时有一定的时限性。《经济合同仲裁条例》规定，仲裁机关收到经济合同仲裁申请书后，经审查认为符合受案条件的，应在七日内立案，并填发受理案件通知书，通知申诉方预交案件受理费，提交法定代表人证明书，或者代理人委托代理书应补交的证据。同时，填发应诉通知书，通知被诉方在15天内提交答辩书和有关证据。对于不符合受案条件的，仲裁机关也应在7日内填发不予受理案件通知书，并说明不予受理的理由。超过这个时限制作的仲裁文书就不合法。另外，如仲裁庭评议笔录、勘验笔录等，有关人员必须在笔录上分别签名，只有这种笔录才合法，才能生效；④格式的规范性。经济仲裁文书必须按照一定的格式和要求制作。根据法律规定和案件处理的需要，按照规范化的格式，把文书应具备的内容和统一的项目准确、简明扼要地反映出来，这是形式的要求，更是为了保证仲裁文书的完整性、正确性和有效性。其次，文书的行文用语也须符合规范，遣词造句必须准确、朴实、精炼、得体，切忌使用描写、渲染、夸张的手法。另外，还有一种填空式的经济仲裁文书。有的规范化语言已经印好，只要照样填写就行。

经济仲裁文书的种类：

根据我国经济合同法和经济合同仲裁条例的有关规定，国内经济仲裁文书，一般有这两种分类方法：

(1) 按文书的形式来划分，可分为表格式和制作式两种经济仲裁文书。制作式文书有《仲裁申请书》、《仲裁裁定书》、《仲裁调解书》、《仲裁裁决书》、《调查笔录》、《仲裁庭评议笔录》等。

表格式文书有《立案审批表》、《受理案件通知书》、《不予受理案件通知书》、《授权委托书》、《调查委托书》、《结案审批表》等，这些文书按统一的格式填写即可。

(2) 按仲裁程序来划分，可分为受理立案文书、庭审准备文书、审理裁决文书。受理立案文书主要有：《仲裁申请书》、《立案审批表》、《受理案件通知书》、《不予受理案件通知书》。

1) 仲裁申请书

仲裁申请书是经济合同一方或双方当事人，为了解决经济合同纠纷，维护自己的合法权益，向经济合同仲裁机关提出仲裁申请的一种法律文书。是经济合同仲裁机关受理经济合同纠纷案件的法律依据。

申请调解合同纠纷，申请人应向被诉方所在地工商行政管理部门或人民法院起诉。被诉方属于哪一级单位，即向哪一级工商行政管理局申诉。对于经过签证的合同，工商行政管理部门发现纠纷时，应主动进行处理。

仲裁申请书应写明以下内容：

① 申诉人名称或姓名、地址，法定代表人姓名、职务；

② 被诉人名称或姓名、地址，法定代表人姓名、职务；

③ 申请理由和要求。这部分主要写明双方为了从事何种经济交往而签订的经济合同，合同的名称；双方为何发生纠纷，纠纷的主要内容和事实经过；争议部分的价值；申诉人认为应作何处理，事实和法律根据是什么；

④ 申请书所递交的具有管辖权的经济合同仲裁机关名称，申诉的年、月、日，并由申请人签名或者盖章；

⑤ 在交申请书的同时应附上原合同的附本（或复制品）及有关信函、电报、证明书等。申请书应抄送对方一份。

2) 合同纠纷调解书

合同纠纷调解书是经济合同发生纠纷后，双方或上级主管部门无法解决时，而向工商行政管理局申请调解，经工商行政管理局从多方面做说服教育和解释工作后，双方当事人协商一致时，工商行政管理局根据协商内容形成的一种书面文书。

我国仲裁条例规定："仲裁机关在处理案件时，应当先行进行调解。"调解书是双方当事人按自愿和合法的原则，在仲裁员的主持下达成协议而写作的，具有法律效力。

撰写合同纠纷调解书，应写明以下内容：

① 名称：制作文书的机关、文书名称、编号；

② 申诉的单位名称和申诉人代表姓名、职务、住址；

③ 被诉单位名称和被诉代表姓名、职务、住址；

④ 概述其申诉的案由；

⑤ 争议的主要事实，包括合同的主要条款，纠纷发生的原因和经过。然后根据仲裁机关查明的主要事实，写明当事人应承担的责任。协议的内容，即双方达成解决纠纷的一致意见；

⑥ 执行时间及法律效力，并由双方当事人签字，然后仲裁员署名，写明年、月、日，加盖仲裁机关印章，最后由书记员署名。

3) 经济仲裁决定书

仲裁决定书是经济合同仲裁机关在查明事实、分清是非、明确责任的基础上，依法对经济合同纠纷案件作出裁决的法律文书。它是对那些既不实行合同，又不接受调解的当事人采取的一种强制性措施。它具有法律的约束力,是解决当事人争议的法律凭证,也是执行仲裁决定的法律依据。

仲裁决定书,应写明以下内容:
① 名称:制作文书的机关、文书名称、编号;
② 申诉单位及申诉代表的姓名、职务;
③ 被诉单位及被诉代表的姓名、职务;
④ 仲裁决定的案由、争议的事实和要求;裁决的结果和仲裁费用的承担;
⑤ 不服仲裁的起诉期限;
⑥ 仲裁员署名,仲裁决定的时间,加盖仲裁机关印章;
⑦ 书记员署名。

概括地讲,制作经济仲裁文书有以下要求:
① 应按仲裁机关规定的统一格式和要求写作。做到项目齐全、内容完整、条理清晰、用语规范。
② 文书写作应叙事清楚、说理充分、语言精炼、逻辑严密、通俗易懂。
③ 涉外仲裁文书应附有译文,少数民族聚居区应使用当地通用的语言文字。

例文

## 一、诉 讼 状

原告人:刘××,男,49岁,汉族,××省××县人,农民,住本县××镇××街28号。

被告人:唐××,男,40岁,汉族,××省××县人,个体商贩,住本县××镇××街27号。

请求事项:请依法惩办故意伤害人犯唐××,并赔偿原告因伤导致的经济损失×××元。

事实及理由:2000年6月3日下午7时左右,被告唐××借口门前三根美人蕉被折断,对我进行谩骂,挑起事端。我开始没理他。随后他手持一把黄鳝刀,不听自己女儿的劝阻,气势汹汹来到我家门前谩骂。我起身解释。"你要查清……"话没说完,唐就持刀朝我当头一刀,被我接住。唐接着又一刀,又被我接住,我双手抓住唐××两只拿刀的手并对其警告说:"你不要搞了,不看你是邻居,我就要收拾你。"正在这时,唐兄××与唐妻陈×跑来帮忙。唐兄××死死卡住我的脖,陈×捉住我的手,唐××趁机向我刺杀,使我刀伤九处。我女儿××前来解危,唐××又杀我女儿两刀。伤情详见医院诊断。

被告唐××出口污言,挑起事端,又持刀行凶,致使我受伤九处,我的女儿受伤两处。我虽经医院治疗伤愈,但因流血过多,现仍神情恍惚,半身不遂,严重丧失劳动能力。为维护本人的人身权益及社会治安,特依据中华人民共和国刑事诉讼法第十三条第一款之规定,向你院提起诉讼,请依照中华人民共和国刑法第一百三十四条第一款和第三十条的规定,对被告予以惩处,并赔偿原告因伤所造成的损失××××元。

此致
××县人民法院

具状人:刘××(章)
2000年6月24日

## 二、起诉书

原告人：××市运输公司外事运输站。

代表人：支××，男，22岁，外事运输站业务员，住本市××路1号。

代表人：曹××，男，30岁，外事运输站业务员，住本市××区××坊12号。

被告人：××市××区××公社××木材加工厂。

代表人：张××，男，40岁，职务不明，住本市××区××15号。

请求事项：

一、被告人限期清偿原告人运输费716.30元。

二、被告按约定交付罚款390元给原告，以及由此造成的其他经济损失。

事实和理由：原告与被告之间以往一直有业务关系。被告人自2001年4月起，拖欠原告人下列运费：

一、2001年4月20日，被告人一方由代表人张××、刘××经手，由通县载人到葛渠去看货，租用原告一方面包车一部，计运费44.80元，至今拖欠未付。

二、2001年4月29日，被告一方由代表人刘××经手，由通县徐庄公社至河南省×县综合加工厂运送木材，租用原告解放牌半挂车一部，运费345.80元，至今未付。

三、2001年5月8日和同年5月12日，张××代表××木材加工厂给河北省××县食品公司运送木材，租用原告人解放牌半挂车两部，北京牌130型车一部，计运费325.70元，至今未付。

以上三项共计拖欠原告运费716.30元。经多次催付，被告代表人刘××、张××虽然不否认上述事实，但找种种借口无理拖延，现已拖欠达11个月之久，造成原告人待结率提高，直接影响职工收入。被告代表人张××、刘××与原告代表人曹××口头约定，如在2002年1月不付清运费，即按每月5％实行罚款，但直至今日仍分文未付。为此，特向你院起诉。

此致

××市××区人民法院

代表人 支××

## 三、委托书

委托人：李××，女，现住××省××市。

被委托人：王×，男，银行经理，现住香港××道18号。

我是范××的妻子。范××于1995年×月×日在香港去世，死后在香港留有房产、股票、银行存款等遗产。根据中华人民共和国××省××市公证处1995年×月×日发给我的(95)×证字第××号继承权证明书，我委托王×先生为我的合法代理人，全权代表我在香港向香港英国有关当局办理继承上述遗产的一切事宜。领取范××的遗产管理证明书，并代表我领取、执笔、变卖和处理上述遗产。代理人所签署的一切有关文件，我均予以承认。

委托人：李××（签名盖章）

1995年×月×日

## 四、公　证　书

×证字(95)第××号

兹证明李××，王×于1995年×月×日来到我处，在我面前，在前面的委托书上签名。

中华人民共和国××省××市
公证处
公证员：白××(签名)
1995年×月×日

## 五、公　证　书

×证字(19××)第××号

继承人：××，女，×年×月×日出生，现住××省××市××县××区××乡。

被继承人：××，男，×年×月×日出生，生前为××公司职员，住××街×号。

查××于×年×月×日在××死亡，死亡后在××留有遗产，死者生前无遗嘱。根据中华人民共和国法律规定，死者××的遗产，应由其妻××继承。

中华人民共和国××省××市公证处公证员：(签名)

×年×月×日

## 六、经济合同纠纷仲裁申请书

| 申诉人 | 名称 | | 被诉人 | 名称 | |
| --- | --- | --- | --- | --- | --- |
| | 地址 | | | 地址 | |
| 代表人 | 姓名 | | 代表人 | 姓名 | |
| | 职务 | | | 职务 | |
| 合同名称，编号 | | | 签订日期 | | |
| 签证编号 | | | 签证机关 | | |
| 是否经过调解： | | | | | |
| 纠纷的原因及其经过： | | | | | |
| 申诉人的理由和要求： | | | | | |
| 证据证人的姓名和住址： | | | | | |

原诉方(盖章)
年　月　日

| 仲裁机关收到申请时间，收到人 | | 仲裁机关对受理此案的意见 | | (盖章)年　月　日 |
| --- | --- | --- | --- | --- |

## 七、××市工商行政管理局合同纠纷调解书

×工商合字［2000］第×号

申诉单位：××县农旺乡乡镇企业管理委员会

申诉单位代表：刘×。职务：乡镇企业管理委员会主任。住址：××县农旺乡。

被诉单位：××师范学院。

被诉单位代表：毛×。职务：采购员。住址：××区天陈路。

案由：上列双方因被诉方拒收青砖发生合同纠纷，原诉单位××县农旺乡乡镇企业管理委员会申诉来局，要求被诉单位承付货款并赔偿经济损失。

关于×××师范学院与××县农旺乡等社队企业签订执行青砖购销合同中发生的纠纷问题，我局会同××县工商行政管理局，××县中心区工商行政管理所，于本月十三日在本局会议室召开供需双方调解会议，加以解决。根据签订和执行合同的实际情况及对合同管理的有关规定，经过充分酝酿协商，双方达到协议如下：

一、××师范学院应付××县农旺乡的砖款，在近两、三天内会同供方查清账目，将应付的青砖款全部如数汇给供方。

二、农旺等乡在执行合同中，除交售本乡生产的青砖外，还在外乡组织了部分青砖交售，这批青砖很大部分不符合规定的质量要求。为合理解决这一问题，属供方合同范围内本乡砖瓦厂生产的青砖，按合同规定价格每块捌分计算，在其他乡组织交售的青砖，按每块七分五厘计算。

三、关于青砖囤留费的责任承担问题。按照补充合同第二条规定"合同期限自1998年11月至1999年7月底前交清，逾期不收"的规定，供方在1999年7月底期限内运到合同规定的×××砖厂的青砖，凡是需方已收了货的，不论延误囤留的时间长短，所发生的囤留费均由需要方负责。1999年8月1日以后到达该码头而运输部门发运日期在终止期前者，需方签字以后囤留费由需方负责，签字以前发生的囤留费由供方负责。

四、对供方不属本身合同范围内代表其他乡所交售的青砖，除决定按每块七分五厘计价结算外，其他问题由××县工商行政管理局另案处理。

本调解书即日执行。

本调解书与仲裁书具有同等法律效力。

申诉方代表：刘×（签字）

被诉方代表：毛×（签字）

××市工商行政管理局仲裁员署名

年 月 日

（加盖仲裁机关公章）

书记员：刘××

## 八、××县工商行政管理局合同纠纷仲裁决定书

×工商合仲字［2002］第×号

申诉单位：××县李子公社土沟生产队

申诉单位代表：田××，该生产队会计

被诉单位：××蔬菜公司

被诉单位代表：尤××，该公司副经理。

案由：青菜产销合同纠纷。

李子公社土沟生产队与××县蔬菜公司于2001年4月6日根据国家计划，自愿协商签订35万斤青菜产销合同。合同规定土沟生产队于2001年11月15日至2002年1月20日按旬分期交付青菜，单价每斤0.025元，由生产队负责运输。合同成立后，销售方蔬菜公司曾三次派人员前去生产队察看菜长势，均表满意。11月16日李子公社土沟大队用解放牌车载运3500斤蔬菜，向蔬菜公司交付。但蔬菜公司采购员××声称他们订购的是光头青菜，而生产队交付的却是大叶青菜，因此拒绝收购。经生产队推销员找到队长××同公司经理×协商，双方各执己见，形成纠纷，于是申诉方土沟生产队便诉来我局，请求解决。

经我局对合同进行审查，原订合同条款不够具体明确，品种规格不清，且无违反合同的责任规定，所以合同本身存在严重缺陷。在此基础上，我们对双方所持理由进行了认真调查，申诉单位所提及单位三次前往察看青菜长势属实，对种植品种从未提出异议，故拒收大叶青菜实属无理。为保护当事人的正当权益，巩固合同纪律，特仲裁决定如下：

一、双方原订合同继续有效，蔬菜公司必须按合同规定的期限收货。收货时间每推延一天，应按当时所交货物总价值的1‰支付违约金，并承担由此而造成的全部损失。

二、11月16日生产队所交的3500斤青菜，由于蔬菜公司的过错已经腐烂，按收购价共值897.50元，应由蔬菜公司给予赔偿，限11月27日一次付清。

如对本仲裁不服，可在收到仲裁决定书之次日起十五日内向×县人民法院提起诉讼，逾期不提起诉讼，则按本仲裁决定书执行。

仲裁员：张××

2002年12月2日（章）

书记员：李××

## 复习思考题

1. 什么是法律文书？法律文书有何作用？
2. 请分析例文的内容层次和结构层次。
3. 拟写一份仲裁决定书的提纲。

# 第五章 条例规章文书

## 第一节 章　程

### 一、定义

章程是组织、团体、单位、学术研究组织等对其性质、宗旨、任务、组织机构、组织成员、权利义务以及活动规则等作出规定的一种文件。一般由该组织、团体制定并经代表大会等形式通过正式产生，具有纲领性、约束性和稳定性，该组织、团体中每个成员思想、言论、行动上都必须严格遵守，坚决执行，不得有所违背，如《中国共产党章程》、《工会章程》等。

### 二、写法

1. 标题

章程标题一般由组织名称和文种组成，如《中国共产党章程》。

2. 正文

章程的正文一般采用章条式，即分章分节，章断条连，第一章为总则，中间各章为分则，最后一章为附则。在总则中，一般要说明该组织的性质和宗旨；中间各章为章程的主干，如《业主委员会章程》的第二章为"组织及职责"，第三章为"会议"，第四章为"委员"，第五章"经费与办公用房"；在结尾附则中，主要对有关事宜进行补充和交待。

### 三、注意事项

(1) 写作章程要严肃认真，态度谨慎。

(2) 条理清楚，安排合理。

(3) 章程篇幅的长短应根据内容多少而定，以达到完成主旨为目的。

### 四、章程在物业管理中的运用

政府除了对"物业管理合同"通过法规进行规定外，对业主委员会的成立及其章程等也有一定规定。例如，建设部《城市新建住宅小区管理办法》第六条规定："住宅小区应当成立住宅小区管理委员会(简称管委会)。……管委会还应"制定管委会章程"，"接受住宅小区内房地产产权人和使用人的监督"。

《上海市居住物业管理条例》规定：(一)公有住宅出售建筑面积达到30％以上；(二)新建商品住宅出售建筑面积达到50％以上；(三)住宅出售已满两年时，应召开业主大会或者业主代表大会，选举产生业主委员会。业主委员会应当自选举产生之日起十五日内，持下列文件向所在地的区、县房地产管理部门登记：

(1) 成立业主委员会登记申请书；

(2) 业主委员会委员名单；

(3) 业主委员会章程。

可见，章程在物业管理中有十分重要的作用。

**五、例文**

## 业主委员会章程（上海市示范文本）

### 第一章 总 则

第一条 组织名称、地址

名称：

地址：

所辖区域范围：

第二条 业主委员会是本物业管理区域范围内代表全体业主对物业实施自治管理的组织。

本会由业主大会（业主代表大会）选举产生，业主委员会委员由业主担任。

本会是业主大会（业主代表大会）的常设执行机构，对业主大会（业主代表大会）负责。

本会自所在地房地产管理部门核准登记之日起成立。

第三条 本会接受物业管理行政主管部门的监督与指导。

第四条 本章程所称业主是指物业的所有权人。

第五条 本会的宗旨是代表和维护全体业主的合法权益，保障物业的合理、安全使用，维护本物业管理区域内的公共秩序，创造整洁、安全、舒适的居住环境。

### 第二章 组织及职责

第六条 第一届业主委员会，由所在地区，县房地产管理部门会同住宅出售单位组织业主召开业主大会（业主代表大会）选举产生。

第七条 第一次业主大会（业主代表大会）按下列程序召开：

(1) 由大会组织介绍大会筹备情况；

(2) 由大会筹备组介绍业主委会候选人情况；

(3) 业主大会（业主代表大会）的成员投票选举产生业主委员会成员。

第八条 业主代表的缺额补选或增补，以及没有代表代理按如下规定执行：

(1) 略；

(2) 略；

(3) 略；

(4) 略。

第九条 业主大会（业主代表大会）应按幢或按业主人数的一定比例邀请非业主的房屋使用人以及居委会人员列席会议。

经15％以上业主（业主代表）提议召开临时业主大会（业主代表大会），业主委员会应在接到提议后的30日内就所提议题召开大会。

经15％以上业主（业主代表）提议召开的临时业主大会（业主代表大会）对提出的方案已经作出决定的，业主（业主代表）在半年内不得以同一内容再提议召开业主大会或业主代表大会。

第十条 本会设委员_____名,其中主任一名,副主任_____名。主任、副主任在全体委员中选举产生。

第十一条 本会每届任期两年,委员可连任连选。

本会聘任专职或兼职执行秘书(或秘书长)一名,负责处理本会日常事务。

第十二条 本会权利:

(1) 召集和主持业主大会(业主代表大会);

(2) 与物业管理单位议定管理服务等费用的收取标准及方法;

(3) 负责维修基金的筹集、使用和管理;

(4) 选择聘或者解聘物业管理企业,与物业管理企业订立、变更或者解除物业管理服务合同;

(5) 审定物业管理企业提出的物业管理服务年度计划、年度财务预算和决算;

(6) 监督公共建筑、公共设施的合理使用;

(7) 组织换届改选业主委员会;

(8) 提出修订业主公约、本会章程的方案;

(9) 业主大会(业主代表大会)赋予的其他职责和权利。

第十三条 本会义务:

(1) 向业主大会(业主代表大会)报告工作;

(2) 执行业主大会(业主代表大会)通过的各项决议、决定;

(3) 贯彻执行并督促业主遵守物业管理的有关法律、法规、规章和规范性文件的规定,对业主和使用人开展多种形式的宣传教育;

(4) 听取业主、使用人的意见和建议,监督物业管理企业的管理服务活动,完成和实现本物业管理区域的各项管理目标;

(5) 涉及全体业主利益的有关事项,应书面和口头通知或张贴公布。其中涉及物业管理的重大事项,须经业主大会(业主代表大会)通过;

(6) 建立业主委员会档案制度;

(7) 自觉接受市、区、县房地产管理部门的业务指导和检查;

(8) 本会作出的决定,不得违反法律、法规、规章和规范性文件,不得违反业主大会(业主代表大会)的决定,不得损害公共利益。

第十四条 下列人员经业主大会(业主代表大会)同意可获得适当津贴:

(1) 本会主任;

(2) 本会副主任;

(3) 本会执行秘书。

## 第三章 会 议

第十五条 本会会议每三个月召开一次。有三分之一以上的委员提议或主任、副主任认为有必要时,可召开特别会议。

第十六条 本会会议的召开应由召集人提前七天将会议通知及有关材料送达每位委员。委员因故不能参加会议时,作为缺席。

第十七条 本会会议由主任召集、主持,主任缺席时,由副主任主持。

第十八条 本会讨论重大事项,可邀请物业管理行政主管部门及有关部门(街道办事处、派出所等)、物业管理单位的人员、非业主使用人代表参加会议,但上述人员没有表决权。当本物业管理区域的物业有三分之一以上为出租时,必须聘请承租人代表列席本会会议。列席会议的人员没有表决权。

第十九条 本会会议决定问题,采取少数服从多数的原则。会议进行表决时,每一委员有一票表决权。

第二十条 本会执行秘书必须作好每次会议记录,并由会议主持人签署后存档,涉及物业管理的重大问题应由与会的全体委员签署。

## 第四章 委 员

第二十一条 业主委员会委员须符合下列条件:(1)能遵守物业管理法规、规章、规范性文件和业主公约、业主委员会章程;(2)能履行业主委员会成员职责;(3)品行端正无劣迹;(4)热心公益事业。

第二十二条 本会委员缺额时,应在下一次业主大会(业主代表大会)召开时予以补选;缺额人数较多时,可召开临时业主大会(业主代表大会)予以补选。

第二十三条 有下列情形的人员不得担任本会委员,已担任的须停任,并由下次业主大会(业主代表大会)确认:

(1) 已不是业主;
(2) 无故缺席会议连续三次以上;
(3) 因身体或精神上的疾病而丧失履行职责的能力;
(4) 有违法犯罪行为被司法部门认定或正在接受调查的;
(5) 其他原因不适宜担任本会委员的。

第二十四条 委员停任时,必须在停任后半个月内将由其管理、保存的本会文件、资料、账簿以及属于本会的所有财物移交给本会。

第二十五条 业主委员会主任的职责:

(1) 负责召开业主委员会会议;
(2) 负责召开业主大会(业主代表大会);
(3) 代表业主委员会对外签约或签署文件;
(4) 核定维修基金账目;
(5) 经业主大会(业主代表大会)或业主委员会授权的其他事项。

第二十六条 委员的权利和义务。

1. 权利
(1) 有权参加本会组织的有关活动;
(2) 有权参与本会有关事项的决策;
(3) 具有对本会的建议权和批语权。

2. 义务
(1) 遵守本会章程;
(2) 执行本会的决议,完成本会交办的工作;
(3) 参加本会组织的会议、活动和公益事业;
(4) 向本会的工作提供有关资料和建议。

### 第五章 经费与办公用房

**第二十七条** 本会的经费由(　　　　)费用中支出。

**第二十八条** 本会的经费开支包括：业主大会(业主代表大会)和本会会议；有关人员的津贴；必要的日常办公等费用。经费收支账目由物业管理公司负责管理，每季度向本会汇报，每年度向业主公布。

### 第六章 附　则

**第二十九条** 本章程或本章程的修订经业主大会(业主代表大会)通过后生效，本章程未尽事项由业主大会(业主代表大会)补充。业主大会通过的有关本章程的决定都是本章程的组成部分。

**第三十条** 制定和修订的业主委员会章程，应报所在地房地产管理部门备案。

## 第二节 规　定

**一、定义**

规定是机关单位、部门对某项具体工作或专门问题提出的要求、规范。规定的使用范围很广，使用频率很高，具有普遍性。规定一般是针对社会生活特别是政治生活中出现的带倾向性问题及时制定的。规定的针对性强，其权威性、约束力、稳定性则小于章程、条例细则。规定有政策性的，也有事务性的，或兼而有之。

**二、写法**

(一) 标题

规定的标题由内容和种类组成。如《物业管理企业财务管理规定》、《商品住宅实行住宅质量保证书和住宅使用说明书制度的规定》。

(二) 正文

1. 章条式。即分章分节，章断条连，第一章为总则，中间各章为分则，最后一章为附则，如《物业管理企业财务管理规定》。

2. 条款式。即分条设款，条款结合，以"条"到底，如《商品住宅实行住宅质量保证书和住宅使用说明书制度的规定》。

具体写法是，开头通常用一句话说明行文的目的，根据，或原因、意义等，作为总则成为第一条。然后再逐条逐款一一展开，这是规定的主干部分。在这部分中，既有规定的具体内容，又要写明具体的规范要求及措施。最后的附则即结尾，主要对有关事宜进行补充和说明。

**三、写作要求**

1. 要以严肃审慎的态度拟制行文。

2. 合理安排条款，精心布局，序列清楚，达到行文目的。

3. 规定的篇幅长短应根据内容多少而定，以达到完成主旨为目的。

**四、规定在物业管理中的运用**

规定在物业管理中运用广泛。物业管理属劳动密集型的第三产业，其经济效益是靠为业主提供服务而收管理酬金的方式体现出来，也就是通过管理公司全体员工的劳动而获得相应报酬。管理公司要得到业主的信任，要为业主提供优质的服务，首先必须要练好内功，抓好内部管理，建立健全规范的内部管理制度，如考勤制度、奖惩制度、岗位责任制等。同时，还要加强外部管理制度，如物业管理公约、住户手册、住宅区管理规定、装修、水电、治安、消防、绿化、车辆等管理规定。

拟写物业管理中常见的管理规定，必须以相关的法律法规为依据，做到有法可依，有据可查。

### 五、例文

（一）保洁员岗位责任制

1. 遵守所有保洁规则，维护管辖区域公共设施及业主/使用人物品卫生，同时履行相关的保洁服务。

2. 严格执行管理公司制定的保洁操作细则要求。按规定标准执行操作程序，保质保量地完成所负责的保洁区域和管理公司布置的各项保洁任务，并由专门人员进行定期检查和定量考核。

3. 保洁员工在进行保洁服务时，应小心谨慎，确保辖区公共设施及建筑物等的完好，若损坏物品而无恰当的理由，须照价赔偿。

4. 保洁员工在辖区进行保洁服务时，发现任何破坏环境卫生行为或故意损坏行为时应及时阻止，对不听劝告者，应及时向管理公司反映。

5. 保洁员工对业主/访客的询问，应谦和礼貌，使用文明用语。未经许可不得擅自进入住户家，不得向业主/使用人索取小费。

6. 保洁员工必须爱护清洁工具和设备，确保工具和设备的完好，不得随意把工具和设备借给他人使用。

7. 保洁员工在操作过程中，必须特别注意下列事项：

（1）清扫：

(a) 顶棚上蜘蛛网；

(b) 未清扫暗角；

(c) 清扫顶棚、阳台和建筑物凸耳。

（2）清洗：

(a) 遵守清洗计划；

(b) 不可把水溅入住户房屋；

(c) 不可把清洁剂丢在地上；

(d) 不可把水溅入电梯槽、电气线路和电气设备；

(e) 清洗暗角、阳台等。

（3）垃圾清运：

(a) 不得使用漏洞的垃圾桶；

(b) 不得将垃圾桶推在楼寓前，或置放在公共场所，停车场；

(c) 不可使用破漏不堪的垃圾桶；

(d) 不可使用灭火线圈拖拉垃圾桶；

(e) 垃圾清运后，一定要冲洗垃圾房和护墙；

(f) 垃圾房门、垫板若有故障，排水沟阻塞和内部瓷砖损坏，立即呈报。

（4）大件垃圾清除：

(a) 不可从楼上倾倒大件垃圾;
(b) 电梯不可超载;
(c) 不可将电梯门卡住;
(d) 不可将大件垃圾丢在空楼层和电梯平台。
(5) 人身安全:
(a) 清洁建筑物顶棚和凸耳时,一定要使用安全带;
(b) 使用手套;
(c) 使用靴;
(d) 工作时,不可戴首饰和穿长而宽松的服装。

(二) 保洁员工服务规范

(1) 绝对服从上级安排,不怕脏,不怕累,认真完成清洁任务。
(2) 爱岗敬业。遵守保洁服务规定中的各项服务细则和要求,保质保量在规定时间内完成保洁任务。
(3) 不迟到,不早退,遵守工作作息时间表。
(4) 上班时必须穿着统一标志的工作服并佩戴胸卡。
(5) 未经许可,不得擅入住户家中。
(6) 必须小心谨慎,爱护公共设施及物品。
(7) 清扫和清洗地面时,要防止尘土飞扬和脏水溢洒。
(8) 如发现有任何破坏环境卫生或故意损坏的行为,必须及时加以阻止,必要时向有关部门汇报。
(9) 勿发出较大噪声,勿大声喧嚷。
(10) 对业主/访客的询问,必须谦和礼貌,使用礼貌用语。

附: 1. 保洁操作标准
    2. 保洁工作日报表
    3. 空置房清洗通风记录表

**附: 保洁操作标准一览表**

| 序号 | 检查区域 | 操作指南 | 操作标准 |
| --- | --- | --- | --- |
| 1 | 电梯,电梯金属部件 | 清扫电梯,电梯金属部件 | 无杂物,灰尘,污物,苔藓,口香糖残余物,蜘蛛网,积水,废物 |
| 2 | 空楼层,陶瓷锦砖砖地,门廊和护墙 | 清扫空楼层,陶瓷锦砖砖地,门廊和护墙 | 同上 |
| 3 | 公共走廊,楼梯 | 清扫公共走廊,楼梯 | 同上 |
| 4 | 旷地,游乐场,绿化带,停车场,人行道,水管和休闲亭 | 清扫旷地,游乐场,绿化带,停车场,人行道,水管和休闲亭 | 无杂物,污物,落叶和废物 |
| 5 | 护壁板,墙,顶棚和公共照明 | 清洁护壁板,墙,顶棚和公共照明 | 无蜘蛛网,污点,污物,灰尘 |

续表

| 序 号 | 检查区域 | 操作指南 | 操作标准 |
|---|---|---|---|
| 6 | 信箱 | 清洁信箱 | 无蜘蛛网，污点，灰尘 |
| 7 | 排水管道 | 清洁排水管 | 无阻塞，淤积，杂物，藻，蚊蝇繁殖 |
| 8 | 垃圾房，垃圾筒 | 清洁垃圾房，垃圾筒 | 垃圾房/储藏室整齐安排，无大件垃圾堆积，无积水，污水，异味，蚊蝇 |
| 9 | 废纸篓，烟缸和杂物箱 | 清理废纸篓，烟缸和杂物箱 | 无废物，污点，灰尘，臭味 |
| 10 | 装修废弃物 | 定期清运 | 将停车场废弃物减少至最低程度 |

附：保洁工作日报表

年_____月_____日

| 项　　目 | 保洁内容 | 完成情况 | 完成时间 | 负　责　人 |
|---|---|---|---|---|
| 准备情况 | 统一制服，佩戴胸卡 | | | |
| | 准备清洁 | | | |
| 公共区域 | 清洁地面、墙面 | | | |
| | 垃圾、烟灰桶 | | | |
| | 垃圾倾倒 | | | |
| | 标牌、移动门、雕塑、凳子、路灯、消防箱 | | | |
| | 明沟 | | | |
| 停车场(库) | 车库地面 | | | |
| | 各类指示牌 | | | |
| | 车库内门 | | | |
| 大　堂 | 烟灰桶、烟灰缸 | | | |
| | 墙面、顶棚 | | | |
| | 花盆 | | | |
| | 大堂家具 | | | |
| | 大堂指示牌、信报箱 | | | |
| | 玻璃门、拉手 | | | |
| | 五金配件 | | | |
| 楼　道 | 电表箱、管道、楼道门 | | | |
| | 楼道、地面、玻璃、扶手 | | | |
| | 垃圾收集 | | | |
| | 电梯清洁 | | | |

续表

| 项　　目 | 保洁内容 | 完成情况 | 完成时间 | 负　责　人 |
|---|---|---|---|---|
| 盥洗室 | 地面、墙面、门 | | | |
| | 烘手器、皂液盒 | | | |
| | 玻璃镜面、洗手盒、台、水笼头 | | | |
| | 便器、坐厕、手纸篓 | | | |
| 办公区域 | 垃圾收集 | | | |
| | 办公家具 | | | |
| | 玻璃 | | | |
| 楼宇清洁 | 地板 | | | |
| | 卫生间 | | | |
| | 玻璃 | | | |
| | 厨房间 | | | |
| | 阳台 | | | |
| | 家具家电、灯饰、五金配电 | | | |

注："√"代表此项工作已完成，不填写代表此项工作未开展。

**附：空置房清洗通风记录表**

_____单元_____室

| 日　期 | 工作内容 | | 开始时间 | 结束时间 | 异常情况 | 负责人 |
|---|---|---|---|---|---|---|
| | 清洁 | 通风 | | | | |
| | | | | | | |
| | | | | | | |
| | | | | | | |
| | | | | | | |
| | | | | | | |
| | | | | | | |
| | | | | | | |
| | | | | | | |

（三）保安人员职责

1. 门卫职责

（1）对进出辖区的外来人员、车辆实行严格的登记管理制度。

（2）访客到访一律凭有效证件登记后，方可进入辖区。

（3）代表团到访一律由发展商或管理公司人员陪同，或佩戴由管理公司签发的贵宾卡方可进入。

（4）施工人员一律佩戴管理公司签发的出入证（凭有效证件到管理公司办理），方可进入辖区。

(5) 检查和登记出入辖区机动车辆。凡装有易燃、易爆、剧毒品或污染性等违禁物品的车辆不准进入辖区；任何人欲带物品离开辖区，均须出示有关单位和发展商的证明，并将该证明留在门卫存档，登记后方让其离开辖区(业主须出示护照/身份证，登记后方可放行)。

2. 巡逻员职责

(1) 值勤时由班长统一安排对辖区各个部位进行定时、不定时和定点、不定点，由外及里相互结合进行的交叉巡逻。

(2) 巡逻整个辖区，要充分有效地延缓或防止辖区出现行窃、故意破坏财产和损害行为，对有行为可疑人物进行监视并按时做记录，必要时立即报警。

(3) 检查和监督楼宇安全防火门的开启/关闭情况；施工期间施工工人中凭管理公司签发"进楼施工证明"让其进入施工。

(4) 值班巡逻人员对有施工人员在场的楼宇进行定时检查，以随时掌握安全信息，必要时将安全信息反馈给管理公司，以便采取必要的安全防范措施。

(5) 值班巡逻人员发现有未经许可或行为可疑的人物在辖区徘徊，应主动礼貌询问其意图，预防故意损坏财产，纵火和偷窃类事件的发生。若有情况立即报警。

(6) 巡逻人员对辖区公共设施及建筑物的任何损坏和缺陷，包括设备损坏、水槽、水管破裂、漏水及供电中断，影响业主、使用人、参观者使用和财产的意外事故发生或发现的如强行闯入和行窃事件等情况应立即向管理公司报告。

(7) 提高警惕，坚守岗位，认真巡查辖区各部位，进一步加强防火、防盗、防抢劫和防破坏。

(8) 遇突发性、危害性事故或事件发生，要立即采取应急处理，并及时向管理公司报告。

附：保安奖罚制度

(1) 迟到或早退30分钟以上者，按缺勤处理：　　扣××元；
(2) 上班时间打盹或睡觉：　　　　　　　　　　扣××元；
(3) 不服从管理公司安排：　　　　　　　　　　扣××元；
(4) 岗位出现空岗现象：　　　　　　　　　　　扣××元；
(5) 遇到重大事故未做详细记录及未能在1小时内向有关部门及管理公司报告：
　　　　　　　　　　　　　　　　　　　　　　扣××元；
(6) 未定时进行巡逻：　　　　　　　　　　　　扣××元；
(7) 值勤时未穿保安制服及衣冠不整：　　　　　扣××元；
(8) 对业主或访客态度恶劣：　　　　　　　　　扣××元；
(9) 对进出辖区公众和车辆未进行登记或检查：　扣××元；
(10) 值勤时聊天或做与值勤无关的事：　　　　扣××元；
(11) 遇有违法活动未及时采取行动：　　　　　扣××元；
(12) 值班时酗酒或带醉上岗：　　　　　　　　扣××元；
(13) 未参加早操或交班时未操练：　　　　　　扣××元；
(14) 值勤时用对讲机开玩笑或做与值勤无关之事：扣××元；
(15) 上岗迟到、下岗早退：　　　　　　　　　扣××元；

(16) 未经批准私下换班： 扣××元；
(17) 未使用文明用语： 扣××元；
(18) 值班时吸烟、吐痰： 扣××元。

以上规定，若班长有违反者，即进行双倍罚款。对于一个月内队员两次违反者，也将进行双倍罚款，三次违反者将给予开除。

(19) 对于在制止违法活动中表现英勇和在重大事故发生时应变措施得当、挽回重大损失者，将给予一次性的重奖。

(20) 对于在平时工作中一贯认真负责并受到广大业主和访客赞扬者，将给予一次性的奖励。

(21) 平时的奖励以班为单位，若该班保安人员在一个月份中未有任何违反规定的行为发生，且辖区内未发生重大事故，则给予该班每名保安人员××元的奖励。

(四) 停车场管理规定

1. 机动车辆管理

为了维护辖区的秩序，保持安静、整洁的环境，道路和消防通道畅通，对机动车辆的管理制订以下规定：

(1) 限制外来车辆进入辖区，但消防、救援等特许车辆除外；

(2) 进入辖区的车辆，须按指定地点停放、行车通道、消防通道及非停车位禁止停放；临时停放车辆应收取停车费；

(3) 装有易燃、易爆、毒品或装有污染物品的车辆，严禁进入辖区；

(4) 长期停放的车辆，应向管理公司申请，缴纳停车费，并领取"准停证"；

(5) 进入辖区的车辆应减速行驶，不得随意鸣号，如果车辆损坏路面或公用设施，须照价赔偿；

(6) 管理人员须严格执行车辆出入规定，发现可疑情况及时报告，并认真做好交接班工作。

2. 摩托车、助动车和自行车管理

(1) 摩托车、助动车和自行车应遵守规定，服从管理人员的指示；

(2) 需要托管的车辆，应办理托管手续，缴纳管理费，领取车号牌；

(3) 托管车辆进入辖区时，车主应向管理人员领取车号牌。离开时，须将车号牌交还。没有交还车号牌或车号牌与车号不符时，车辆不得离开；

(4) 外来车辆进入辖区时，应按指定位置停放，并付停车费。

3. 停车场管理标准

**停车场管理标准一览表**

| 序号 | 检查项目 | 管理标准 | 检查缺陷 |
| --- | --- | --- | --- |
| 1 | 停放和交通标志 | 指示牌有固定的设计图案，不损坏，垂直安装在明显位置，保养好 | 1) 指示牌损坏，如：缺字、生锈、摇摆等<br>2) 字母"P"或"停"指示牌损坏<br>3) 指示牌安装不规范<br>4) 指示牌缺少或凹陷<br>5) 指示牌被树枝覆盖<br>6) 反向镜保养差 |

续表

| 序 号 | 检查项目 | 管理标准 | 检查缺陷 |
|---|---|---|---|
| 2 | 停车场路面和交通线 | 1）地面平整，有适当倾斜度<br>2）花草修剪到标准高度<br>3）停车场和交通线的字体清楚 | 1）坑洼<br>2）地面严重损坏<br>3）停车场浸水，积水<br>4）停车场长满野草<br>5）停车线，交通线模糊或缺少<br>6）停车场字体和编号模糊或缺少<br>7）停车场和交通线布满沙，土或油迹 |
| 3 | 停车场的清洁情况 | 1）拭清停车场照明<br>2）水管安装得好 | 1）胡乱停车<br>2）墙，顶棚和地面污迹<br>3）照明设施脏或损坏<br>4）水管渗水 |
| 4 | 通风设备 | 通风板放置好，状态良好 | 1）通风板缺少<br>2）通风板下凹<br>3）通风板碎裂<br>4）通风板移位 |
| 5 | 消防设备 | 所有消防设备状态良好 | 1）无消防设备<br>2）消防设备故障或损坏 |
| 6 | 停车场边栏和排水沟 | 边栏不损坏，排水沟清洁 | 1）边栏损坏<br>2）停车场排水沟充满杂物 |
| 7 | 停车场照明 | 所有电气部分正常，安装廊，指定地方有覆盖物，对公众不造成危险 | 1）路灯故障<br>2）路灯被树枝隐蔽<br>3）没有灯泡和灯罩<br>4）灯柱生锈<br>5）灯柱分隔箱盖缺少或不在原位<br>6）灯柱倾斜<br>7）路灯灯罩不在原位<br>8）灯柱底座故障 |
| 8 | 废弃物和丢弃的车辆及非机动车 | 在停车场指定地点丢弃废物 | 1）丢弃车辆没有发给运走通知<br>2）非机动车，废弃家具，自行车/三轮脚踏车等丢弃在停车场 |
| | | 装修废砾放置在指定地点 | 1）指定丢弃废砾地点无竖立隔板<br>2）非机动车，废弃家具，自行车/三轮脚踏车等丢弃在停车场 |
| 9 | 停车场标志 | 在停车场画上或竖立标志，确保交通有秩序，阻止未经许可车辆停放 | 1）无禁止在垃圾房或用电站的停车标志<br>2）无禁止在旷地和人街道停车的标志<br>3）无指示单向交通的标志<br>4）未设"预定车位"标志<br>5）停车和交通标志不充分 |

续表

| 序号 | 检查项目 | 管理标准 | 检查缺陷 |
|---|---|---|---|
| 10 | 提供杂物箱 | 放置规定标准的杂物箱，保养良好 | 1) 杂物箱不够<br>2) 无杂物箱<br>3) 杂物箱碎裂，不在原位或无槽 |
| 11 | 停车场堵塞 | 停车场交通顺畅 | 1) 出入口堵塞<br>2) 停车位堵塞<br>3) 循环范围和车行道堵塞 |
| 12 | 停车管理员的调度 | 停车管理员遵守调度计划，定时检查车辆并记录 | 停车场管理员检查车辆情况 |

注：检查发现缺陷后必须立即采取行动。

(五) 物业管理企业财务管理规定

## 第一章 总 则

第一条 为了规范物业管理企业财务行为，有利于企业公平竞争，加强财务管理和经济核算，结合物业管理企业的特点及其管理要求，制定本规定。

除本规定另有规定外，物业管理企业执行《施工、房地产开发企业财务制度》。

第二条 本规定适用于中华人民共和国境内的各类物业管理企业（以下简称企业），包括国有企业、集体企业、私营企业、外商投资企业等各类经济性质的企业；有限责任公司、股份有限公司等各类组织形式的企业。

其他行业独立核算的物业管理企业也适用本规定。

## 第二章 代管基金

第三条 代管基金是指企业接受业主管理委员会或者物业产权人、使用人委托代管的房屋共用部位维修基金和共用设施设备维修基金。

房屋共用部位维修基金是指专项用于房屋共用部位大修理的资金：房屋的共用部位，是指承重结构部位（包括楼盖、屋顶、梁、柱、内外墙体和基础等）、外墙面、楼梯间、走廊通道、门厅、楼内存车库等。

共用设施设备维修基金是指专项用于共用设施和共用设备大修理的资金：共用设施设备是指共用的上下水管道、公用水箱、加压水泵、电梯、公用天线、供电干线、共用照明、暖气干线、消防设施、住宅区的道路、路灯、沟渠、池、井、室外停车场、游泳池、各类球场等。

第四条 代管基金作为企业长期负债管理。

代管基金应当专户存储，专款专用，并定期接受业主管理委员会或者物业产权人、使用人的检查与监督。

代管基金利息净收入应当经业主管理委员会或者物业产权人、使用人认可后转作代管基金滚存使用和管理。

第五条 企业有偿使用业主管理委员会或者物业产权人、使用人提供的管理用房、商业用房和共用设施设备，应当设立备查账簿单独进行实物管理，并按照国家法律、法规的规定或者双方签订的合同、协议支付有关费用（如租赁费、承包费等）。

管理用房是指业主管理委员会或者物业产权人、使用人向企业提供的办公用房。

商业用房是指业主管理委员会或物业产权人、使用人向企业提供的经营用房。

第六条　企业支付的管理用房和商业用房有偿使用费，经业主管理委员会或者物业产权人、使用人认可后转作企业代管的房屋共用部位维修基金。企业支付的共用设施设备有偿使用费，经业主管理委员会或者物业产权人、使用人认可后转作企业代管的共用设施设备维修基金。

### 第三章　成本和费用

第七条　企业在从事物业管理活动中，为物业产权人、使用人提供维修、管理和服务等过程中发生的各项支出，按照国家规定计入成本、费用。

第八条　企业在从事物业管理活动中的各项直接支出，计入营业成本。营业成本包括直接人工费、直接材料费用、间接费用等。实行一级成本核算的企业，可不设间接费用，有关支出直接计入管理费用。

直接人工费包括企业直接从事物业管理活动等人员的工资、奖金及职工福利费等。

直接材料费包括企业在物业管理活动中直接消耗的各种材料、辅助材料、燃料和动力、构配件、零件、低值易耗品、包装物等。

间接费用包括企业所属物业管理单位管理人员的工资、奖金及职工福利费、固定资产折旧费及修理费、水电费、取暖费、办公费、差旅费、邮电通讯费、交通运输费、租赁费、财产保险费、劳动保护费、保安费、绿化维护费、低值易耗品摊销及其他费用等。

第九条　企业经营共用设施设备，支付有偿使用费，计入营业成本。

第十条　企业支付的管理用房有偿使用费、计入营业成本或者管理费用。

第十一条　企业对管理用房进行装饰装修发生的支出，计入递延资产，在有效使用期限内，分期摊入营业成本或者管理费用。

第十二条　企业可以于年度终了，按照年末应收账款余额的 0.3‰～0.5‰ 计提坏账准备金，计入管理费用。

### 第四章　营业收入及利润

第十三条　营业收入是指企业从事物业管理和其他经营活动所取得的各项收入，包括主营业务收入和其他业务收入。

第十四条　主营业务收入是指企业在从事物业管理活动中，为物业产权人、使用人提供维修、管理和服务所取得的收入，包括物业管理收入、物业经营收入和物业大修收入。

物业管理收入是指企业向物业产权人、使用人收取的公共性服务费收入、公众代办性服务费收入和特约服务收入。

物业经营收入是指企业经营业主管理委员会或者物业产权人、使用人提供的房屋建筑物和共用设施取得的收入，如房屋出租收入和经营停车场、游泳池、各类球场等共用设施收入。

物业大修收入是指企业接受业主管理委员会或物业产权人、使用人的委托，对房屋共用部位、共用设施设备进行大修取得的收入。

第十五条　企业应当在劳务已经提供，同时收讫价款或收取价款的凭证时确认为营业收入的实现。

物业大修收入应当经业主管理委员会或者物业产权人、使用人签证认可后，确认为营业收入的实现。

企业与业主管理委员会或者物业产权人，使用人双方签订付款合同或协议的，应当根据合同或者协议所规定的付款日期确认为营业收入的实现。

第十六条　企业利润总额包括营业利润、投资净收益、营业外收支净额以及补贴收入。

第十七条　补贴收入指国家拨给企业的政策性亏损补贴和其他补贴。

第十八条　营业利润包括主营业务利润和其他业务利润。

主营业务利润是指主营业务收入减去营业税金及附加，再减去营业成本、管理费用及财务费用后的净额。

营业税金及附加包括营业税、城市维护建设税和教育费附加。

其他业务利润是指其他业务收入减去其他业务支出和其他业务缴纳的税金及附加后的净额。

第十九条　其他业务收入是指企业从事主营业务以外的其他业务活动所取得的收入，包括房屋中介代销手续费收入、材料物资销售收入、废品回收收入、商业用房经营收入及无形资产转让收入等。

商业用房经营收入是指企业利用业主管理委员会或者物业产权人、使用人提供的商业用房从事经营活动取得的收入，如开办健身房、歌舞厅、美容美发屋、商店、饮食店等经营收入。

第二十条　其他业务支出是指企业从事其他业务活动所发生的有关成本和费用支出。

企业支付的商业用房有偿使用费，计入其他业务支出。

企业对商业用房进行装饰装修发生的支出，计入递延资产，在有效使用期限内，分期摊入其他业务支出。

## 第五章　附　则

第二十一条　本规定自1998年1月1日起施行。

第二十二条　本规定由财政部负责解释和修订。

（六）商品住宅实行住宅质量保证书和住宅使用说明书制度的规定

第一条　为加强商品住宅质量管理，确保商品住宅售后服务质量和水平，维护商品住宅消费者的合法权益，制定本规定。

第二条　本规定适用于房地产开发企业出售的商品住宅。

第三条　房地产开发企业在向用户交付销售的新建商品住宅时，必须提供《住宅质量保证书》和《住宅使用说明书》。《住宅质量保证书》可以作为商品房购销合同的补充约定。

第四条　《住宅质量保证书》是房地产开发企业对销售的商品住宅承担质量责任的法律文件，房地产开发企业应当按《住宅质量保证书》的约定，承担保修责任。

商品住宅售出后，委托物业管理公司等单位维修的，应在《住宅质量保证书》中明示所委托的单位。

第五条　《住宅质量保证书》应当包括以下内容：

（1）工程质量监督部门核验的质量等级；

（2）地基基础和主体结构在合理使用寿命年限内承担保修；

（3）正常使用情况下各部位、部件保修内容与保修期：

屋面防水3年；

墙面、厨房和卫生间地面、地下室、管道渗漏1年；

墙面、顶棚抹灰层脱落1年；

地面空鼓开裂、大面积起砂1年；

管道堵塞两个月；

供热、供冷系统和设备1个采暖期或供冷期；

卫生洁具1年；

灯具、电器开关6个月；

其他部位、部件的保修期限，由房地产开发企业与用户自行约定。

（4）用户报修的单位，答复和处理的时限。

第六条 保修期从开发企业将竣工验收的住宅交付用户使用之日起计算，保修期限不应低于本规定第五条规定的期限。房地产开发企业可以延长保修期。

国家对住宅工程质量保修期另有约定的，保修期限按照国家规定执行。

第七条 房地产开发企业向用户交付商品住宅时，应当有交付验收手续，并由用户对住宅设备、设施的正常运行签字认可。用户验收后自行添置、改动的设施、设备，由用户自行承担维修责任。

第八条 《住宅使用说明书》应当对住宅的结构、性能和各部位（部件）的类型、性能、标准等作出说明，并提出使用注意事项，一般应当包含以下内容：

（1）开发单位、设计单位、施工单位、委托监理的应注明监理单位；

（2）结构类型；

（3）装修、装饰注意事项；

（4）上水、下水、电、燃气、通讯、消防等设施配置的说明；

（5）有关设备、设施安装预留位置的说明和安装注意事项；

（6）门、窗类型，使用注意事项；

（7）配电负荷；

（8）承重墙、保温墙、防水层、阳台等部位注意事项的说明；

（9）其他需说明的问题。

第九条 住宅中配置的设备、设施，生产厂家另有使用说明书的，应附于《住宅使用说明书》中。

第十条 《住宅质量保证书》和《住宅使用说明书》应在住宅交付用户的同时提供给用户。

第十一条 《住宅质量保证书》和《住宅使用说明书》以购买者购买的套（幢）发放。每套（幢）住宅均应附有各自的《住宅质量保证书》和《住宅使用说明书》。

第十二条 房地产开发企业在《住宅使用说明书》中对住户合理使用住宅应有提示。因用户使用不当或擅自改动结构、设备位置和不当装修等造成的质量问题，开发企业不承担保修责任；因住户使用不当或擅自改动结构，造成房屋质量受损或其他用户损失，由责任人承担相应责任。

**第十三条** 其他住宅和非住宅的商品房屋,可参照本规定执行。

**第十四条** 本规定由建设部负责解释。

**第十五条** 本规定从1998年9月1日起实施。

## 第三节 办 法

### 一、定义及特点

办法是国家机关、部门对某项工作或某一方面活动作出具体安排或提出具体措施的一种规章文书。办法对某项工作或活动制定出规范性标准,要求一定范围内的有关人员遵照执行,具有行政的约束力;办法对人们进行规范,要求具体、完整,不得抽象不全,政策界限清楚,技术要求明确,数据确凿,毫不含混,带有具体指导性。

### 二、种类

办法有行政管理办法,也有技术业务管理办法。

### 三、写法

1. 标题

办法的标题一般由内容和文种组成,如《城市新建住宅小区管理办法》、《城市住宅小区物业管理服务收费暂行办法》。

紧接在标题下方的是签署和日期,用来加以说明。签署制发机关或日期之后,往往要加上"发布"、"制定"等字样。为了表示办法的严肃性和权威性,常常要在括号中特别写明批准机关和批准日期,同时注明发布机关和发布日期。

2. 正文

条款式。即分条设款,条款结合,以"条"到底。具体写法为,开头通常用一句话说明行文的目的、意义等,即第一条。然后逐条逐款展开,这是办法的主干部分。最后的一条或两条则对有关事宜作补充和交待等。

### 四、写作要求

(1) 写办法要严肃认真,严谨求实。

(2) 要合理安排条款,精心布局,条理井然。

(3) 办法篇幅的长短应根据内容多少布定,以达到实现宗旨为目的。

### 五、办法在物业管理中的运用

办法与其他规章制度一样,在物业管理中起着十分重要的作用,并常被运用,如《城市住宅小区物业管理服务收费暂行办法》、《城市新建住宅小区管理办法》等。所以,我们应学好用好办法,提高物业管理水平。

### 六、例文

城市住宅小区物业管理服务收费暂行办法
计价费〔1996〕266号

**第一条** 为规范城市住宅小区物业管理服务的收费行为,维护国家利益和物业管理单位及物业产权人、使用人的合法权益,促进物业管理事业健康发展,依据《中华人民共和国价格管理条例》,制定本办法。

第二条  本办法适用于经工商行政管理机关登记注册的物业管理单位对城市住宅小区提供社会化、专业化服务的收费管理。

本办法所称的物业管理服务收费是指物业管理单位接受物业产权人、使用人委托对城市住宅小区内的房屋建筑及其设备、公用设施、绿化、卫生、交通、治安和环境容貌等项目开展日常维护、修缮、整顿服务及提供其他与居民生活相关的服务所收取的费用。

第三条  各级政府的物价部门是物业管理服务收费的主管机关。物价部门应当会同物业管理行政主管部门加强对物业管理服务收费的监督和指导。

第四条  物业管理单位开展物业管理服务收费应当遵循合理、公开及与物业产权人、使用人的承受能力相适应的原则。

国家鼓励物业管理单位开展正当的价格竞争，禁止价格垄断和牟取暴利行为。

第五条  物业管理服务收费应当根据所提供服务的性质、特点等不同情况，分别实行政府定价、政府指导价和经营者定价。

为物业产权人、使用人提供的公共卫生清洁、公用设施的维修保养和保安、绿化等具有公共性的服务以及代收代缴水电费、煤气费、有线电视费、电话费等公众代办性质的服务收费，实行政府定价或政府指导价。

实行政府定价或政府指导价的物业管理服务收费的具体价格管理形式，由省、自治区、直辖市物价部门根据当地经济发展水平和物业管理市场发育程度确定。

凡属为物业产权人、使用人个别需求提供的特约服务，除政府物价部门规定有统一收费标准者外，服务收费实行经营者定价。

第六条  实行政府定价和政府指导价的物业管理服务收费标准，由物价管理单位根据实际提供的服务项目和各项费用开支情况，向物价部门申报，由物价部门征求物业管理行政主管部门意见后，以独立小区为单位核定，实行政府指导价的物业管理服务收费，物业管理单位可在政府指导价格规定幅度内确定具体收费标准。

实行经营者定价的物业管理服务收费标准由物业管理单位与小区管理委员会（业主管理委员会）或产权人代表、使用人代表协商议定，并应将收费项目和收费标准向当地物价部门备案。

第七条  物价部门在核定收费标准时，应充分听取物业管理单位和小区管理委员会（业主管理委员会）或产权人、使用人的意见，既要有利于物业管理服务的价值补偿，也要考虑物业产权人、使用人的经济承受能力，以物业管理服务所发生的费用为基础，结合物业管理单位的服务内容、服务质量、服务浓度核定。

物价部门对核定的物业管理收费标准，应根据物业管理费用的变化适时进行调整。

第八条  住宅小区公共性服务收费的费用构成包括以下部分：

(1) 管理、服务人员的工资和按规定提取的福利费；

(2) 公共设施、设备日常运行、维修及保养费；

(3) 绿化管理费；

(4) 清洁卫生费；

(5) 保安费；

(6) 办公费；

(7) 物业管理单位固定资产折旧费；

(8) 法定税费。

本条第 2 项至第 6 项费用支出是指除工资及福利费以外的物资损耗补偿和其他费用开支。

物业管理服务收费的利润率暂由各省、自治区、直辖市政府物价主管部门根据本地区实际情况确定。

第九条　经物价部门核定的或由物业管理单位与小区管理委员会或物业产权人代表、使用人代表协商议定的收费项目、收费标准和收费办法应当在物业管理合同中明文约定。

第十条　物业管理服务收费实行明码标价，收费项目和标准及收费办法应在经营场所或收费地点公布。

物业管理单位应当定期(一般为 6 个月)向住户公布收费的收入和支出账目，公布物业管理年度计划和小区管理的重大措施，接受小区管理委员会或物业产权人、使用人的监督。

第十一条　物业管理单位应当严格遵守国家的价格法规和政策，执行规定的收费办法和收费标准，努力提高服务质量，向住户提供质价相称的服务。不得只收费不服务或多收费少服务。

第十二条　实行物业管理的住宅小区物业产权人、使用人应按物价部门核定的收费项目和标准向物业管理单位交纳物业管理服务费，不按规定交纳管理服务费的，物业管理单位有权按照所签服务合同要求追偿。

第十三条　物业管理单位与物业产权人、使用人之间发生的收费纠纷，可由物价部门进行调处。

第十四条　物业管理单位已接受委托对住宅小区实施物业管理并相应收取公共性服务费的，其他部门和单位不得再行重复征收性质和内容相同的费项。

第十五条　凡有下列违反本办法行为之一者，由政府价格监督检查机关依照国家有关规定予以处罚：

(1) 越权定价、擅自提高收费标准的；
(2) 擅自设立收费项目，乱收费用的；
(3) 不按规定实行明码标价的；
(4) 提供服务质价不符的；
(5) 只收费不服务或多收费少服务的；
(6) 其他违反本办法的行为。

第十六条　各省、自治区、直辖市物价部门、物业管理行政主管部门可依据本办法制定具体实施办法，报国家计委、建设部备案。

第十七条　本办法发布之前的有关规定凡与本办法相抵触的，以本办法为准。

第十八条　本办法由国家计委负责解释。

第十九条　本办法自 1996 年 3 月 1 日起执行。

## 第四节　条　例

### 一、定义

条例是用于规定比较长期实行的调整国家生活某个方面准则的文件。实际上条例是对某一法律、法令和政策的补充性说明或辅助性规定，是调整国家生活某一方面准则的重要手段，是对某一法律、法令和政策的具体化和条文化。比起"规定"，它所规范的对象和范围要广泛一些，措施和要求也不大具体。

二、特点

条例的主要特点是具有权威性、法制性和强制性。

三、写法

1. 标题

(1) 一种由制发机关、事由和文种组成，如《中华人民共和国劳动保险条例》。

(2) 一种由事由和文种组成，省略了制发机关，如《保守国家机密暂行条例》。

紧接在标题下方的签署和日期，用括号加以说明。签署制发机关或日期之后，往往要加上"发布"、"制定"等字样。为了表示条例的严肃性和权威性，常常要在括号中特别写明批准机关和批准日期，同时注明发布机关和发布日期。

2. 正文

(1) 章条式。即分章分节，章断条连，第一章为总则，中间各章为分则，最后一章为附则。

(2) 条款式。分条设款，条款结合，以"条"到底。

具体写法是，开头通常用一句话说明行文的目的、根据，或原因、意义等，作为总则或为第一条。然后再逐条逐款——展开，这是条例的主干部分。在这部分中，既有规定的具体内容，又要写明具体的规范要求及约束措施，有正面规定的条文，又要有反面否定的设例。最后是结尾(或称附则)，主要说明实施的意见和要求，以及对有关事宜进行补充和交待等。

四、注意事项

(1) 要以严肃审慎的态度拟制行文。

(2) 合理安排条款，精心布局，序列清楚，达到行文目的。

(3) 条例的篇幅长短应根据内容多少而定，以达到完成主旨为目的。

条例在物业管理中有着重要的作用。为规范物业管理，明确业主、使用人和物业管理公司的权利和义务，保障物业的合理使用，就要根据国家有关法律、法规，结合当地实际，制定物业管理条例。

五、例文

# 广东省物业管理条例

## 第一章 总 则

第一条 为规范物业管理，明确业主、使用人和物业管理公司的权利和义务，保障物业的合理使用、根据国家有关法律、法规，结合本省实际，制定本条例。

第二条 本省行政区域内的物业管理适用本条例。

本条例所称物业管理，是指业主组成业主委员会对其物业的共有部分和共同事务委托物业管理公司进行管理的活动。

本条例所称业主，是指物业的所有权人。

本条例所称使用人，是指物业的承租人和其他实际使用物业的人。

本条例所称物业，是指已建成并交付使用的住宅、工业厂房、商业用房等建筑物及其附属的设施、设备和相关场地。

本条例所称物业管理公司，是依法设立的从事物业管理服务的企业法人。

第三条　各级人民政府应当鼓励物业管理向社会化、专业化发展，提高物业管理水平，改善人民生活和社会环境。

第四条　省人民政府建设行政主管部门对全省的物业管理工作实施监督、管理。

市、县人民政府确定的物业管理行政主管部门负责本行政区域内物业管理工作的监督、管理。本省各级人民政府的其他有关行政管理部门在各自职责范围内，负责做好物业管理区域内的有关工作。

## 第二章　业主管理权

第五条　业主依法享有对物业共有部分和共同事务进行管理的权利，并承担相应的义务。

业主的主要权利是：

（1）参加业主大会；

（2）享有业委员会的选举权和被选举权；

（3）表决通过业主公约和业主委员会章程；

（4）决定有关业主利益的重大事项；

（5）监督业主委员会的管理工作。

业主的主要义务是：

（1）执行业主大会和业主委员会的有关决议、决定；

（2）遵守业主公约；

（3）遵守有关物业管理的制度、规定；

（4）按时交付分摊的物业管理、维修等费用。

第六条　物业管理区域内全体业主组成业主大会，选举产生业主委员会。

物业管理区域的划定办法由省建设行政主管部门会同省公安、民政等行政主管部门制定。

县级以上人民政府物业管理行政主管部门根据物业管理区域的划定办法，具体划定本辖区内每个物业管理区域的范围。

第七条　物业已使用的建筑面积达到50％以上，或者已使用的建筑面积达到30％以上不足50％、且使用已超过一年的，应当依照本条例规定召开首次业主大会，选举产生业主委员会。

物业所在地的物业管理行政主管部门应当指导业主召开首次业主大会。

第八条　召开业主大会应当有半数以上投票权的业主出席。业主大会的决定，应当有过半数以上投票权的业主同意才能通过。决定通过后应当予以公布。业主可以书面委托代理人出席业主大会。

第九条　业主的投票权，住宅按每户计算表决权；工业厂房、商业用房按物业建筑面积计算表决权。

第十条　业主大会行使下列职权：

（1）选举、撤换业主委员会组成人员，监督业主委员会的工作；

(2) 通过业主公约和业主委员会章程；
(3) 批准物业管理委托合同；
(4) 决定有关业业主利益的重大事项；
(5) 决定物业管理的其他事项。

第十一条　业主委员会成立后，业主大会由业主委员会负责召集，每年至少召开一次。

经有20％以上投票权的业主提议，可以临时召开业主大会。业主委员会在接到提议后十日内应当召开临时业主大会。

第十二条　业主委员会委员应当由业主担任；业主委员会委员不得少于五人。业主委员会主任、副主任由业主委员会选举产生。

业主委员会委员每届任期两年，可以连选连任。

业主委员会委员应当由遵纪守法、热心公益事业、处理公正、责任心强的人员担任。

业主委员会成员名单应当报所在地物业管理行政主管部门备案。

第十三条　业主委员会对业主大会负责，维护全体业主的合法权益，履行下列职责：
(1) 召集和主持业主大会，报告物业管理的实施情况；
(2) 草拟业主公约、业主委员会章程草案或者修订草案并报业主大会通过，监督业主公约的实施。
(3) 通过公开招标等方式选聘物业管理公司，代表业主签订物业管理委托合同，经业主大会同意后负责履行；
(4) 听取业主、使用人的意见和建议，监督物业管理公司的管理服务活动；
(5) 监督共用设备、设施、场地的使用和维护。

业主委员会会议由主任定期召集，召开会议必须有过半数委员出席，作出决定须经过半数委员同意。

业主委员会作出的决定应当予以公布。

第十四条　业主公约是由业主共同订立的有关物业的共有部分和共同事务管理的协议，对全体业主具有约束力。

第十五条　业主转让或者出租物业时，应当将业主公约作为物业转让合同或者租赁合同的附件，对受让人或者承租人具有同等约束力。

转让人或者出租人应当自物业转让合同或者租赁合同签订之日起十五日内，将物业转让或者出租的情况告知业主委员会的物业管理公司。

第十六条　业主公约和业主委员会章程不得与法律、法规和规章相抵触。

### 第三章　物业委托管理

第十七条　业主委员会委托物业管理公司提供物业管理服务，双方应当遵循平等、自愿原则签订物业管理委托合同。

物业管理委托合同应当包括下列主要内容：
(1) 双方当事人和委托管理物业的基本情况；
(2) 物业管理服务事项和服务质量要求；
(3) 物业管理服务费用的标准及收取办法；
(4) 合同的期限、合同终止和解除的约定，合同终止时物业资料的移交方式等；

(5) 违约责任及解决纠纷的途径;
(6) 双方当事人约定的其他事项。

第十八条 从事物业管理的公司必须持有县级以上人民政府物业管理行政主管部门核发的物业管理资质证书,并向工商行政主管部门申请注册登记,领取营业执照。

第十九条 物业管理公司应当提供下列服务内容:
(1) 建筑物及其附属的共用设施、设备、场地养护与维修;
(2) 绿化、环境卫生管理服务;
(3) 安全防范服务;
(4) 车辆停放及其场地的管理;
(5) 高层楼宇增设的服务项目;
(6) 物业档案资料的管理;
(7) 业主和使用人委托的其他服务事项。

第二十条 物业竣工后验收前的前期管理及其费用由建设单位负责,建设单位应当依照有关规定制订前期管理守则,并在售房时予以明示。

业主委员会成立后,由业主委员会选聘物业管理公司对物业进行管理。

第二十一条 建筑单位须在建筑物及其附属设施综合验收合格后,方可把其管理权移交业主委员会,未经综合验收合格的物业,建设单位不得移交,并应当继续承担物业管理费用。

经商单位向业主委员会移交物业管理权时,应当同时移交物业综合验收档案资料和房屋使用说明书。

## 第四章 物业的使用和维护

第二十二条 物业的使用和维护应当遵守国家有关市容环境卫生、环境保护、房屋管理、消防管理、治安管理等法律、法规和规章的规定。

第二十三条 业主、使用人使用房屋不得有下列行为:
(1) 损坏房屋承重结构,破坏房屋外貌,擅自改变房屋用途;
(2) 对房屋的内外承重墙、梁、柱、楼板、阳台、天台、屋面等进行违章凿、拆、搭占等;
(3) 存放易燃、易爆、剧毒、放射性等危险物品;
(4) 利用房屋从事危害使用,致使房屋损害,由其自负。

第二十四条 物业管理区域内禁止下列行为:
(1) 践踏、占用绿地;
(2) 损毁树木、园林;
(3) 占用通道等共用场地;
(4) 乱抛乱堆垃圾、杂物;
(5) 发生超出规定标准的噪声;
(6) 排放有毒、有害等污染环境的物质;
(7) 在建筑物、构筑物上乱张贴、乱涂写、乱刻画;
(8) 法律、法规和规章及业主公约禁止的其他行为。

第二十五条 业主或者使用人装修物业,应当遵守房屋使用说明书和业主公约,并事先告知物业管理公司。物业管理公司应当将有关注意事项告知业主或者使用人，业主或者使用人应当遵守。

第二十六条 建筑物业有部分的维修责任，按下列规定承担：

(1) 毗连部分，由毗连部分的业主共同承担；

(2) 建筑物本身共用部分，由该建筑物所有业主共同承担；

(3) 物业管理区域内共用设施、设备、场地，由全体业主共同承担。出租物业维修责任的承担，应当在租赁合同中约定。

第五章　物业管理费用

第二十七条 业主和使用人应当遵守业主公约，按照物业管理委托合同的约定和业主委员会的决定交付物业管理、维修费用等。

建设单位未售出的空置物业应当分摊物业管理、维修费用，分摊比例应当不低于收费标准的50%，但不得因此而增加其他业主的负担。

第二十八条 确定物业管理服务收费标准，应当遵循公平、合理的原则。物业管理服务质量应当与服务收费相适应。

物业管理收费实行政府指导价和市场调节价。

政府指导价由省人民政府价格行政主管部门会同建设行政主管部门制定。县级以上人民政府价格行政主管部门可以在政府指导价范围内，结合当地实际情况，确定当地收费标准。

第二十九条 已成立业主委员会的，物业管理服务的收费标准由业主委员会与物业管理公司在物业管理委托合同中按照政府指导价约定或者由双方协商确定。

物业已交付使用尚未成立业主委员会的，物业管理服务的收费标准由物业管理公司在政府指导价范围内提出，报所在地县级以上人民政府价格行政主管部门核定。

第三十条 物业管理服务费用经约定可以预收，但预收期限不得超过三个月。

第三十一条 物业管理公司收费的项目和标准应当向业主公布。

物业管理公司在物业管理委托合同约定以外自行提供服务，是经业主委员会或者业主认可的，业主或者使用人可以不支付服务费用。

第三十二条 业主委员会应当设立物业管理维修基金。

物业管理维修基金由物业建设单位按物业总投资的2%，在向业主委员会移交物业管理权时，一次性划拨给业主委员会，其所有权属全体业主共同所有。

物业管理维修基金由县级以上人民政府物业管理行政主管部门设立专款账户代为管理，不得挪作他用。

第三十三条 物业共用部位、共用设备、设施维修、更新时，其费用从物业管理维修基金增值部分中开支；增值部分不足以开支的，由物业管理维修基金垫支，垫支部分应当向业主收回。

物业管理维修基金的使用，由物业管理公司提出年度计划，经业主委员会批准后实施。

物业管理公司应当每半年公布一次物业管理维修基金的使用情况，接受业主和业主委员会的监督。

第三十四条 建设单位向业主委员会移交物业管理权时，应当按规定向业主委员会移交已分摊到户的用于公共服务的公共用房和管理用房。

## 第六章 法律责任

第三十五条 业主、使用人、物业公司和建设单位之间发生纠纷时，当事人可以通过协商或者调解解决，协商、调解不成的，可以依法申请仲裁或者向人民法院起诉。

第三十六条 违反本条例第十八条规定，未取得营业执照从事物业管理的，由县级以上人民政府工商行政主管部门依法处理。

第三十七条 物业管理公司违反本条例规定，有下列行为之一的，由县级以上人民政府物业管理行政主管部门责令其限期改正，赔偿损失；并可视情节轻重，降低其资质等级或者注销其物业管理资质证书：

（1）建筑物及共用设备、共用设施不按期修缮或者养护、维修不当，造成业主损失的；

（2）服务管理不当，使共用设施、设备遭受损失的；

（3）擅自改变物业管理区域内共用设施、共用场地用途的；

（4）不履行物业管理委托合同规定的其他义务的。

第三十八条 物业管理公司违反本条例第二十九条规定的，由县级以上人民政府价格行政主管部门依照《中华人民共和国价格法》的规定处理。

第三十九条 业主或者使用人违反本条例第二十三条、第二十四条规定的，由业主委员会或其授权的物业管理公司予以制止、限期改正；逾期不改正的，由物业管理公司恢复原状；恢复原状所需的费用以及对他人造成的损失，由责任人承担。

第四十条 业主和使用人违反本条例第二十七条规定，不按约定交物业管理、维修等分摊费用的，物业管理公司可经催缴、限期交付；逾期仍不交付的，按合同约定加收滞纳金，合同没有约定的，可按每日加收欠交金额千分之一的滞纳金；经催收仍不交付的，可累积计账，在物业转让时，由房地产交易机构代为扣除；物业管理公司也可以依法向人民法院起诉。

第四十一条 建设单位违反本条例第三十二条、第三十四条规定，不按规定划拨物业管理维修基金、移交公共用房和管理用房的，由县级以上人民政府物业管理行政主管部门责令其限期履行；逾期不履行的，业主委员会可以依法向人民法院起诉。

## 第七章 附 则

第四十二条 省人民政府建设行政主管部门可以根据本条例制订管理守则、业主公约、业主委员会章程和物业管理委托合同示范文本。

第四十三条 本条例自1998年10月1日起施行。

## 复习思考题

1. 什么是章程？
2. 章程在物业管理中有何作用？
3. 什么是规定？
4. 规定在物业管理中有何运用？
5. 拟写一份物业管理规定。
6. 什么是办法？办法有何特点？
7. 办法在物业管理中有何运用？
8. 什么是条例？条例有何特点？
9. 写作条例有哪些注意事项？

# 第六章 经济商品文书

## 第一节 经济活动分析报告

### 一、定义及特点

经济活动分析报告是根据会计核算、统计资料、计划指标及调查所掌握的情况,以科学的经济理论和现行的方针、政策为指导,对某一范围的经济活动状况进行分析研究后写出的书面报告。

经济活动分析报告,实际上是"总结"这种应用文体运用于经济领域的特殊形式。因此,它与其他应用文相比较,具有如下特点:

(1) 数字多。这是由经济活动分析报告的内容所决定的。企业综合经济活动分析报告,要对产品产量、计划完成率、合同履行率、质量等级品率、资金利润率等指标进行分析。这就必须运用大量数字,作为分析的依据或分析结果的说明。

(2) 情况多。一个企业的经济活动,受诸多情况的影响,且各项经济活动又内容繁多。这些大量的经济情况,是写好经济活动分析报告的基础。

(3) 分析多。经济活动分析报告,要落实到对种种经济活动的分析上,否则,写出的报告就是对文字的堆砌和现象的罗列,起不到分析报告应起的作用。

### 二、作用

(1) 为领导和领导们决策和制定正确的经济政策提供科学的依据。

(2) 是编制企业计划的重要依据。分析报告是对企业经济活动进行的总结,它科学地反映了企业经济活动的实际情况,因此,是制定科学的、可行的计划的基础和根本出发点。

(3) 为企业改善经营管理,提高经济效益提供资料。企业通过对自身经济活动的分析,可以总结经验、提出问题、分析原因、发挥优势、吸取教训,以利于指导生产和工作,改善经济管理,提高经济效益。

(4) 为财政、税收、银行、统计等国家经济管理部门发挥功能作用提供情况;帮助有关领导坚持按客观经济规律办事,避免主观主义的产生。

(5) 为经济理论研究提供新的、有说服力的材料,使理论与实践更加紧密地结合起来。

### 三、种类

经济活动分析报告,按内容范围可分为综合分析和专题分析。综合分析是根据各项经济指标对某一单位或部门在某一时期内经济动态情况,进行全面系统的分析,涉及面较广,反映的问题较多。专题分析是针对经济活动中的某一项目或问题,进行专门、深入的分析,以寻求产生问题的原因和解决问题的途径。

按范围可分为地区、单位、部门经济活动分析报告。

按时间可分为年度、季度、月份和不定期分析报告。

按部门可分为工业、农业、商业、财政、金融、税收分析报告。

按业务可分为生产分析、财务分析、成本分析、利润分析、资金运用分析、流通费用分析、商品购销分析、库存结构分析、货币运用分析、市场动态分析等报告。

按作者可分为专业性分析报告和群众性分析报告。

## 四、基本内容

经济活动分析报告的内容，必须根据分析的性质、目的而定，一般说来，应包括情况、分析、改进方法及建议等基本内容。这几项内容是互为联系的："情况"是"分析"的出发点和依据，"分析"是对"情况"由表及里、由现象到本质的认识过程，也是分析报告的重点；"分析"为提出"改进方法及建议"提供依据，而"改进方法及建议"的提出，则为"分析"的目的。现将上述三方面内容，分述如下：

1. 情况

要搞好经济活动分析，必须掌握有关的情况，需要掌握大量材料，这些材料从多方面提供了经济活动情况。总的说来，需要提供如下两种资料：一是各种有关的数据资料，即死材料，诸如计划、统计资料，会计核算资料和有关生产技术方面的资料，以及档案资料，外部门、外单位的可供对比的材料和其他各种有关经济业务数据、指标；二是活的资料，诸如各种政治、经济、科技信息及方针政策、上级指示精神等。

2. 分析

为达到改进经济工作，提高经济效益的目的，就要分析经济活动过程中产生问题的原因或取得的成效，总结经验。这是经济活动分析的主要内容，也是写作经济活动分析报告的重点。由于分析的目的不同，要求各异，其内容也有所侧重，有的以分析成果为主，但更多的是以揭露矛盾、剖析原因为主。

3. 提出改进措施和建议

这是写经济活动分析报告的最终目的。要使分析见成效，就应针对分析报告中涉及的问题，提出切实可行的改进方法或建议，以促使问题的解决。

在提出改进措施和建议时，如果是以基层单位或个人名义写的，以建议形式出现为好，表示仅供领导部门作为制订政策和进行决策的参考。

## 五、写作格式

经济活动的分析报告，同一般文章一样，没有固定的格式。因为文章的形式受其内容制约，经济活动分析内容种类较多，因此其格式也不应拘于一格。但通常人们在使用这种文体时，采用标题、开头、正文、结尾这样的写作格式。

1. 标题

（1）综合分析报告的标题。一般要标明时限、内容范围、分析报告的文种等三要素。如《××年度财务分析》。标题上还可以写出报告单位，如《××商店1990年度经济活动分析报告》。此外，分析报告文种亦可以用"说明"、"意见"或"建议"之类词语代替。如《××年度生产指标完成情况的说明》、《迅速整顿成品资金的建议》。

（2）专题分析报告的标题。一般是提示分析的主要问题或范围。如《出口外贸代理制的推行与金融对策》。

2. 开头

开头，亦称导语。一般是针对所要分析的问题，简要地介绍基本情况，概括地引用一些数据，说明当时的经济形势和背景。同时，提出问题和说明进行经济活动分析的目的、意图。开头的语言，力求语言精炼、概括。

3. 正文

正文，是分析报告的主体，是写作的重点。

这一部分大体包括如下内容：一是对比分析的情况和结果，并从中总结经验和找出问题；二是进行因素分析，找出取得的成绩和产生问题的原因。

正文部分要根据分析的目的、要求和分析报告的种类来安排内容。如：全面分析报告就要根据经济活动的情况，对各项经济指标分项目进行分析，在综合分析的基础上，要抓住一两个主要指标重点分析；专题分析报告，则针对专题的要求展开分析；简要分析报告，往往抓住几个主要指标或一两个重点问题加以分析。

正文往往有文字和数据说明，其安排方式可根据需要而定。有的在前面列出数据指标，然后用文字表述进行分析说明；有的先用文字分析说明，然后列数字；有的在文字说明中，穿插数字表格或列出主要数据。

正文部分中，引证的资料要全面、详实，数据要准确、典型，分析要中肯，条理要清晰，语言要准确、简洁。

4. 结尾

多数是指出意见或建议、措施。它是正文部分对有关情况分析的必然结果。因此，所提措施或建议要有针对性，要符合实际，切实可行。

## 六、写作要求

（1）要站在方针政策的高度来分析。必须以党和国家的方针、政策、制度为依据，任何时候都要坚持原则。要按经济发展规律来评价企业经济活动，根据国家的方针政策来衡量经济效益。

（2）要如实反映情况，切忌武断，弄虚作假。

（3）必须有全面分析的观点。要用一分为二的观点进行全面分析。同时，即要重视客观因素的分析，也要重视主观因素的分析，并将二者结合起来，多角度地对分析结果反复验证。

（4）要抓住主要矛盾，突出重点，解决问题。

（5）观点要正确。要求观点和材料的统一，注意死材料和活材料的有机结合。

（6）行文要叙述简要、说明清楚、分析客观、判断准确。在分析报告中，对基本情况，只需简要叙述。对各项经济技术指标（数据）的执行情况，要说明清楚，不可用"估计"、"大概"之类词语来掩盖数据和其他内容的不准确。对取得的经验成绩或缺点教训，必须准确判断，有叙有议。对所提建议、措施要切实可行。因此，分析报告的文字表达方式是记叙、说明、议论等的综合运用。

## 七、例文

### 消除疲软，启动市场的三部曲（摘要）

一、当前的经济形势

十三届三中全会制定了治理整顿、深化改革的方针，采取经济的、行政的、法律的各种手段，终于使物价上涨趋势转缓，1990年1～9月物价仅上涨3.2%。在治理通货膨胀方面取得显著成效，通货膨胀转向通货紧缩。

通货紧缩过程中，必然发生市场疲软和工业生产滑坡现象。……

二、市场为什么疲软

有人认为：储蓄利率高，保值利大，年达23%，使人们不买东西。一季度保值率为零。四、七月下降储蓄利率，现一季度定期储蓄利息仅8.4%。储蓄由月增200亿元减少为月增80～90亿元，但市场疲软如故。看来，有更深刻的原因。原因何在？

首先，是由于消费需求不足。

1. 公教人员，吃"皇粮"的4000万人，连家属1.6亿人。物价1987年、1988年、1989年三年连续上涨52%。人民币贬值……

2. 企业职工，虽然承包制机制，工资总额和实现税利挂钩，但实际工资仍逐年下降。……

3. 农民，中国社会系统分析研究会电脑计算，农民收入1988年减1%，1989年减6.2%，1990年负0.4%。农业部调查，1989年收入降19%。……

4. 工、农、知识分子、干部阶层普遍出现"收入预期悲观"心理。……

5. 已出现"非储蓄不可心理"，"存钱防备意外"。……

6. 通货膨胀下降，人们实际收入不断下降。再加上后顾之忧增多，子女上学、防备失业、准备养老。……

其次，投资需求严重不足。

1989年统计局统计，固定资产压缩500亿元。加上物价因素，实际压缩1000亿元，相当于20%，即1989年基本建设投资打了八折。1990年全民固定资产投资1～8月比上年同期增加7.7%。其中，基建增加10.1%，技改增加2.3%，个人、集体投资下降10.2%。但其中有些项目资金并未到位。地方投资下降幅度仍很大。……

这就使生产资料销售尤其疲软。……

三、启动市场的三部曲

从1989年第四季度开始，面对市场疲软，提出启动市场问题，启动市场大体上是经过这三部曲。

第一部曲是贷款启动。从1989年第四季度开始，银行发放启动贷款。……

第二部曲是收购启动。1989年12月初，建议国务院建立商业、物资收购的蓄水池，重新发挥国营商业、供销社促进生产发展、增加供应、稳定物价的作用。……

第三部曲是投资启动。1989年12月统计局提出，1989年库存增加1500亿元，其中大部分库存积压是消费需求、特别是投资需求不足所造成的。并提出1990年固定资产投资要保持1989年实际工作量，即不是4000亿元的规模，而是达到4400亿元左右的规模。国务院接受了这个意见，增加基本建设投资150亿元，技术改造贷款50亿元，最近又要求银行增加基本建设贷款50亿元，主要用于完成在建项目。……

因此，我们已经取得治理整顿、制止通货膨胀的初步胜利，当前必须依靠深化改革，即以投资体制改革为中心和各部门配套改革，来巩固金融物价的稳定，争取国民经济持续、稳定、协调地发展。

（国务院发展研究中心研究员　杨培新）

（一）××自行车厂，原是江西一家生产各式自行车的国营工厂，始建于一九七零年，一九七五年投产后，企业的工艺技术水平一直得不到提高，生产的"井冈"牌自行车在市场上滞销，基本上是从投产之年起，年年亏损；其中一九八三年，亏损额达48万元，成了国家财政的一个包袱。

（二）一九八四年，各地厂家开始走"内联外引"的道路，江西××自行车厂派出以副厂长为首的代表团与上海××自行车厂取得联系，向上海××自行车厂提出联合生产经营的意向。

（三）经过双方的努力，两个自行车厂终于达成了联合经营的协议，双方领导人在联合经营协议书上签字。联合生产经营的内容有关条款如下：

1. 上海××自行车厂负责设计新式"新井冈"各式自行车的式样和规格。设计成型后，所有权归江西××自行车厂。

2. 上海××自行车厂负责向江西××自行车厂提供生产所用的部分原材料（价格按国家计划价格结算）。

3. 上海××自行车厂派出以副总工程师为首的技术骨干3人去江西××自行车厂指导技术工作，并负责有偿提供有关技术资料如图纸（在专利法规定之外的）。

4. 上海××自行车厂的技术人员负责检查产品的质量以及出厂合格标准。

5. "新井冈"各式自行车的生产经营上的其他一切问题和业务均由江西××自行车厂负责。

6. 协议规定经营所得的收入按3∶7分成，上海××自行车厂得净收入30%，江西××自行车厂得净收入的70%。如果亏损，也按同样比例分摊。

（四）一九八四年开始联合生产经营后，由于联合经营尚处于初创时期，投入多，生产少，因此，一九八四年江西××自行车厂仍然亏损三万多元，按规定上海××自行车应负担九千元。但上海××自行车厂不同意支付，理由是联合经营尚未产生现实经济效益，其亏损情况是一九八三年亏损情况的连带反映。

（五）一九八五年联合经营出现了大好势头，全年净收入达148万元。"新井冈"在市场上呈现供不应求的行情。订货商店和用户大大增加。在此情况下，上海××自行车厂又添了十一名技术工人帮助建立五个车间，扩大自行车的生产量，一九八六年的生产势头一直很好。

（六）通过联合生产经营，江西××自行车厂学到了很多生产经营以及技术管理、质量检验方面的经验，工人的技术素质也有相当程度的提高。

（七）一九八五年上海××自行车厂要求从江西××自行车厂分得净收入44.4万元，但江西××自行车厂只同意分出43.5万元。

（八）这种联合的形式还只是技术力量的联合，还不是联合投资所产生的联合经营，其中已经存在一些问题，比如，技术力量的联合如何折算成资金等。

## 第二节　市场调查报告与市场预测报告

### 一、市场调查报告

（一）什么是市场调查报告

市场调查报告，就是运用科学的方法，有目的、有计划地以对购买商品、消费商品的个人和集体进行调查，了解卖方与买方的交易活动和目的，收集关于市场商品供求活动的历史与现状，并对所收集到的情报资料进行分析整理，描述商品的现实市场和潜在市场，以便反映出市场营销情况的一种应用文体。因此，市场调查报告实际上是一种探索市场商品供求矛盾运动的规律，从而解决现在和未来的"商情"问题（指市场行市的情报）的实用文件。

在深化改革，发展社会主义商品经济的今天，我们学习、研究并写好市场调查报告就显得非常重要了。

（二）市场调查的作用

（1）市场调查，就是借助信息渠道，了解市场供求关系，全面掌握市场动态及其发展变化趋势，从而为经济领导部门和企业制定计划进行预测，作出经营决策，提供重要依据。

（2）市场调查也直接关系到投资项目的效益。因为任何项目的产品，只有在市场流通过程中，才能实现销售。因此，市场调查对项目的决策，具有十分重要的意义。通过市场调查，能了解该产品在流通过程中，有无竞争力；通过市场调查，能了解商品的市场容量，从而为项目生产规模及产品结构的确定，提供可靠的信息。

## 二、市场预测报告

（一）什么是市场预测报告

市场预测报告，亦称经济前景预测报告。在调查研究的基础上，依据各种信息资料，运用科学的方法，推测未来一定时期内市场需求的数量与质量，以及影响市场供求变化关系诸多环境因素，判断供求关系和预见其发展变化趋势。把市场未来发展趋势以及所需商品品种数量和质量的分析和估计，写成书面报告，即为市场预测报告。它是生产和流通企业常用的一种应用文体。

市场预测是商品经济发展到一定历史阶段的产物，它是使商品供应适应需求而有计划进行的重要环节，是组织好市场商品供求关系的一项重要的基础工作，是现代化生产、流通不可缺少的手段。随着现代科学技术的发展，市场预测已达到科学化、现代化的水平。它对实现国民经济计划，对我国经济建设的发展，都具有重要作用。

（二）市场预测的作用

（1）市场预测是企业制定经营计划的依据。企业在编制年度销售计划和生产计划时，必须依据各种产品的预测需要量。如果不作预测或者预测有误，就可能使产品滞销、积压，或者造成生产能力浪费，直接影响企业的经营效益。

（2）市场预测为企业的经营决策提供基础。现代管理的重点在经营，经营的中心在决策，决策的基础在预测。果断、正确的决策，来自及时、可靠的预测。

（3）商业经济效益与市场预测的关系尤为密切，只有搞好市场预测，迅速及时地掌握市场需求的情况，才能获得最佳的经济效益和社会效益。

## 三、市场调查与市场预测的种类及基本内容

（一）市场调查与市场预测的关系

市场调查，是市场营销情况的反映，而市场预测则是对市场未来发展趋势的推断，二者与"市场"相关，但有所不同。市场调查是市场预测的一种手段，市场预测要以市场调查为基础。因此，市场调查报告与市场预测报告这两种应用文体，在实际应用中往往有些交叉，经常出现两种情况：一种是单纯的市场调查报告，即把现实市场与潜在市场营销情

况写成书面报告；另一种是市场调查加预测的报告，而重点放在预测上。因为只有在对现实情况进行调查的基础上，对未来的预测才有依据。因此，在市场预测报告中，一定要以市场调查作为对未来发展趋势分析和估计的依据。

(二) 市场调查的种类及基本内容

1. 市场调查的种类（表6-1）

市场调查的种类　　　　　　　　　　　表6-1

| 市场调查的种类 | 按空间分类 | 国际市场调查 |
| --- | --- | --- |
| | | 国内市场调查 |
| | 按商品种类分类 | 一般商品市场调查 |
| | | 金融市场调查 |
| | | 证券市场调查 |
| | | 劳务市场调查 |
| | | 技术市场调查 |
| | 按内容量分类 | 综合调查 |
| | | 专题调查 |
| | 按调查方式分类 | 抽样调查 |
| | | 典型调查 |
| | | 重点调查 |
| | | 普遍调查 |
| | 按调查方法分类 | 访问调查 |
| | | 观察调查 |
| | | 实验调查 |
| | | 统计调查 |

2. 市场调查的基本内容

市场调查的内容颇多，凡直接和间接影响市场供求变化的因素，均可作为市场调查的内容。择其主要内容，分列如下：

(1) 需求调查。主要是了解市场上需要什么产品，即要进行产品品种的需求调查，还要对产品的规格、型号、式样、花色等需求进行调查。

由于消费者对产品使用习惯等诸多方面的差异，因此，了解市场需要怎样质量的产品就至关重要。对产品质量需求的调查，就是对产品的用途、性能、使用价格，以及消费者在这些方面的欲望或具体要求的调查。在进行市场调查时，不仅要了解市场需要怎样质量的产品，还要具体了解形成这种需要的客观环境和主观愿望的联系，以便更深刻地认识市场，了解市场。

在一定的产品质量条件下，价格往往对市场需求有直接影响，因此，需求调查中，产品价格调查不容忽视。产品价格调查，就是对产品价格标准、构成、特性的调查。产品价格标准调查，指的是社会上产品的价格水平调查，不仅要了解不同市场的价格水平，更应掌握平均价格水平，有的产品还应考虑国家特殊价格政策；价格构成调查，就是对构成价格的产品成本、销售费用、销售税金和销售利润诸因素在价格构成中的比例进行分析了解；产品价格特性调查，是一项深入细致的工作，它要求我们不仅要调查产品的现有价格水平的具体情况,而且要调查历史的价格水平和这种价格水平的发展状况,并对价格弹性进行测定。

(2) 社会购买力和社会商品可供量调查。一方面要对社会商品购买力进行调查,分析购买者的实际购买能力水平;另一方面对商品可供量进行调查,分析现有能够满足需求的程度。

社会商品购买力调查,包括以下主要内容:一是根据国家货币投放,调查消费者收支构成及其变化;二是调查消费者的消费结构及其变化;三是调查社会集团的生产需求。

社会商品可供量调查,就是调查一定地区、一定时期内,能供应市场的商品品种、数量、花色、质量、规格、成本、价格等。主要是对一定时期内生产、库存和进出口等商品资源情况的调查。

(3) 竞争调查。就是对产品在市场上竞争能力的调查。对产品竞争能力影响较大的是产品的质量和价格,因此,必须了解市场上同类产品在质量、价格上的优劣,并对生产同类产品或相关产品企业的生产水平和经营特点进行调查,从而才能在激烈的市场竞争中立于不败之地。

由于市场调查内容繁多,除上面列举的主要内容外,还有诸如有关商品寿命周期的调查,有关国家方针、政策的调查……,凡此种种,不一一列举。正如前所述,凡直接和间接影响市场供需变化的因素,均可作为市场调查的内容。

(三) 市场预测的种类及基本内容

1. 市场预测的种类(表6-2)
2. 市场预测的基本内容

(1) 市场需求的预测。一般是指对整个市场销售前景的估计。这是根据人口变化,人民物质、文化生活水平的变化,社会购买力的增减,以及群众爱好、习惯和消费构成的变化等因素,分析市场对各类商品的需求。对市场需求的预测,主要有两方面的内容:一是从质的方面估计,解决"需要什么"的问题;二是从量的方面分析,解决"需要多少"的问题。其他诸如对商品品种、规格、价格等方面的要求,也是市场需求预测不可缺少的内容。

(2) 生产情况的预测。对各类商品的生产状况、生产能力和布局,有关的资源、能源、运输等条件的状况,要有深入的了解;对可能提供的商品数量、质量和性能,有正确的估计,并预测它们发展变化的趋势。

市场预测的种类　　　　　　　　　　表6-2

| | | |
|---|---|---|
| 市场预测的种类 | 按时间分类 | 长期预测(五年以上) |
| | | 中期预测(一年以上,五年以内) |
| | | 短期预测(半年或一季度) |
| | | 近期预测(一周至两个月) |
| | 按性质分类 | 定性预测 |
| | | 定量预测 |
| | 按范围分类 | 宏观预测 |
| | | 微观预测 |
| | 按内容分类 | 市场需要量预测 |
| | | 市场销售量预测 |
| | | 市场占有率预测 |
| | | 产品寿命周期预测 |
| | | 国际市场预测 |

(3)市场行情的预测。了解各地区、各企业、各种商品之间的差别，了解具体的供求关系；了解对比各地区、各企业同类商品生产的数量、质量、成本价格、利润，以及资金周转等各项重要经济指标；了解它们的流程和销售状况，并分析、预测它们的发展趋势。

市场预测除以上三方面主要内容外，还有对产品寿命周期的预测，即预测产品发展水平所处的阶段；对新产品发展的预测，即预测新产品的发展方向、新产品的结构变化等；对产品库存的预测，即预测产品库存的增减情况；对经营效果的预测，即预测本企业各个时期各种产品经销的经营效果等。

**四、市场调查报告与市场预测报告的写作格式**

市场调查报告与市场预测报告这两种文体，由于与"市场"密切相关，并互相联系。因此，在实际应用中，往往有交叉之处，其写作格式一般都由标题、前言、正文、结尾四个部分组成。由于上述两种文体写作目的、写作角度不同，其格式也不尽完全相同，下面分别说明。

（一）市场调查报告的写作格式

1. 标题

自古以来，写文章就很注意标题，前人说过："故作文须求好题目，有正言，亦易于立主干，易于傅色。"陆游在《文赋》中亦有类似见解，他认为标题能起到"立片言以居要，乃一篇之警策"的作用。作为市场调查报告的标题，虽然不能像文学作品那样要求，但作用也有相似之处，因此，写好标题不容忽视。

市场调查报告，首先要确定调查对象、内容、范围，然后根据其内容与范围写好标题。其写法较灵活，可以概括调查单位、内容和范围（时间和空间），如：《上海缝纫机在国内外市场的调查报告》；也可以写出某种商品的市场发展情况，如：《从起步迈向成熟的上海证券市场》；还可以直接说明观点，如：《电冰箱生产的发展速度似不宜太快》。

有的在正标题之外，另加副标题，正标题一般是揭示市场调查的中心内容（主题）或规定其范围；副标题则进一步明确市场调查对象、地点、内容、范围，对正标题起补充说明作用。这种正副标题相结合使用，又有两种情况：

（1）在副标题末尾用文种名称作中心词，如：《泥巴换外汇——陶瓷品出口情况调查》。

（2）在副标题后不标出文种名称，如：《统计数字背后——看工业品下乡的分配情况》。

综上所述，市场调查报告的标题虽然不拘一格，但不管采用何种形式，都要求标题要与调查内容相符，主题鲜明、精炼简洁、高度概括，力求做到新颖、醒目。

2. 前言

前言，又叫导语或引语，其作用是介绍基本情况或提出问题，为展开正文作准备。文字上要求高度概括，写法上可以根据需要灵活多样。

（1）介绍基本情况的开头方式。这种方式，又有两种类型：一种是说明调查目的、时间、地点、对象、范围、调查方式，并扼要说明基本观点，突出市场调查报告的重要意义；另一种是概括介绍市场调查报告的主要内容和调查对象的基本情况，以及对调查中的主要问题作一说明，类似新闻的导语，但比之更详细，使读者对调查材料有个概括的了解。

(2)提出问题的开头方式。这种市场调查报告,开头就所调查的对象,提出问题,引起读者注意;或自问自答,说明主题,并从自问自答中阐明基本观点。

3. 正文

这是市场调查报告的主体部分,要有明确的中心观点,并有印证中心观点的主要事实及对这些事实的评价。应以典型事例和确凿数据介绍市场情况及变化,揭示矛盾状况。语言表达方式,一般采用夹叙夹议的方式来处理所调查的材料。

4. 结尾

结尾要照应前言,对所调查的现状作归纳说明,并对其发展远景进行展望;对调查所形成的中心观点,在结尾部分,应予重申,以加深认识;指出存在问题,提出建议,或以请示、报告、商榷的语气结尾。

(二)市场预测报告的写作格式

市场预测报告的写作格式,主要根据市场调查的资料、数据和企业的要求来决定,一般说来,其格式有以下几部分:

1. 标题

首先要确定预测的对象、内容和范围,标明预测的性质、种类,标题上可以标明文种,如:"《××市场预测报告》;亦可不标明文种,如:《××的需求将不断增加》。

2. 前言

扼要介绍预测时间、地点、范围或预测的目的;也可以概括介绍全文的基本观点和主要内容。

3. 正文

这是市场预测报告的主体部分,按照人们的认识规律和习惯,一般可按下面三个层次来写作:

(1)情况部分。根据对市场的调查,说明市场现状,以便从现状判断未来,这是预测的基础。要求对市场进行广泛、深入的调查,以获取必要资料或找出企业的某种商品经营销售情况以及突出问题。这些实际调查材料,是判断未来趋势的依据。

(2)预测部分。主要是根据情况部分所提出的资料和数据,结合掌握到的其他有关信息,推断未来供需变化,预测经济活动发展趋势和规律。预测部分在写作时,不一定写上预测活动的全部过程,而应通过分析影响的因素,写出预测的结论和预测时限,在分析预测市场未来的发展变化后,应指出对本企业的经营管理将会产生什么影响,企业如何适应这些变化,切实依据预测估计的情况,提出对策或方案,为决策人提供可靠依据。

(3)结尾。根据分析材料及对未来市场发展趋势预测的结论,提出改进企业经营管理的意见。所提的意见、建议和措施,一定要实事求是地以对未来趋势预测为依据,综观全局,高瞻远瞩,作出对策。

下面分别介绍一例市场调查报告和一例市场预测报告。

五、例文

(一)市场平淡逼着企业开发新产品自行车市场五彩缤纷

留心的人们会发现,这两年,街头上的自行车变得丰富多彩了。花色上,"黑老鸹"式的单色逐渐被双色、多色、套色等彩车取代,牌号上除了凤凰、永久、飞鸽等老名牌外,一批中外合资自行车,如"三枪"、"斯普瑞克"、"海德曼"等新潮车异军突起,受到消费者喜爱。

自行车业的行家指出,这两年自行车市场的大变化,是在1988年自行车开始出现的市场平淡及1990年自行车积压千万辆后的困境逼出来的。自行车厂家以增加自行车花色、品种、款式为突破口,引进国际名牌自行车的制造技术,从而增加了产品的市场竞争能力和对消费者的吸引力。

有关人士谈到,自行车市场已从去年的低谷中强劲回升。去年我国自行车年产量3627万辆,比1990年上升15.4%,轻便车、山地车需求趋旺,500～1000元左右有中高档变速车市场畅销,彩色自行车销售好于单色自行车,旺销市场的新潮自行车已获得"第二时装"的美名。

现在我国自行车行业存在的主要问题是专业化协作水平低,许多厂追求大而全,生产能力过大,然而整体技术水平低,产品更新换代赶不上国际潮流。现在国际市场大量需要的轻合金赛车、多变速车、折叠车、山地车、各类保健车等,我国尚未生产或满足市场需求。

行家认为,现在自行车行业在巩固国内市场的同时,应悉心研究国际市场的需求,不断扩大我国自行车在国际市场的销量,并逐步提高档次,增强创汇能力。

（二）新"三大件"的市场趋势

家庭用品的"三大件",历来是人们谈论的话题。

20世纪90年代的"三大件"是什么呢？最近有关部门对两万余户不同类型的家庭进行统计调查,结果空调登榜首,录像机紧跟其后,电话机屈居第三。

新"三大件"反映出人们的消费进入了更高的层次。除了继续追求舒适、享乐型的高档电器外,一些适应现代化节奏、高效率、重信息、追求个性发展等特点的家庭设施越来越引起人们的重视。新"三大件"便属此类。那么,新"三大件"的市场趋势如何？有关行家作出如下分析:

空调。进口空调因价格昂贵,其销势不畅。进口件国内组装机和国产名牌机销势看好,小型、省电、价格在3000元以下的空调具有广阔的市场前景。估计1993～1994年将会进入购销高峰期。

录像机。录像机市场虽起步较早,但销势平缓。其主要原因为:一是国内产品品种较少,进口货价格较高;二是与之配套的录像带市场还没形式规模,致使录像机使用率不高。因此,虽然录像机越来越受到消费者的青睐,但是销售高峰期大约要在1993年以后。

电话机。沿海城市和内地大城市将很快兴起"电话机热",但由于我国目前电话设施对装机量的限制,这种势头会持续较长时间。内地中小城市电话机市场预计到1996年以后才能渐入"佳境"。农村市场在20世纪90年代难有较大起色。

**六、市场调查报告与市场预测报告的写作要求**

（一）市场调查报告的写作要求

(1) 要深入实际调查研究,掌握大量准确、详尽的材料,这是市场调查报告的写作基础。要落实上述要求,就必须首先明确调查目的,明确通过调查研究要解决什么问题。调查时要尊重事实,不能凭主观意愿去收集材料,或无目的地有闻必录;其次,要运用各种调查方法,以便从多方面摄取调查资料,全面了解市场情况。

(2) 从分析调查材料中,找出体现市场情况本质的、带有规律性的东西。既不能堆砌材料,也不能空谈结论。要依据大量事实,经过由具体到抽象,由抽象到本质的认识过程,得出科学性的结论。从而使人们对调查报告中提出的带有规律性的东西,易于理解和接受。

(3) 要妥善处理调查所得的材料。就是要求调查报告的观点与材料统一,以观点统帅材料,用材料说明观点;按调查所得材料的性质、类别及其内在联系,安排调查报告的写作结构与层次。

(二) 市场预测报告的写作要求

市场预测是要把某一未来事件发生的不确定性极小化,尽量消除预测与实际的偏差。因此,在写作市场预测报告时,必须遵循如下要求:

(1) 掌握预测的对象和目标。预测对象明确,目标具体,并紧紧围绕目标进行预测。

(2) 要深入进行调查研究。预测是建立在实践的基础上,必须深入实际进行调查,掌握大量数据资料,包括现实和历史的资料,以及社会经济资料,并对这些资料加以整理与鉴别,才能对未来的发展趋势,作出科学的预测。

(3) 要选择恰当的预测方法。市场预测的方法很多,每种都有它特定的功能和用途,预测者必须根据预测目标、内容和要求,以及所掌握的资料,选择合乎实际的预测方法。这样,所写的预测报告,才合乎科学,才有实用价值,才能达到预期目的。

(4) 要充分考虑各种因素,进行综合分析。在市场预测中,包含许多因素,因此,既要考虑到政治、经济的形势和其他变化因素作出定性分析,又要根据数据资料作出定量分析,还要估计未来可能发生的时间和实现概率作出定时分析。

为保证综合分析的科学性、预测的准确性,在写作市场预测报告时,要防止以下几种现象产生:

1) 以偏概全。把个别现象当作普遍现象,将片面信息当作全面信息来分析。

2) 割裂联系。忽视事物的内在联系,把相互联系、制约的信息孤立地分析。

3) 疏而不严。把比较重要的、影响结论完整性的信息遗漏了。

4) 模棱两可。预测结论使人捉摸不定,无所适从,难以作出决策。

5) 前后矛盾。结论相互抵触,甚至相互否定。

6) 运算错误。预测中要运用一定的数学方法,运算错误,影响作出正确的结论,造成预测的失误。

## 第三节 商 品 广 告

一、定义

商品广告是通过各种方式,公开而广泛地向消费者宣传、介绍商品信息,从而促进商品流通、推动生产发展的一种应用文体。

现代的商品广告已经成为一门新的学科,叫广告学。广告学涉及经济学、市场学、商品学、心理学、社会学、伦理学、美学等多种学科,是一门综合性的应用学科。

二、种类

根据商品广告的表现形式分,有文字广告、以图画为主的广告和图文并茂的广告。

根据商品广告的对象分,有消费者广告和企业广告。消费者广告,对象是个人,主要是生活资料商品；企业广告，对象是工厂、商店等批发或使用单位，商品常常是生产资料，也可以是生活资料。

根据广告的作用分，有直接作用广告和间接作用广告。直接作用广告，目的是为了立刻推销产品；间接作用广告，又称企业性广告，目的是树立某种产品，某个牌子或某个企业的形象，给消费者心目中留下深刻的印象，一旦需要这种产品时，就会想起它。

根据商品广告传播媒介分，主要有报纸广告、杂志广告、邮寄广告、广播广告、电视广告、车船广告、现场广告等。除此之外，其他媒介的广告很多，如路牌广告、招贴广告、馈赠广告、包装装潢广告等，总之，花样众多，不胜枚举。

在使用商品广告时，究竟选择哪种传播媒介，采用哪种表现形式，要根据实际情况而定，一般说，综合比单一效果好。如在电视上连续做12次广告，不如在电视、广播、报纸、杂志各做3次，费用相当，效果却更好。

### 三、作用

我国《广告管理暂行条例》明确指出："正确发挥广告在促进生产、扩大流通、指导消费、活跃经济、方便人民生活以及发展国民经济贸易等方面的作用，更好地为建设社会主义物质文明和精神文明服务"。

我国现阶段的社会主义经济是在生产资料公有制基础上，存在着商品生产和商品交换经济。随着商品生产和商品交换的大力发展，商品信息的及时交流十分重要。作为商品宣传工具的商品广告，成了商品生产与销售之间的媒介。对于消费者，商品广告通过介绍商品的特点、性能、用途等，激发其购买欲望，指导消费者选购比较满意的商品。对于生产厂家，通过商品广告沟通产销，可使滞销的商品变为畅销，从这个角度讲。广告称得上是推销的喉舌。

此外，商品广告可以吸引海外客商和旅游者的兴趣，增加外汇收入和外资投入。广告通过有关部门的统一安排，精心设计与制作，并同改善环境结合起来，还可以美化市容市貌，使人们得到艺术和美的享受。

### 四、写法

写作商品广告时，首先要明确商品广告有着鲜明的主题。商品广告的主题，是指向广大消费者介绍说明产品或商品的核心或侧重点。

要使广告的主题鲜明，首先，一则广告只能突出一个主题，切忌面面俱到；其次，主题的选择既要从产品本身的特点去考虑，又要从市场供求、消费趋向、同类产品的长短等方面去考虑。

广告文稿的结构，一般应包括标题、正文、结尾三部分。

1. 标题

标题是报纸的"眼睛"。人们看报，往往是先看标题再看内容，看广告也是如此。标题新颖、别致，就能引人注目，所以标题被比喻为广告的眉目。标题又被称为广告的灵魂，因为它是广告主题的集中表现。

下面介绍几种广告标题常见的写法。

（1）名称式。直接用生产厂家或商品名称，或两者兼有做标题。如"蜀香牌高鲜酱油"，"999南方制药厂999感冒灵冲剂"。

（2）报道式。采用新闻标题的写法，给人以新鲜感。如"第三届电子庙会在蓉举行"，

"镇水粉——荣获全国发明金牌奖"。

（3）设问式。从消费者的角度，提出"是什么"、"为什么"或"怎么样"，引人注目。如"屋面又热又漏怎么办？请到重庆江北涂料厂"，"702卫生露为何具有如此卓越的功效"？

（4）祈使式。要求或希望别人来购买，给人以亲切感或紧迫感。如"阁下：如果您发现哪一种抽油烟机比顺华牌更好，那就请您毫不犹豫地买下它吧"，"购相机，请到西部来。中国西部集团成都照像器材批发部"。

（5）感叹式。用赞扬、祝贺、惊喜等语气，作用于人们的感情，从而激发人们的购买欲望。如"神奇戒烟灵真有奇效！""万福饲料是养殖户理想的选择！"

（6）对偶式。用工整的对偶，看起来含蓄、幽默，读起来和谐铿锵，给人留下深刻印象。如"××大曲"的广告标题是"酒气冲天，飞鸟闻香化凤，糟粕落地，游鱼得食成龙"，成都音像世界的"健伍先锋唱山水，日立东芝映松下"，上海中药三厂出品的补膏"福如东海长流水，寿比南山不老松"。

从上述的例子可以看出，广告的标题形式多样，不拘一格。但无论采用何种形式，标题做到新颖、简洁、醒目，才能突出主题吸引读者。

2. 正文

广告正文是主题的具体化，是广告的关键，要用有说服力的事实来说明产品或商品的质量和功能。正文的内容一要介绍产品或商品的品种、性能、用途（或作用范围）、特点、规格等，二要用事实说明企业的信誉、工艺水平、产品或商品的质量保证等。

正文的写法，体裁多样，各有千秋，目前国内常见的有如下几种。

（1）陈述体。又名"简介体"。这种广告语言平实、清晰，它不求生动，只讲实在，明明白白地告诉读者产品或商品的名称、用途、规格等情况，下面是这种体裁的例子。

## SRP——1型速热水器

我厂生产的SRP——1型速热水器，是一种以城市煤气和液化石油气为热源连续产生热水的淋浴装置。

它体积小、热效高、供水快，使用方便。

点燃火源一分钟即可产生热水，水温达38～42℃，每小时产热水180～240kg，每小时耗液化石油气0.85kg，煤气2.5%m³。每沐浴一次仅用三到五分钱。

卫生间及楼房厕所均可安装，很适合于家庭、医院、旅馆及干休所使用。

我厂可提供有关资料，来函邮购。大批量用户，还可派人前去作技术指导。

欢迎来人来函订购，实行三包，代办托运。

沈阳市洗衣机厂

厂址：沈阳市沈河区小南街四段先锋里七号

联系人：袁广仁

电话：442031 电报：4031

（2）问答体。它运用设问的方式，激发顾客的好奇心和求知欲，并消除顾客的疑虑。这种方式由于有问有答，具有较强的吸引力和说服力。请看下面例子。

### 电视图像不清晰怎么办？

问：我的电视机没有毛病，但常常图像不清，尺寸缩小，声音变低，图像不稳定，为什么？怎么办？

答：最常见的原因是电压不稳定所致。如果供电电压忽高忽低，不仅影响显像质量，还会由于电压的突然升高而使晶体管击穿或烧坏电子管，电视机就坏了。

如果把电视机的插头插在苏州延安电器厂生产的调压器上，上述的问题就迎刃而解了。

本厂的调压器款式齐全，性能良好，实行三包，用途广泛，远销海外，在国际市场赢得较好的声誉。在本厂调压器新提供的稳定电压下，电视机得到可靠的保护，从而延长其寿命。

技术数据及价格，函索即寄。接受函购，代办托运。

厂址：苏州市东中市 275 号 电话 6261

电挂：1589 邮政编码：215003

苏州延安电器厂

（3）证书体。这种形式利用人们对政府质量评比的信任，来宣布本产品或商品的优质，这比自称"全国质量第一"、"誉满全球"要有效得多。这种广告正文往往简单，但很醒目，富有说服力。不过，这种广告必须有获奖证书。

### 金奖＋A级双燕系列电冰箱大联展
### 祝贺双燕电冰箱又获首届全国轻工业部博览会"金奖"和"群众最喜爱产品奖"

展销品种：

| | |
|---|---|
| 金奖出口型 170 双门冰箱 | 1680 元/台 |
| 银奖豪华超大冷冻室 183 双门冰箱 | 1720 元/台 |
| 金奖折叠门 105 卧式冰柜 | 1280 元/台 |

参展单位：

省五交化公司、成都市人民商场（以下略）

展销期间，随机发放有偿质量跟踪单，用户将填好意见的质量跟踪单寄回工厂，工厂将函寄一份报维修单位：

双桥子维修部　电话：442826

红星中路维修部　电话：660645

展销日期：元月 13 日至 2 月 10 日

出口质量许可证号：303056

航空航天部成都发动机公司<br>地址：四川省成都市双桥子<br>电话：44163 电挂：4722<br>邮编：610067

（4）告示体：它模仿通知、启事的形式，分列有关事项。订货会、展销会、交易会常用此形式。

## 第二十届蔬菜种籽交易会
## 2月25日～3月2日在蔬菜公司北站隆重举行

　　交易会提供种籽供应、良种咨询，交易场所有餐厅、旅馆、寄存、茶社、小卖部等配套服务设施，欢迎各界人士光临。

　　联系人：徐彦 元兴
　　电话：332442　333045　333816
　　地点：本市荷花池蔬菜公司北站

（5）幽默体：它借助文艺表演形式，呈相声、动画、木偶、小品等来宣传产品或商品，形象生动，引人入胜。但要防止喧宾夺主，庸俗低级。请见下例的相声。

## 重庆"嘉陵"牌摩托车的广告

唐杰忠：老马，您在等谁呀？
马　季：我的那个"嘉陵"呀？
唐杰忠：嘉陵是您的爱人吗？
马　季：我太爱"嘉陵"了，它有许多优点，容貌长得举世无双，绝代佳人，风度翩翩、帅气，平地走路像仙女腾云驾雾，爬坡就如嫦娥奔月，唱歌优美动听。与"嘉陵"结为伴侣太幸福了。追求"嘉陵"的小伙子可多了，连姑娘们也追求"嘉陵"哪！
唐杰忠：什么？姑娘们也向您爱人求爱？
马　季：什么呀，你瞧，它来了。
唐杰忠：啊！原来是"嘉陵"牌摩托车！

3. 结尾

结尾又叫"落款"，从交代刊登、播放、设置、张贴广告的角度，又称"刊户"。主要写明厂商的名称、地址、电话号码、电报、挂号、邮政编码、银行账号、联系人姓名等。

　　以上广告文稿的写作，其结构并无统一的要求。有的广告，其标题、正文、结尾，结构完整，有的则标题和正文融为一体，有的甚至只有主体部分。此外，有的广告用厂商名作标题的，结尾可省略，有的广告，其标题、正文、结尾等内容根据表达的需要，可不依次排列。总之，广告结构的安排，要根据实际情况而确定。

**五、写广告文稿的基本要求**

（一）要实事求是，忌弄虚作假

　　新闻报道必须真实，才有读者；广告宣传也必须真实，才有顾客。因为质量和信誉是企业的生命，商品广告只有实事求是地宣传商品才能维护生产厂家、经营商店和广告本身的存在。国务院1982年颁布的《广告管理暂行条例》明文规定："不得以任何方式弄虚作假，蒙蔽或欺骗用户和消费者"。

　　可是，现在一些广告经营单位和企业，只顾捞钱，置国家的政策于不顾，利用虚假广告，销售伪劣产品，后果严重，激起公愤。1990年12月1日《人民日报》披露，"据不完全统计，1986年至1989年9月，我国各地消费者协会共受理消费者受假广告之害的投诉一万四千多件，被投诉的广告刊登户213家，涉及经营广告的新闻单位100多家"，"虚假广告坑害顾客，贻害社会。贵州省200多名妇女使用泊头市日用化妆品厂生产的太阳牌美容祛斑露后，脸上的斑点不但未消，又添新痕。许多青年听信虚假广告后，使用了河北献县有关厂家生产的'电子增高器'，不仅毫无效果，有的甚至被灼伤！吉林省一农民看到'致富信息'广告后，到北京一民办研究所学习'制造日光灯技术'，3千元积蓄全部花光，也没有制造出一只日光灯。"所以虚假广告害人不浅，广告一定要真实。

此外，广告文稿的措词要精确，要讲究分寸，要恰如其分。如合肥日用化工厂的"芳草药物牙膏"的广告有这么几句："芳草牌药物牙膏是第三代新产品，它是国内首创的以中草药为主的复方配制而成的牙膏，有一定的止血脱敏作用，广大用户反映良好"。其中"一定"、"良好"等词语就用得恰如其分，给人以可信实在的感觉。

（二）要情趣高尚，忌低级趣味

广告，既是物质文明的体现，又是精神文明的窗口。广告一经刊登或播放，其内容形式，就会在群众中耳濡目染、潜移默化，留下深刻印象，某些广告连三岁小孩也会背诵便是有力的例证。因此，广告的内容、文字、图像对象等，必须注意纯洁，要用健康的审美情趣去吸引消费者或服务对象，不要在广告上搞低级庸俗甚至黄色污秽的东西。

（三）要新颖别致，忌千篇一律

广告是一门新兴科学，又是一门综合艺术。在当今市场竞争对手林立、商品广告比比皆是的情况下，广告，可以充分调动文学、戏剧、曲艺、音乐、美术、舞蹈等艺术形式，既使人们获取商品信息和知识，又得到艺术享受。就广告文稿的写作来看，要想给人们留下深刻印象，发挥广告应有的作用，可以从以下几方面去努力。

1. 突出特点，不同凡响

"质量全国第一"、"价格全市最低"、"驰名中外"、"誉满全球"的陈词滥调最好少用为佳，"特点"、"用途"、"性质"、"构造"等不必面面俱到。应该突出自己的产品独到之处，才能吸引消费者。下面二则就是好的例子。

如江苏吴江的骆驼牌电扇要打入高手林立的上海市场，似乎有点自不量力，班门弄斧，但他们别出心裁地在几家重点经营商店日夜不停地开动电扇，并每天在一块广告牌上标出"骆驼牌电扇已连续运转××天"，终于以突出的特点征服了消费者，不仅在上海市场站稳了脚跟，而且成了同类产品销售的佼佼者。

再如上海"泰山"牌糖精，其广告这样写道："用于调味品及诊断用药；用于糖尿病及肥胖患者软化甜食；还可以用于测定血液循环时间，以及作为牙膏，香烟等矫味剂"，也突出了与众不同的特点。

2. 要善于掌握消费者心理

如果说"顾客就是上帝"，那么，"上帝"心理就是以搞活经营作保证，而广告就应成为沟通"上帝"和厂商的桥梁。

比如吊扇，不少消费者苦于安装，成都市外贸经销部就用这样的广告吸引消费者："撒脱、巴适"，"去年我部实行飞行吊扇的免费安装、维修，深受广大消费者的称赞，今年我们仍优质服务于大家，欢迎惠顾！"

再如大件家电电冰箱，有人忧虑购买搬运麻烦，陕西冰箱厂成都维修中心就用"送、修到家，绝不用您搬一下"的广告打消消费者的这一后顾之忧。

3. 措辞新颖，耐人寻味

广告措辞应力求新颖别致，力避平淡俗套。好的广告有时就是因为其中一句话、一个词，甚至一个字用得好，使人回味再三，从而留下深刻的印象。

比如美琪美发厅的广告"从头做起，美在其中"，成都百货大楼售鞋部的"着一双皮鞋令足下生辉"，其中的"从头"、"足下"，一语双关，给人新意，又如，牙刷广告用"一毛不拔"贬词褒用，就远比用"坚固耐用"更有效。再如，中国与意大利合资的电冰箱"中(zhōng)意"——"中(zhòng)意"的广告，巧用汉语多音多义字的特点，既亮出商品的名称，又道出了消费者的心意，算得上是别具匠心。

4. 要公平竞争，忌贬人抬己

制作广告词，要讲究职业道德，要讲公平竞争，不能靠贬低别人来抬高自己，否则会让消费者和同行蒙受损失，也会使自己的信誉扫地。以下一例便足以引以为戒。据报载，南京一家保温瓶厂，打了这样一则广告："传统的银色瓶胆所采用的工艺和生产方式，导致砷化物(砒霜)在瓶胆内残留，造成饮者慢性中毒；惟有我厂生产的金色瓶胆—破传统……安全无毒，此则广告一登出，吓得消费者再也不敢问津"银胆"，这下可苦了"银胆"生产厂家，仅退货等经济损失就达数百万元。幸亏引起有关部门注意，组织了专家进行分析化验，调查结果是，"金胆""银胆"仅颜色外观不同，其他毫无区别；至于砷化物残留一说，更是无中生有。像这样的广告不仅会受到职业道德法庭的谴责，而且会受到依据广告法的经济制裁，真可谓搬起石头砸自己的脚。

5. 要协同作战，忌单打天下

有了精心写作的广告词，还需辅以恰当的画面和别致的版面安排，才能起到充分调动人们视觉的作用，给人以深刻印象。如《成都晚报》的两则广告可谓别具一格。一是"春水牌"微型立体声接收机的广告标题文字"一机在手收尽天下风云"，简洁明快。两幅画面分列广告正文左右，左图一妙龄女郎，佩带耳塞，面露满意的微笑，似乎沉浸在音乐之中。通过一手牵着的耳塞线，人们的视线转入右图，那便是该收音机的正面图像，使人们自然仔细端详这令人满意的商品，取得了广告应有的作用。二是"珠江"音响广告。文字和画面平分秋色。标题突出"珠江音响，还您自然"。抓住"自然"二字，有群山的画面代替"珠江音响"，山峦起伏，逶迤而去，素淡朦胧，联想顿生，只想领悟出言外之意，弦外之音。在版面设计上，也颇具匠心标题用套红仿宋大字。自左下向右上斜书，如音响轰鸣，似音阶跳跃，充分体现出商品特点，既醒目又别致。这样图文并茂的广告，当然更能吸引读者。

## 第四节  商品说明书

### 一、定义

商品说明书是介绍商品的性质、性能、构造、用途、规格、使用方法、保管方法、注意事项等的一种文字材料，是使用范围很广的一种说明文。

一般地讲，一切产品，特别是新产品，都需要说明书。通过对产品的介绍，使用户了解该新产品的使用和保养知识，这对于指导消费具有重大意义。

当人们从商品说明书上获得这一商品的功能、使用和保养等知识后，就会产生购买的欲望，因此，商品说明书往往还具有广告的功能，有扩大销售的作用。不过，广告是以推销产品为目的，是售前宣传，旨在吸引顾客，导致购买，它注重艺术性和鼓动性；而产品说明书是售后服务，旨在指导消费者最好地发挥产品的作用，它注重客观性和科学性。

### 二、作用

商品说明书随商品赠送，在社会经济生活和人们的日常生活中，起着重要的作用。

首先是认识作用。产品说明书会使消费者获得有关某一商品的知识，加深对产品的了解，为使用产品创造便利条件。

其次是宣传作用。不少商品说明书借用广告生动活泼的表现形式，丰富了产品说明书的内容，在介绍产品的同时，也能起到激发消费者的消费欲望的作用。

总之，产品说明书是产品和消费者之间的一座桥梁，是消费者正确使用产品的向导，也是产品最大限度地实现使用价值的保证。不重视产品说明书，不了解产品的相关知识，就有可能在使用中产生麻烦，甚至会导致意外事故的发生。

### 三、形式和内容

产品说明书有两种形式。一种是包装式，就是说明书内容直接印在产品包装物上。内容比较简单，文字不多的产品说明书，可以采用这种形式。另一种是内装式，就是将说明书内容印成专页或小册子，放在包装内。这种形式适用于一些较复杂、较贵重的产品或鲜为人知的新产品。

产品说明书的具体内容虽然因物而异，但是所有产品说明书都必须紧扣"使用"这一中心内容，都必须帮助消费者正确、合理地使用产品，因此一般都包括以下五个方面的内容：

(1) 产品的概括（包括名称、产地、规格、成分等）。
(2) 产品的历史情况及制作方法。
(3) 产品的性质、构造、特点等。
(4) 产品的用途。
(5) 使用时的注意事项及维修方法。

### 四、写法

从总体上看，产品说明书一般包括下面几个部分：

（一）标题

标题，通常采用产品名称加上文种名称的写法，如《钻石牌风扇说明书》，"钻石牌风扇"为商品名称，"说明书"为文种名称。

（二）正文

正文，通常写明产品的基本情况，如产品的用途、性能、结构、技术指标等，以及商品的使用方法、保养维修知识和其他有关注意事项等。正文部分的写法和内容因所介绍产品的不同而不同，即不同类型的产品，这部分应着重说明不同的事项。比如，药物说明书，要着重说明成分、功能和用法；机械产品说明书，要着重说明构造，操作方法和维修保养方面的知识。

（三）结尾

结尾，通常是指落款，即注明生产和经销企业的名称、地址、电话、电报挂号等，以为消费者购买留下线索。有的还有其他一些标志，包括商标、批准文号、荣誉标志、保修条款、有效期限等。

### 五、写作要求

（1）要简明。说明书篇幅短，不可能也没有必要面面俱到，因而必须抓住重点，突出特点。在文字表达上，要求简单明快，使人一目了然，不用长句；在表达方式上，一般用说明文字，切忌描写、抒情或议论。

（2）要准确。产品说明书与广告不同。广告的作用旨在吸引顾客，它在艺术性方面要求高一些；而产品说明书的作用旨在帮助顾客了解产品的性能，正确地使用产品，读者对说明对象的信赖程度与说明书的真实可靠程度成正比。因此必须实事求是，要有严密的科学性，特别是有关的数据，图表要准确无误。

（3）要通俗。产品说明书与技术鉴定书不同，不必对产品的各种指标、技术性能作详细的报告。看产品说明书的对象是广大群众，其文化水平不一，因此语言必须通俗易懂，专门术语和行话尽量少用，文言词语和外来词汇切忌滥用，尽量使用普通词语，做到深入浅出，力争容易上口，便于记忆，富于趣味。

### 六、例文

（一）一般的概述式的产品说明书

## 摩丽雅超浓缩低泡洗衣粉使用说明

摩丽雅超浓缩低泡洗衣粉，是用多种非负离子表面活性剂及高效助溶剂配制而成，具有去污力特强，泡沫低，溶解快等特点。用量仅为普通洗衣粉的1/3～1/4，就能得到满意的洗涤效果。"摩丽雅"可使你的洗涤费用降低1/3左右。

"摩丽雅"冷热水洗涤效果一样。具有省钱、省水、省时、手感好，洗后衣服洁净等优点。

使用方法：

衣服量：1Kg（约衬衣4件或被单一床）。

用粉量：10g左右（约一平汤匙）。

用法：将粉放入水中溶解，衣服浸泡后洗涤即可。

成都合成洗涤剂厂

（二）简单的条款式说明书

## 健胃消食片说明书

［药品名称］品名：健胃消食片

　　　　　　汉语拼音：jianwei xiaoshi pian

［成分］太子参、陈皮、山药、麦芽（炒）、山楂。辅料为蔗糖、糊精、硬脂酸镁。

［性状］本品为薄膜衣片，除去包衣后显淡棕黄色；气略香，味微甜、酸。

［作用类别］本品为厌食类非处方药药品。

［功能主治］健胃消食。用于脾胃虚弱，消化不良。

［用法用量］口服（须咬碎），一次3片，一日3次。

［注意事项］1. 忌食生冷辛辣食物。

　　　　　　2. 本品为成人治疗脾虚消化不良症用药，对于小儿脾胃虚弱引起的厌食症，可以减量服用，一次1~2片，一日3次，不能吞咽片剂者，可将该药品磨成细颗料冲服。

3. 厌食症状在一周内未改善，并出现呕吐，腹痛症状者应及时向医师咨询。
4. 按照用法用量服用。
5. 药品性状发生改变时禁止使用。
6. 儿童必须在成人的监督下使用。
7. 请将此药品放在儿童不能接触的地方。
8. 如正在服用其他药品，使用本品前请咨询医师或药师。

[规格] 每片重0.8g。
[贮藏] 密封。
[包装] 铝塑包装，8片/板×4板/盒。
[有效期] 2年。
[批准文号] 国药准字z20013220。
[生产企业] 企业名称：江中药业股份有限公司
　　　　　　地　　址：江西省南昌市福州路347号
　　　　　　邮政编码：330077
　　　　　　电话号码：0791－8505734　8512145
　　　　　　传真号码：0791－8520002

(三) 较复杂的条款式说明书

## 教学录放扩音机使用说明书

一、功能与特点

1. 本机具有输出功率大、频率响应宽、噪声低的特点。采用两只125mm8Ω喇叭，使你在聆听语言或音乐节目时能感受到非常清晰、柔和与丰满的音质及立体感。

2. 本机设有机内话筒录音，外接麦克风录音。录音采用立流偏磁，交流抹音，故录音质量高，失真小。

3. 本机设有计数器，可方便选曲及录制。

4. 本机可使用麦克风供中小会场扩音使用，如果将磁带装上并按下录音键时就可录下开会内容。

5. 本机具有卡拉OK功能。

6. 本机设有外接扬声器插孔以供不同场所使用。

7. 本机采用交、直流两种电源。交流220±10%，直流12V(一号电池8节)。

二、主要指标

1. 磁迹　双迹　　　　　　　6. 全通道信燥比　优于40dB
2. 带速 4.76cm/s±3%　　　 7. 全通道频响 125Hz－8kHz
3. 抖晃≤0.5%　　　　　　　8. 全通道谐波失真　优于5%
4. 偏磁　交流　　　　　　　9. 最大不失真功率8W(音乐功率大于50W)
5. 抹音　交流

三、使用说明

1. 各部位名称：

(1) PAUSE  暂停键
(2) STOP<停止开盒键
(3) F.F  快进键
(4) REWIND  快倒键盘
(5) PLAY  放音键
(6) REC  录音键
(7) VOLUME  音量控制
(8) 电平指示
(9) TONE  音调控制
(10) TAPE/AMP  放音/扩音选择
(11) TAPE COUNTER  计数器
(12) POWER  电源开关
(13) AC  交流电源插座
(14) MIC  外接话筒插口
(15) 外接扬声器插口
(16) 电池盒

2. 开机：

(1) 电源：交流供电时将电源线插入电源插孔 AC—(13)机内电池自动断开，直流供电时拔脱电源线，机内电池即接通供电。

(2) 开机：加上电源后，按下电源开关 POWER(12)电源指示灯亮，表示可工作了。

3. 放音：放音/扩音旋钮(10)置放音状态，按下停止出盒键STOP<(2)打开磁带仓，装好磁带开关好盒门，再按下放音键 PLAY(5)调节音量位器便可听到悦耳的音乐，调节音调电位器可根据需要达到满意的音响效果。

4. 扩音：放音/扩音旋钮(10)置扩音状态，在外接话筒插口(14)处接入麦克风，则可对传入麦克风的各种语言或音乐进行放大。

5. 录音：机内话筒录音：带仓内放入磁带，按下放音键 PLAY(5)和录音键 REC(6)则可记录下机内话筒传入的声音信号。

(2) 机外麦克风或线路输入录音：把麦克风或其他收录机、电唱机信号由外接话筒插孔(14)送入，按(6)操作即可进行录音，调节音量电位器可对记录信号监听。但麦克风尽量远离本机，以免引起啸叫而破坏录音质量。

6. 伴唱或解说：把需要伴唱或解说磁带装入带仓，再把麦克风插入外接话筒插孔(14)，按下放音键，调节放音/扩音旋钮(10)及音量电位器则可进行伴唱或解说。

7. 外接扬声器：将阻抗为 $4\Omega$ 的音箱或扬声器搁入外接扬声器插孔(15)机内喇叭即可断开，若阻抗大于 $4\Omega$，则输出功率变小。

8. 其他操作键：

(1) 快进：当要快速跃过磁带某一段时，可按下快进键 F.F(3)，磁带即快速前进，到需要的地方时，按一下停止出盒键 STOP<(2)，快进停止。

(2) 倒带：当需要磁带退回始端或某一位置时，按下倒带键 REWIND(4)，磁带就倒退，到需要位置时，按一下停止出盒键 STOP<(2)，倒带停止。

(3) 暂停：当要暂停放音或录音时，可按下暂停键 PAUSE(1)，磁带即停止运动。需要时再按一下，磁带就继续运动。

9. 计数器：在放音或录音时，计数器(11)可作放音或录制带段标记。

四、维护事项

1. 应保持清洁，存放于干燥，无强磁场，无腐蚀性气体的环境中。

2. 不使用时，各按键不能置于工作状态，以免零件变形。

3. 长期不用应取出电池,以防损坏机器。
4. 使用一段时期后,应对磁头、压带轮等进行去污(用无水酒精或专用清洁剂)处理。
5. 用完交流电应拔去插头,避免变压器长期处于工作状态而过热烧坏。
6. 本机若有故障,严禁不懂行者自行拆修。

电报挂号:0308　　　　　电话:139
直拨区号:08220　　　　　电话:22156
地址:四川新津武阳西路214号　　邮政编码:611430

## 复习思考题

1. 什么叫经济活动分析报告?试从搞活经济的角度,谈谈经济分析报告的重要作用。
2. 经济活动分析报告有哪几种常见的类型?
3. 什么叫市场调查报告和市场预测报告?它们的种类如何划分?
4. 市场调查和市场预测有何联系?
5. 市场调查报告和市场预测报告各包括哪些基本内容?
6. 结合所学的专业,自选题目,进行一次市场调查实践,并写出市场调查报告。
7. 什么是商品广告?
8. 商品广告具有怎样的作用?
9. 商品广告的标题有哪几种写法?
10. 拟写一份商品广告。
11. 什么是商品说明书?商品说明书与商品广告有何区别?
12. 写商品说明书有哪些要求?
13. 请搜集两份商品说明书,并作简要分析。

# 第七章 财经论文类文书

## 第一节 财经学术论文

### 一、定义

财经学术论文是对各种经济现象及观念进行研究,并表述研究成果的学术性文章。它既是用来进行经济科学研究的凭借,又是反映经济研究成果的工具。

首先,财经学术论文是应用于经济科学研究的文章,它所研究和描述的对象是经济领域内的学术问题。只要以学术问题为研究对象,并从理论研究的角度对问题进行探讨的经济文章,才是财经学术论文。

其次,财经学术论文是用来探讨经济理论问题,进行经济科学研究的重要凭借。撰写财经学术论文,决不仅仅是文字表达问题。一篇论文质量的高低,也决不仅仅取决于行文阶段的工作做得如何。可以说,完整的论文写作过程同整个科学研究过程是相重合、相一致的。论文题目的确定也就是研究课题的选择,论文内容的形成,也即研究成果的取得,而研究成果的取得是离不开课题研究的,可以说,课题研究是论文写作过程中的关键环节,也是科学研究的主要步骤。论文的执笔写作,则是研究成果的演化和整理阶段,是科学研究的继续。正因为论文写作同科学研究是密不可分的,所以人们常把论文写作作为培养和考察人的科研能力的重要手段。

最后,财经学术论文是描述经济科学研究成果、传播学术信息的重要工具。

服务于社会,服务于国家经济建设,是财经科学研究的使命。而要使科学研究的社会效益、经济效益得以实现,就必须通过一事实上的媒体形式,将研究成果公诸于世。同其他媒体形式相比,学术论文可谓是表述科学研究成果的最简便、最得力的工具。

### 二、特点

独创性、科学性和理论性,是学术论文都应具备的一般特点,而这些特点在财经学术论文中有着独特的表现形式。

1. 独创性

独创性是财经学术论文的生命。所谓独创性,严格地说,是指论文作者所提出的观点,是对某一个问题的全新认识,是与众不同或前所未有的看法。对于一般人来说,特别是对于研究水平不是很高的青年学生来说,要拿出一个有价值、有意义的新的学术见解并非易事,因此,如果能够使用别人没有用过的材料,或者能够采用新的研究方法,从一个新的角度,重新对已有的理论观点加以阐释,论文也可以认为有一定的独创性。

2. 科学性

独创性是经济论文的生命,而科学性则是独创性的前提。撰写论文必须善于创新,但创新并不是故意标新立异哗众取宠,在保证论文的科学性的前提下的创新,才是有意义的创新。论文失去了科学性，不仅无法起到应有的作用，而且会适得其反，会将人们的认识引入误区。可以说，科学性是一篇论文所应具备的基本条件。

经济论文是议论文的一种，论点、论据、论证是论文的几个基本要素，论文的科学性就分别体现在这个方面。论点客观、正确，论据可靠、充分，论证严谨、有力，是论文具有科学性的主要内涵。

3. 理论性

经济论文的理论性，首先要体现论述的完整上。一篇经济论文，应当自成一个理论认识系统。从提出问题，到解决问题，从论述的展开，到观点的明确，要围绕着一个中心，要一环紧扣一环。写入论文的所有的内容，都应纳入一个严密的推理过程之中。论文的理论性还体现在其内容的深度上。经济论文所反映的不是一般的现象和过程，也不是浅显的经验法则，而是对事物的本质和规律的理论认识。

上面所说的独创性、科学性、理论性是一篇合格的财经学术论文所必须具备的特征，因而也可以说是财经学术论文的必备条件。

### 三、写作

（一）研究课题的选择

1. 选题的意义

选择并确定研究的课题，是论文写作的第一个步骤，也是非常关键的一个步骤。

选题决定着论文的价值，也关系到论文写作的成败。有人说，选对了题目，论文就等于完成了一半，这种说法很有道理。所谓"选对了题目"，包括两层含义：一是指选题与客观需要相符合，二是指选题与研究状况相适应。前者可以保证选题具有实际意义。而选题有意义，对课题的研究才会有意义，反映研究成果的论文也才会有价值；后者可以保证研究者有能力、有条件对问题展开研究，研究工作能够顺利进行，并取得成功。

从最直接的意义上说，选题是一项具体的科学研究活动开始的标志，它为整个活动确立了明确的目标。科学研究是一项目的性极强的活动，漫无目的的研究是不会有什么结果的。有了问题，才谈得上问题的解决，课题确定了之后，工作也有了方向，所有的努力才会集中到一点上，才容易有收效。

无论从哪个角度来说，选题的意义都是不可低估的。撰写论文，必须重视选题，第一步就要争取"选对题"。

2. 课题的类型

科学研究有两大类，一类是开创性研究、一类是发展性研究。所谓开创性研究，就是对别人没有研究过的问题进行研究；所谓发展性研究，就是在已有研究成果的基础上，对别人曾研究过的问题所作的进一步的研究。与此相对应，研究课题也就分为两大类：

（1）开创性研究的课题。开创研究的课题，也就是别人没有研究过的问题。有些问题属于早已存在，但却长期被人们所忽视，或者由于条件的制约，一直无法进行研究的问题；也有一些问题是在经济生活的发展中产生出来的新问题。在每个时代、每个时期，都有许多问题可以作为开创性研究的课题。比如，目前在社会主义市场经济体制的建立中，从宏观到微观，一些新的问题正等待着人们去研究。研究这些问题，容易有所突破，有所创新，而且研究成果往往能够起到及时指导社会经济实践的重要作用。

进行开创性研究，一般没有太多的资料可以利用，也没有现成的方法可作借鉴，难度大，困难多，通常要求研究者具有较高的研究水平和较好的意志品质。

（2）发展性研究课题。发展性研究的课题，是需要进一步研究的问题。有些问题，虽然曾有人对之作过研究，但随着时间的推移，情况有了变化，条件有了改善，已有的研究成果或显陈旧落后，或暴露出种种不妥之处，因而有了继续或者重新研究的必要。

发展性研究不是重复性研究，因为究竟是不是重复性研究，不能简单地看问题是否已被研究过，关键是要看能否形成新的认识。发展性研究的形式有很多种，常见有下面几种：

1）深化、补充已有的观点。这是指在已有研究的基础上，进行更加广泛、深入的研究，以使已有的研究成果得到丰富的发展，使已有的理论观点得到深化和补充。

2）批驳、修正已有的观点。研究同一个课题，得出有所不同，甚至截然相反的学术观点，在学术研究中是常有的现象。

批驳、修正已有的观点，主要有两种情况：一种情况是参加学术争论，就一个正在讨论，尚有争议的问题，发表自己的看法。例如，有关股份制的很多问题都处于探讨阶段，对同一个问题，人们往往有着不同的认识，各种观点并存。对这样的问题加以研究，无疑是有助于澄清问题，加深人们对股份制的认识。另一种情况是修正或推翻"通说定论"。所谓"通说定论"，是指在一定时期内已为人们所接受、所认同的理论学说。如果发现这样的理论学说有错误、有偏颇，要大胆地予以纠正。纠正"通说定论"的学术论文，通常具有较高的学术价值。

（3）赋予已有理论以新的社会意义。有些问题早已有了众所周知的结论，仅从科学发展的角度来看，已失去了重新研究的意义。但从社会需要的角度来看，有些问题确实有重新提出的必要。结合经济发展实际，挖掘原有理论的现实意义，有时能够起到调整人们的认识，为国家经济生活提供重要的理论借鉴的作用。

经济科学研究的最终目的，就是能动地指导社会经济实践，有效地服务于社会经济生活。在新的经济形势下，赋予已有理论新的社会意义，有助于充分发挥理论经验的实际效用。

3. 选题的原则

课题的弃取，不能随心所欲，而必须有一个标准和根据。选题的原则，就是衡量课题、决定弃取的标准和根据。

课题有意义，作者有见解，是写出高质量论文的两个决定性因素。选择课题，主要就应该考虑这两个因素。

（1）要选择客观上有意义的课题。课题有意义，是使论文有价值的一个前提。就其直接意义而言。课题的客观意义包含两内容：一是社会意义、二是学术意义。就其本质而言，这两项内容又是统一的。

1）要选择具有社会意义的课题。选择具有社会意义的课题，就是指选题要着眼于社会经济实践的需要，要以满足社会经济实践的需要为出发点。从根本上说，国家建设的总目标，是指导各行各业作好各项工作的指针，科学研究也必须围绕着总目标的实现进行，而不能与此相脱离。无论是解决重大的理论问题，还是解决某一方面的具体问题，也无论是直接还是间接，只要于国家建设的总目标的实现有利，就是有意义的研究。

在同总目标相一致的前提下，立足于现实，选择急需解决的现实经济问题进行研究，能够最大限度地实现经济理论的社会价值。在社会科学研究中，经济科学研究的现实性最强。经济理论可以直接对国家的经济生活产生影响，经济论文的选题也最容易反映社会现实的需要。比如，前一个时期，美元跌价，日元升值这种状况对我国的对外贸易是否有影响，或者会有什么样的影响，是迫切需要研究的现实经济问题。对这一问题的研究，会为决策机构确定贸易策略提供极大的帮助。

为加强选题的现实针对性，论文作者应当做到：一要深入生活，密切注意经济形势的变化，及时抓住经济工作中出现的新问题；二要认真领会各项经济政策，并把它作为确定选题目标的一个依据。正确的经济政策反映着经济实践的需要，预示着经济生活发展的方向，同国家经济政策的基本精神相一致的选题，通常是比较切合实际的选题。

2) 要选择具有学术意义的课题。选择具有学术意义的课题，主要是指选题要考虑学科建设、学科发展的需要，选择那些有利于学科的自身完善的课题去研究。

怎样才能选取具有学术意义的课题呢？一是要了解本学科、本专业的研究动态，在学术研究的"前沿阵地"选题。科学发展的过程，是一个知识长期积累的过程。在已有的研究成果的基础上，选择前沿性的问题加以研究，容易达到新的高度，为学科的发展作出贡献；二是要了解本学科、本专业的研究历史，着力解决重大基本理论问题。有些问题的研究，从表面看来现实意义不大，甚至看不出会对社会经济生活产生什么影响，但从整个学科、专业发展的角度来看，却是至关紧要的，因为它会对其他问题的解决，以至会对学科体系的严整化产生影响。选择这样的课题进行研究，有着重要的学术意义。

将课题的客观意义区分为社会意义和学术意义，只是看问题的角度有所不同。从根本上说，理论与实践是统一的，一切学术研究的最终目的，都是服务于社会，课题的社会意义和学术意义是无法割裂开来的。

(2) 要选择主观上有见解的课题。课题有意义，只能说课题研究的进行是必要的，而究竟能否写出一篇高水平的论文，还要看作者能否完成课题研究，能否提出有价值的学术见解。对学术见解的产生及其价值起制约作用的因素很多，其中比较重要的是作者的能力、兴趣和某些外在条件，选题时应对此有充分的考虑。

1) 要选择有能力完成的课题。要选择有能力完成的课题，是保证课题研究取得成功的首要前提。人们常说，尺有所短，寸有所长，每个人都有自己的长处和不足。就一般情况而言，课题对路子，合口味，同自己的能力相适应，就能得心应手，高效率地完成研究任务。科学研究是知识性劳动，知识结构是构成科学研究能力系统的基础，知识结构是否优化，各种知识的"构成比"是否合理，是选题时必须重视的因素之一。

2) 要选择有兴趣完成的课题。要选择有兴趣完成的课题，是保证课题研究取得成功的必要条件。兴趣是人对事物的选择性态度，是一个人积极探究某种事物的认识倾向。在科学研究中，往往表现为研究者对某一个课题，始终如一、坚持不懈的探求精神。科学研究是一项异常艰苦的劳动，研究者对自己所研究的问题感兴趣，就会不计个人得失，执着地研究下去，直到取得成功。在此意义上可以说，兴趣是完成科学研究的一种巨大的推动力。同时，兴趣还可以调动研究者心理活动的积极性，使研究者的思维进入异常活跃的状态，达到一个较高的水平。另外，从兴趣产生的原因来看，选题时也必须重视兴趣的因素。兴趣往往是研究者对课题的客观意义和个人的研究能力深刻认识的结果，一位有社会责任心和学术洞察力的研究者，是不会对毫无实际意义或自己根本没有能力完成的课题发生兴趣的。

3）要选择有条件完成的课题。这里所说的条件是指完成一项科学研究所必需，同时又不以研究者的意志为转移的外在条件。

首先是资料条件。资料是科学研究展开的凭借，是学术见解产生的基础。撰写论文，从事研究，不能没有资料，而资料又不是随手可取的，资料条件并不是对于每个人都相同的。资料的种类很多，就以文献资料的获取为例。每个人都处于特定的生活环境之中，可以经常利用的图书情报机构有限，而任何一个图书情报机构都不无所不包，为此，选题时就要考虑能否拿到有关文献资料，经过努力，得到的资料是否齐全、够用。

其次是时间条件。科学研究是一个过程，是否具有充足的时间条件，直接关系到研究的成败。有些论文的写作，比如毕业论文或学位论文的写作，必须在限定的时间内完成，这就更要求论文作者在选题时充分考虑时间条件，根据时间条件，衡量课题的大小是否适中和难易程度如何。

最后是导师指导条件。这一点对于青年学生及所有缺乏研究经验的人来说，尤为重要。专家学者并非样样皆通，在导师所熟悉的专业领域内选题，容易得到全面、切实的指导。

总之，选择客观有意义的课题的选题原则，决定了完成论文的客观必要性，选择主观上有见解的课题的选题原则，决定了完成论文的现实可能性。只有同时符合这两条原则的课题，才是可选的课题。

（二）写作计划的制定

论文写作计划大致应该包括以下项目：

（1）课题的提出及其内容的阐释；

（2）研究目的和具体要求的说明；

（3）时间的估定。

整个论文写作过程的起始时间，也就是从选题到论文的最后完成的总的期限，要在这里写明。至于第一阶段的工作所需要的时间，应随着工作步骤的安排得到落实。

（4）工作步骤的安排

这一项内容是整个写作计划的主体部分，要尽可能写得详尽一些。由于论文写作过程比较复杂，环节比较多，所以这个大的项目还往往包括若干小的项目。按照论文写作自身的程序，可以对工作步骤作出如下安排：

1）搜集、积累资料。

要写明获取资料的基本途径及所需要的时间。这一项内容写得越细越好。

2）阅读、整理、研究资料。

3）拟定提纲，撰写论文。

要写明从对语言的准备到文章的定稿大致所需的时间，对每一个环节的工作都应有具体的打算。

在工作步骤的安排中，论文作者在各个阶段所要采取的相应的措施，也基本得到了落实。对这一项中所无法涉及的具体措施，要专门加以说明。

（5）其他情况的说明

如果需要一定的物力、财力，如实验设备、研究经费等，也要作出具体的安排或预算；如果是集体合作研究项目，就是说论文的作者不止一个人，还要对分工情况有所说明。

同所有的计划一样，写作计划也是事先制定出来的，在计划的执行中，难免会有一些没有预料到的情况出现，或者发现计划本身有不尽完善、合理之处，这就需要根据实际情况，对计划加以调整、修订，否则，计划就会失去可行性。

(三) 课题的研究

1. 课题研究的意义和内容

选择课题是论文写作过程中极为重要的一步，随之而来的课题研究则是具有决定意义的环节。在实际写作中常有这种情况，有人在选题时非常慎重，充分考虑了各个方面的因素，也可以说选到了一个比较理想的题目。可是，由于对问题研究得不够深入，或者由于研究工作有失误，终于未能写出一篇高质量的论文，甚至根本就无法撰写论文。能否取得有价值的学术见解，从而能否写出一篇水平较高的论文，主要取决于课题研究的成败。因此可以说，课题研究是论文写作过程的关键性环节。

人是科学研究的主体，一切深刻的学术见解都是人脑对客观事物概括的、本质的、主动的反映，是主体思维同外界事物相互作用的结果，主体思维和外界信息，是学术见解产生的两个必备要素，缺少其中任何一个要素，对课题研究的进行和取得成功是不可能的。要取得课题研究的成功，就必须从这两个方面入手，进行积极的努力。说得具体一些，就是要在资料工作的进行和思维方法的运用上多下功夫。

其实，在课题研究中，既没有不需要研究者的思维活动介入的资料工作，也没有完全脱离开资料，不以资料内容为凭借的主体思维，资料工作的进行同思维方法的运用是交织在一起的，把这两项内容分开来谈，只是为了便于说明问题。

2. 资料的获取

论文作者所用的资料的种类繁多，来源广泛，搜集资料的工作非常复杂，要把这项工作做好，首先就必须了解获取资料的基本途径。

获取论文写作资料的基本途径有：

(1) 观察。观察，是知觉的一种形式，是对客观对象有目的、有计划，比较持久的主动知觉过程，其目的是认识某一过程或某一现象的变化情况。科学研究中的观察是从课题研究的需要出发，采用一定的方法，对自然条件下的客观事物进行系统、能动的考察。观察是获取感性资料的基本途径之一，成功的观察能为科学研究提供可靠、有力的事实依据。

成功的观察应该具有客观性、系统性和精确性。为确保观察的成功，观察者必须注意以下几点：一要明确观察目的，确定恰当的观察对象，这是保证观察取得成功的先决条件；二是采取实事求是的态度，尽量做到客观地观察。观察的目的是了解事物的真相，取得真实的材料，为达到这一目的，就必须保持观察的客观性；三是采取科学的观察方法，以提高观察的质量。观察是一项系统性极强的活动，观察中不能想到什么就看什么，要有计划、有步骤地按照严格的程序完成这一过程。观察是一项细致的工作，观察者的注意力要高度集中，密切注意事物的一切细微的差异和变化。观察是"思维者的知觉"，观察必须边观察边思考，以抓住事物的本质特征。

(2) 实验。实验是根据科学研究的需要，人为地创造条件，控制研究对象，观察、分析研究对象的状态和变化,以从中找出规律,得出结论的活动。

实验的方法具有强化和纯化客观对象的作用,它能够排除外界干扰,使事物的某种状态和运动规律,在非常特殊的情况下显露出来,为人们所认识。采用实验的方法,可以人为地控制条件,这就为揭示一种现象产生、发展、消亡和变化的原因,创造了条件;实验可以人为地重复进行,这就有利于研究者排除事物变化的偶然性因素,抓住其必然性。

实验的形式有两种:一种是实验室实验,一种是自然实验。实验室实验在实验室内进行,即在使用仪器、精确控制的条件下,精密观察和记录某一现象的产生、变化的情况,并分析其原因。自然实验是在正常的生活环境中,适当控制条件,结合其他日常活动而进行的实验。观察新事实,作出新发现和通过事实检验理论,是科学实验的两个基本目的。

(3) 调查。调查是亲自深入到实际生活中,有步骤、有目的地对某一客观对象进行认真考察,了解某一方面的情况的行为方式。

调查的方法有两大类,即普遍调查和非普遍调查。

普遍调查简称普查,是在一定的范围内,对所有的对象逐一进行调查。具有较高的准确性,据此可以得到真实可靠的资料,是这种调查的长处。但如果研究课题太大,调查的范围过广,进行这种调查,则需要花费大量的人力、物力、财力,难度很大。

非普遍调查研究指在一定的范围内,选择部分对象进行调查,这是一种通过个别看一般,通过部分看整体的调查方法。非普遍调查常用的方法还可重点调查、典型调查和抽样调查等三种。重点调查是指在一定的范围内,选取重点样本,以重点样本为对象进行调查;典型调查是指在一定范围内,选取有代表性的典型样本,只以典型样本为对象进行调查;抽样调查是在一定范围内,抽取部分样本进行调查。这三种调查方法各有其长处和不足,比如,采用重点调查和典型调查的方法,容易对调查对象作深入、细致的了解,有可能在较短的时间内,得到较多的资料。然而,调查对象的确定又往往带有一事实上的主观性,如果重点和典型确定得不够恰当,调查结果则难免会有片面性,甚至完全不能反映总体的情况。相比之下,抽样调查的科学性和实用性则更强一些,因而采用这种调查方法的人越来越多。

调查的方式很多,常用的有三种:一种是开会调查,这是一种传统的调查方式。研究者既可以专门召集知情人开会,也可以利用其他会议,顺便了解情况;第二种是采访,采访也叫个别访问,这是一种向个别人了解情况的调查方式;第三种是问卷,这是一种书面调查的方式,即以一定的卷面形式,提出若干问题,让调查对象填写回答。

(4) 利用图书情报机构。利用图书情报机构,是获取文献资料的基本途径。而文献资料是科学研究资料的一个重要门类,进行科学研究是离不开这类资料的。

为能有效地利用图书情报机构,提高文献检索的效率,论文作者必须做到:

1) 要熟悉图书分类法。图书分类就是根据图书内容的学科性质或其他特征,划分图书类型,并把它们系统地组织起来,给予必要的揭示。目前,国内各图书馆的图书分类所依照的规则主要有《中国人民大学图书馆图书分类法》、《中小型图书馆图书分类表草案》、《中国科学院图书馆图书分类法》、《武汉大学图书馆图书分类法》和《中国图书资料分类法》、《中国图书馆图书分类法》等几种分类法。

比较正规的图书馆,除了使用分类目录,一般还同时使用书名目录、著者目录和主题目录。这几种目录分别有自己的特点和用途，适用于不同的场合，指示着不同的检索途径。比如，如果只知文献名，不知文献所属类别和著者姓名，就要查书名目录；如果只知著者姓名，而不知确切的书名及其所属类别，就要查著者目录，确定了研究方向或研究课题，通过分类目录，能够全面、系统地掌握有关资料，不仅可以得到已知的资料，还可以找到未知的资料；如果既不知道所需语言文献的归类，又不知道书名和著者，只是要查找关于某个专题的资料时，就要查主题目录；总而言之，这几处不同的目录形成了一个图书检索网络，分别从不同的角度为读者提供着资料线索。

2) 要善于使用检索工具。检索工具主要有目录、索引和文摘等几种。

目录是一种标示图书或其他出版物外表特征的系统化的检索工具，比如，用以查考古籍的书目《四库全书总目》，用以查考现代图书的图家书目《全国总书目》和《全国新书目》、专门介绍各类期刊和报纸的目录《全国中文期刊联合目录》、专门报道外文图书的《外文图书总目录》等，都是人们经常使用的目录。

索引又称引得或通检，这是一种揭示文献外表特征或内容特征的检索工具。索引的种类很多，人们经常使用的索引有三种，即有关古籍的索引，报刊综合索引和专题性索引。

文摘即文献内容的摘要，是一种不但能揭示文献的外表特征，而且还能揭示文献的主要内容的检索工具。

3) 要选用合理的检索方法。检索文献资料的方法主要有三种：

一是追溯法。这是以已掌握的文献资料后面所附的文献目录为线索，追溯查找其他文献的检索方法。在缺少检索工具或检索工具不够齐全的情况下，可以使用这种检索方法。但每种文献所附的参考文献毕竟是有限的，因此仅使用这种方法查找资料，漏检的可能性较大。

二是常用法。这是一种利用工具书查找文献资料的检索方法。如果在搜集资料时能够找到必要的检索工具，就应采用常用法，以便迅速、准确地找到比较齐全的文献资料。

常用法还有顺查法、倒查法和抽查法之分。顺查法是利用检索工具由远及近地查找文献资料的方法，即从研究课题产生的起始年代查找，按照时间的先后顺序，逐年查找。采用这种检索方法，即能防止漏检资料，又能搞清问题的来龙去脉。不过，如果问题产生的时间过久，研究历史过长，则工作量极大，要花费很多时间和精力才能完成这项工作；倒查法是利用检索工具，由近及远地查找文献资料的方法，即从近期的文献查起，逐年向前推移查找所需文献资料。后期的文献资料能够反映课题研究的最新水平，而且常常包含着前期文献资料的内容，能够集中体现已有的研究成果，所以，采用倒查法查找资料，有利于节省时间，提高效率。但同顺查法相比，采用这种检索方法，漏检的可能性要大一些；抽查法是在全面了解本学科或某个课题的发展状况的基础上，选定其中学术研究最为繁荣，文献发表得最为集中的重要年代，进行重要检索的方法。采用这种检索方法的好处是在较短的时间内，得到较为丰富的资料，前提则是必须准确地把握学科发展或课题研究的情况，以便正确地确定重点时期。

三是循环法。循环法也叫混合法，这是一种把追溯法和常用法结合起来使用，循环查找文献资料的检索方法。使用这种方法的一般顺序是，先利用检索工具，也就是通过常用法，找到一些文献资料，再利用这些文献资料所附的参考文献目录追溯查找资料。如果已有了基本的检索工具，又占有了一定数量的资料，就可以采用循环法查找资料了。

3. 资料的记录

记录科学研究资料的方式很多,其中,笔记是最基本的记录手段,它具有其他记录方式不具备的灵活性和实用性,为此,这里谈资料的记录和整理,主要就是谈笔记的使用。

(1) 笔记的种类。阅读文献资料,需要记录的内容很多,对于不同的内容,人们常常采用不同的方式加以处理,这样,按照记录内容的记录方式的不同,就可以将笔记划分为不同的种类,常用的有以下五类:

一是摘录笔记。在阅读新闻资料时,遇到重要的段落和关键语句,如文献的论点和结论,以及其他具有重要参考价值或可以直接引证的材料,应如实摘记下来。

二是提要笔记。读完文献之后,对文献的基本状况、主要内容作全面的概括,把它写成一个简短的纲要,就形成了提要笔记。

三是提纲笔记。在阅读书籍或篇幅较长的论文时,对全文的总的观点、每个部分或每个层次的观点,以及说明观点的主要材料,加以高度概括,并把它们依次排列出来,组成一个能够反映读物的基本结构框架的大纲,即是提纲笔记。

四是心得笔记。这是一种专门记录自己在阅读中产生的体会、收获或对读物的批评、质疑意见的笔记。

五是索引笔记。在查阅资料时,遇到与自己专业研究方向有关,估计以后有可能用到,但暂时又觉得没有条件或者没有必要仔细阅读的文献或者其中的某些章节,为了今后查阅的方便,可把书名或篇名、作者、出版单位或出处、出版时间等记录下来,还可对其内容作一个极其简要的介绍,这种笔记就是索引笔记。

(2) 笔记的形式。记录和处理资料,可使用不同形式的笔记。究竟在什么场合使用哪种形式的笔记,应该根据资料内容的特点和科学研究的需要来确定,同时也要考虑个人的习惯。笔记的形式主要有以下三种:

一是在文献上作记号、写眉批。在文献上作记号是指在阅读过程中,随时发现有特殊意义的地方,就随时在上面标上醒目的符号,如各种线段、三角号、加重号、小方框等;在文献上写眉批是指在阅读的进行中,以简洁明了的语言,把对所读内容的归纳或自己的心得体会,写在书页的空白处。

二是成册的笔记本。由于它具有容量大、易管理的特点,在平时积累资料,特别是在记录系统性较强、文字较多的文献内容时,人们常常会使用它。使用成册笔记本要特别注意资料的分类,要尽量避免把各种资料混记在一起,或者说,每本笔记的内容应有相对的单一性。

三是卡片和活页纸。在所有的记录工具中,可以说,卡片和活页纸最为方便灵活,而也最适用于科学研究资料的记录和处理。

卡片具有其他记录工具所无法替代的功用。比如,研究一个尚有争议的问题,可以把人们对这个问题的不同看法全部摘记在卡片上,然后把它们排列在一起,进行比较研究,从而发现问题,受到启发,提出新的看法。有时,对一件事不同的文献可能有不同的记载,这就需要把各种记载文字分别写在卡片上,进行对比、分析、核实,以便判明真假、辨明是非。另外,准备把哪些资料写入论文的哪个部分,也可以通过卡片的分类或归类反映出来。从原则上说,凡是准备写入论文的资料都应先摘记在卡片上,不仅文献资料应该如此,就是其他类型的资料,比如从观察、调查、实验中得到的资料也应如此,这样使用起来非常方便。

卡片虽有种种长处，但也并非可以完全取代其他记录工具也就是说只用卡片也会有种种不便之处。比如在查阅长篇论文或书籍时，仅仅使用卡片，就会发现有些资料是无法得到妥善处理的。把卡片和活页纸配合起来使用，即用卡片记录观点、概括其他一些重要的材料，用活页纸写出文献的提纲，记下它的逻辑构成，就可以既掌握文献的观点和材料，又明确它的整个逻辑构成体系，使资料的全部内容得到妥善的处理。把卡片和活页纸配合起来使用，可以使这两种工具的优势都得到发挥，是比较科学的作法。

4. 思维方法的运用

(1) 要掌握科学的逻辑思维方法。进行科学研究是离不开理论思维，也即语词——逻辑思维的，而理论思维又有形而上学思维和辩证思维之分。从本质上说，只有同形而上学思维相对的辩证思维才是惟一正确、科学的思维方法。辩证思维的方法主要有归纳和演绎、分析和综合、抽象和具体、逻辑和历史等几种。

1) 归纳和演绎。归纳是通过个别认识一般，从个别事实走向一般结论、概念的思维方法。在科学研究中，从大量的代表着个别情况的资料出发，得出一个一般性科学原理，主要就是归纳的方法在起作用。演绎则是一种通过一般认识个别，从一般原理、概念走向个别结论的思维方法。在科学研究中，演绎方法有着非常重要的作用，从搜集资料，到整理、研究资料，以至提出结论、验证结论，始终离不开演绎方法。科学研究不仅要以充分的资料为前提，还要以正确的理论作指导，如果只强调归纳，而忽视了演绎，就会导致经验主义。

归纳和演绎是两种相互依存的思维方法，归纳是演绎的基础，没有归纳方法，演绎方法所依据的一般原则也就无从产生。同时，归纳也离不开演绎，必须以演绎为前导。

2) 分析和综合。分析是把整体分解为一个一个部分，分别对每一个部分进行认识的方法。综合是在充分认识事物的各个部分的基础上，把对事物的各个部分的认识有机地结合成一个整体认识的方法。综合在分析的基础上进行，分析为综合服务，又要以综合为归结点。

在认识过程中，分析和综合互为前提、互为条件，分别在不同的认识阶段，发挥着不同的作用。在获取新的科学认识，形成新的科学理论的活动中，分析和综合是不可缺少的思维方法。

3) 抽象和具体。抽象和具体是同分析和综合相联系着的思维方法。人的思维过程发展的一般规律是先由具体到抽象，再由抽象到具体，只是后一个具体是对更高层次的理性的具体。在认识活动开始时，客观事物的总体面貌呈现在人的眼前，人对客观事物的认识是感性的具体的认识。通过分析方法的运用，思维进入了抽象阶段，认识了事物的某一方面的质的规定性，感性认识上升为理性认识。接着，再运用综合的方法，把事物的各个方面的本质特征按其固有的联系结合起来，形成对事物的整体认识，这个整体认识不是感性认识，而是能够全面反映事物的本质特征的理性的具体的认识。在认识从具体到抽象，再从抽象到具体的过程中，始终离不开分析和综合的思维方法。

科学认识必须经历从具体到抽象，再由抽象到具体这样两个阶段，作为科学认识成果的具体应该是第二个具体。

4) 逻辑和历史。历史的方法是指对事物发展的自然进程进行客观描述的方法，同历史的方法相对而言的逻辑的方法,则是以理论的形态概括地反映历史过程的思维方法。采用历史的方法,能够完整地再现客观事物的真实面貌,采用逻辑方法能够摆脱社会历史过程中的偶然现象和历史现象中的细节问题的干扰,取得对客观世界的规律性认识。

上面所介绍的各种辩证思维的方法,是相互联系着的整体,每一种方法都不是万能的,都要以其他方法的运用为前提,或为补充。把这些方法综合起来,加以合理的运用,才能达到辩证思维的目的。

(2) 要善于进行创造性思维。科学研究是一项复杂的创造性活动,而人的创造活动的进行,是离不开创造性思维的。

思维的灵感状态是思维的最佳状态,灵感的出现,往往预示着创造性思维活动的成功、新的思维产品的产生。下面就围绕着灵感状态的出现,简单地介绍一下进行创造性思维的条件和方法。

1) 要加大信息的存贮量。思维不能凭空进行,要以一定的信息内容为材料,创造性思维也不例外。新的思维产品的产生是各种信息在人的大脑中反复作用的结果,思维的灵感状态是人脑中的某些信息点的突发性连接,是信息所呈现的一种较好结合态。人脑中适用信息的存贮量,直接关系到创造性思维的质量。一般来说,存入研究者大脑中的关联信息越多,信息间的相互作用、信息点连接的机会也就越多,有所发现、有所创造的概率也就越大。打个比方来说,这就如同在一个特定的空间内,如果只有两个球体,球和球之间相碰撞的机会就要少一些,如果放入几十个球体,球和球之间相碰撞的机会就要多一些,球体之间相碰撞的机会随着球体数量的增加而增加。可以说,加大信息的存贮量,是进行创造性思维的基础,是提高创造性思维效率的重要条件。

2) 要加大信息间作用的势能和频率。信息点的连接需要纽带,信息间的作用要以信息的运动为前提,这就如同在一个特定事实上的空间内放置了较多的球体,球和球之间虽然有了相碰撞的可能,但假如它们完全静止不动,则是无法发生碰撞的。要使信息相互作用,仅强调信息量的数量是不够的,还必须使信息"动"起来,信息间相互作用就是在信息的运动中进行的。

具体地说,加速信息的运动,加大信息间作用的势能和频率,从积极的角度来看,主要应该着眼于以下环节的改善。

首先,进行创造性思维,要求研究者具有敏锐的感知力。发现问题,感知外界信息,是创造性思维活动的发端,也是引发灵感的契机。一个人的感知力强,感觉灵敏,才能迅速对外界信息的刺激作出反应,这是取得创造性思维成果的必要条件。

其次,创造性思维,还要求研究者能够集中精力,潜心思索问题。从心理学的角度来看,一个人长时间思考某个问题,就会在大脑皮层上形成相应的优势兴奋中心,这时再稍一受到外界信息的刺激,马上就能作出反应,实现思维的飞跃——产生灵感。甚至有时,自己觉得已不在思考这个问题了,而问题的答案却在无意中得到,在毫无准备的情况下灵感突至。实际上,无意识状态下的灵感也是以有意识的思考为前提的,长时间潜心思索一个问题,会使思维产生惯性,也就是说尽管大脑已不再有意识地思考这个问题,但在无意识或潜意识中对问题的思考不知不觉地延续下来。

最后,解决问题的愿望、动机、目的,对问题的兴趣以及研究者的情绪状态、性格特征等各种非智能因素,也会影响思维的效率,从而对信息间相互作用的频率和势能产生影响，对这些因素也应多加注意。

从消极的方面来看，要提高创造性思维的效率，还必须注意下面几个问题：

一要努力克服思维的盲从倾向。科学研究要从资料出发，思维是在已有的思想材料的基础上进行的，因而容易受到束缚；研究者主体又生活在具体的社会环境之中，各种社会观念、特定的文化氛围不能不对之发生影响。善于摆脱束缚，排除干扰，才有可能取得创造性思维的成果。

二要努力避免思维定势所造成的消极影响。前面说过，创造性思维的完成离不开对问题的潜心思索，而一个人由于长时间集中思考一个问题，又很容易在头脑中形成固定的思路，思维定向运动，心理活动表现出较强的惯性和明显的趋向性。当沿着一个固定的思路思考问题，屡遭失败，久无突破，以至山穷水尽时，要考虑另辟蹊径，调整思路，变换思维的角度，谋求新的解决问题的途径。为了摆脱习惯思路的束缚，可以采取两种方法：一种方法是同他人讨论，或翻阅新的资料，以接受新的刺激，以新的信息启发自己的思想；另一种方法是暂且做做其他事情，把正在研究的问题搁置一段时间，以使原有的思路淡化，使思维跳出原来的圈子，走出"原地转"的境地。

三要努力消除妨碍创造性思维的非智能因素。不利于创造性思维进行的非智能因素很多，其中特别值得重视的是研究者自身性格特征中的一些不利方面，如胆怯、懒惰等，可能对创造活动产生的妨碍。

科学研究活动的进行需要研究者具有较强的创造性思维能力，同时，研究者的创造思维能力又会在科学研究这类复杂的创造性活动中，得到锻炼和提高。对一名青年学生来说，只要勤于努力，肯于钻研，就有可能在论文写作实践中提高同科学研究的需要相适应的创造性思维能力。

（四）文章的执笔写作

一项写作活动要由许多方面的工作组成，而各方面的工作做得如何，最终都要借助于行文——执笔写作，以文章的形式反映出来。经济论文是描述学术成果的工具，学术成果的取得固然是写作之本，如何更好地把取得的学术成果反映出来，也同样是不可忽视的。如果再进一步说，论文写作中的行文决不仅仅是对写作形式的谋求，更不是对研究成果的机械反映，行文本身就是一个再创造的过程。在行文中，观点可能会得到加工、深化或修正，某些资料可能会被重新认识。总之，行文是使研究成果得以升华的重要途径。

论文的执笔写作是一项非常复杂的工作，要涉及一些具体的环节和步骤，下面所提到的就是其中几个比较重要的环节。要提高论文的质量，在文章的执笔写作阶段，主要就应该在这些环节的改善上多下功夫。

1. 材料的选取

在课题研究中，研究者通过各种渠道，得到了大量的资料。掌握足够的资料是展开课题研究的必备条件，是产生观点的基础。但从论文写作的实际情况来看，资料并不是搜集得越多越好；从文章的实际效果来看，资料也不是用得越多越好。资料的掌握和使用，应遵循"厚积而薄发"、"博收而约取"的原则，在全部可用的有关资料中，选取最有用处的资料表达观点，构成文章。

人们通常把写入文章的资料称为材料，那么，写文章应该选用什么样的材料呢？这就涉及到材料的选取问题了。概括地说，选取材料要考虑两条原则：一是要有利于支撑观

点,二是要有利于吸引读者。具体地说,选取材料的标准主要有以下四条:

(1) 要选取确实的材料。确实的材料即真实准确的材料,是同客观实际相符合的材料。保证材料的确实性,是选取材料的首要标准。强调这一标准,首先因为资料是产生观点的基础,只有从真实准确的资料出发,才能得出正确的结论;其次是因为材料是支撑观点的凭借,只有文章中使用真实准确的材料,才会使读者信服并接受文章的观点。

(2) 要选取有力的材料。有力的材料是指具有说服力和表现力的材料,或者说,是必要的、典型的材料。必要的材料同观点有着密切的关系,因而为观点的证明和表达所必需的材料。可有可无的材料,不是必要的材料,一般是应当放弃的材料。典型的材料是能够反映事物的本质及共性的材料,是有着较为丰富的内涵,因而可以充分说明问题的材料。

(3) 要选取富有新意的材料。前面说过,具有独创性,是经济论文的一个重要的特征,而这一特征要通过文章的各构成要素体现出来。一篇高质量的论文,不仅应有新颖独特的观点,还应尽量使用能给读者以新鲜感的材料,而且,更进一步说,新的观点的提出往往要以新的材料的使用为基础。

总而言之,选用富有新意的材料,主要包括下面几种情况:一是把新的事实或新的思想成果用作材料;二是把早已存在,但并未被发现或未引起人们普遍注意的事物用作材料;三是从全新的角度使用人们已比较熟悉的材料,以使旧的材料产生新意。

(4) 要选取易于理解的材料。材料是构成文章内容的基本要素之一,读者理解了材料,才能进而理解文章的观点。为便于读者阅读论文,在文章中就尽量避免使用难以为读者所理解的材料,即要尽量选用读者容易理解的材料。

选取易于理解的材料,必须注意两个问题:首先,要考虑读者的理解能力,要使所用材料同读者对象的理解能力相适应。其次,如果仅从材料本身的情况来看,则就应多选用一些具体、详实的材料。对于任何一位读者来说,具体的内容都比抽象的内容更易理解一些。

2. 结构的安排

为使观点和材料在一篇文章中得到有机的统一,必须设置一个能把观点和材料包括进去的逻辑框架,这个逻辑框架就是文章的结构。简单地说,结构即文章的内部构造,安排结构即谋篇布局,设定文章的总体格局。

安排全篇论文的结构,主要应做好两项工作:

(1) 确定结构程序。所谓结构程序,是指构成文章的步骤,或者说是指文章本身的基本构成模式。实用型文章大都有着比较固定的结构形式,学术论文也不例外。从文体类型的角度来看,学术论文是议论文的一种,而在议论文写作中,作者的思路通常是循着提出问题、分析问题和解决问题的顺序展开的,这一思路为文章的结构,就形成文章的序论、本论、结论三大部分,议论文的这种结构形式常被人们称为"三段论式"。"三段论式"是对所有议论文体的一般结构特点的总结,因而也同样适用于学术论文。

1) 序论。序论又称前言、引言、引论、绪论等,这是一篇论文的开头部分。这一部分所写的内容通常包括:

提出问题。这几乎是所有的学术论文的序论部分都应具备的一项内容,序论部分的其他内容的表述也往往是围绕着问题的提出的。如《论混合所有制的经济合理性》的序论部分:

"经过十多年来的改革,我国的所有制结构发生了巨大的变化。大量非公有企业的出现,以及国有企业的股份化,使我国原来单一的公有制变成了多种经济成分并存的'混合所有制结构'。

但是,这种混合所有制结构,是否只是向完全的私有制方向发展过程中的一种过渡?也就是说,混合所有制这种所有制形态,是否具有经济学意义上的合理性?要全面回答这个问题,只凭一篇论文的有限篇幅是困难的。本文试图从一个侧面,在理论所允许的最大范围内贴近"混合所有"这一我国所有制结构的特征,就上述问题提出自己的一些看法"。

指明选题的背景、缘由、意义等。如论文《关于农村私营经济发展的理论分析》的序论部分,在提出问题的同时,还介绍了选题的现实背景和缘由。

"私营经济的恢复和发展,是十年来所有制结构变革的重要内容。在三十年公有制以后,那些非常了解私有制'弊端'的人们在公有制经济土壤上重新办起了私营企业,显然具有不同于社会主义改造初期的社会意义。它的产生和发展,是历史性倒退,还是历史性进步?迫切需要从理论上作出回答。"

明确观点,概括自己对问题的基本看法。例如《社会主义市场经济》一文的序论部分。

"提出社会主义市场经济这一命题在理论上是否科学,在实践上有何意义,这是需要很好研究的问题。我们认为,市场是商品经济高度发展的一个合乎逻辑的阶段,并不是资本主义的专利,它在我国必将发展起来。改革完成后所形成的我国新经济体制,只有实行市场经济和计划经济相结合,才能促进现代化建设取得彻底胜利。"

阐释基本要领,文章的基本要领是指构成研究课题和论文的基本观点的核心概念。为保证论题及论点的确定性、一致性,在序论部分可对基本概念的涵义加以阐释。例如《论银行的控制与被控制——兼议中国的银行体制改革》的序论部分:

"银行被称为金融中介人。它大体上发挥四种基本职能:第一,提供资产负债管理方面的服务;第二,用其负债作为支付手段;第三,转化流动资产为非流动资产;第四,督察(MONITOR)负债人的经济行为。普通的书籍多分析前三个职能,对第四种职能少有深论。本文在分析西方银行学和金融发展学的基础上研讨银行职能的特殊性问题,着重研究两个问题,即银行的控制与被控制问题。银行的控制指的是银行对经济系统的控制职能。银行在经济活动中控制非银行经济部门,特别是生产部门——企业。银行的被控制涉及到货币当局和政府对银行进行的各种管理。"

除了以上各项内容,研究方法或论证方法的说明、研究范围的划定等,也是学术论文的序论部分常写的内容。此外,论文的序论部分还可以写入其他一些内容,比如,如果是驳论式论文,则有必要在序论中简单评介对方的主要观点,这也可以被看作这类论文提出问题的一种方式;如果论文的篇幅较长,则可以在序论中对本论部分的内容作一个简要的介绍,或对论证结果加以揭示。

以上所例举的几例内容,在一篇论文的序论中一般不会全部涉及。论文作者可以根据自己的需要,有所选择、有所侧重地写好其中的某一项或某几项内容。

2) 本论。本论是论文的主体部分,是对问题展开分析、对观点加以证明的部分,是全面、详尽、集中地表述研究成果的部分。

本论部分的篇幅长,容量大,一般不会只由一个层次或一个段落构成。不同的层次或段落之间发生着密切的结构关系，按照层次或段落之间的结构关系的不同，可以把本论部分的结构形式分为并列式、递进式和混合式三种。

并列式结构又称横式结构，是指把各个小的论点相提并论，把各个层次平行排列，分别从不同的角度、不同的侧面对问题加以论述，使文章内容呈现出一种齐头并进式的格局。

递进式结构又称纵式结构，或直线式结构，是指由浅入深，一层深于一层地表述内容的结构方式。各层次的内容步步深入，后一个层次的内容是对前一个层次的内容的发展，后一个论点是对前一个论点的深化。

所谓混合式结构是把并列式同递进式混合在一起使用的结构形式。与其内容的复杂性相适应，经济论文的结构形式极少是单一的。有的文章的各大层次之间具有并列关系，而各大层次内部的段落之间却具有递进关系，或者在彼此之间具有递进关系的大的层次的内部，包含着具有并列关系的段落，并列中有递进，递进中有并列；也有的文章各大层次之间所具有的结构关系就不是单一的，并列关系与递进关系分别存在于文章不同的层次之间。

为使本论部分更有条理性，人们常在这一部分的各个层次前加上一些外在的标志，这些用以区分层次的外在标志主要有序码、小标题、序码和小标题相结合及空行等几种。

3) 结论。结论是一篇论文的收束部分。经济论文的结论部分大致包括以下几项内容：

提出论证结果。在这一部分中，作者可对全篇文章所论证的问题及论证内容作一归纳，提出自己对问题的总体性看法、总结性意见。例如《关于农村私营经济发展的理论分析》的结论部分：

"上面我们从不同的侧面分析得出同样的结论，即当今中国农村发展私营经济是一种历史性进步。虽然私营经济的发展是对公有经济的一种叛逆，但它们处在两个不同的发展空间。到目前为止，那种全面否定公有制、企图以私有制替代公有制的观点似乎未找到令人信服的论据。随着公有制经济自身实现形式的不断完善，与商品经济成功的实现对接，在公有制占主导地位的前提下，公有制经济与私营经济同时并存、协调发展的互补应将得到充分发挥。"

指明进一步研究的方向。在论文的结论部分，作者有时不仅概括论证结果，而且还指出在该项课题研究中所存在的不足，提出还有哪些方面的问题值得人们继续探讨，以为他人的科研选题提供一个线索。例如论文《论宏观比较投资效益》的最后一个部分：

"宏观比较投资效益范畴的建立及其理论模型的构造，是固定资产投资的宏观经济效益研究的一次尝试，还有许多问题需要进一步探讨。第一，宏观比较投资效益的理论分析结构是以运筹学中的目标规划为基础的，这是通过采用目标规划来取代线性规划，达到由目标一维性分析向目标多维性分析的转变。本文已经根据目标规模的基本原理建立了宏观比较投资效益的初步理论模型，但是，如何把这种理论模型更加具体化，还有一些操作上的问题需要进一步研究解决。第二，宏观比较投资效益的理论分析结构建立以后，统计指标和考核方式都应当作相应的调整，但是，怎样进行这种调整，也是需要研究的问题。"

以上是经济论文的结论部分常写的两项内容。此外，根据实际情况，还可以在这一部分写入其他一些内容，比如，如果研究成果具有较高的实用价值，作者还应写明对研究成果的推广与应用的期望，或就此提出具体的建议。如果研究成果，是带有突破性的，或其意义及影响是不易为读者所了解的，则有必要在结论部分对研究成果的意义及其可能产生的影响，作一个实事求是的说明和估测。

序论、本论、结论三个部分前后相续、紧密衔接，是论文常见的结构程序。但也有的文章开篇便直接进入问题的论证，结篇点题，揭示论旨，即只有本论、结论，而没有一个相对独立的序论部分；也有的论文在序论中便概括全文的内容要点，出示论证结果，或在本论部分边论述边总结，并不专门以结论的形式收束全文，文章只有序论、本论，而没有一个单独的结论部分。后面两种结构程序可被看作序论→本论→结论这种结构程序的演化或变体。在论文的撰写中，究竟采用哪种结构程序为好，要视写作的需要而定。

(2) 拟定写作提纲。写作提纲是作者整理思路，并使思路定型化的凭借，是文章的逻辑关系视觉化的最好形式，它具有帮助思考、指导写作的作用。人们常把写作提纲比作文章的"设计图"，建造一座大厦，是离不开设计图的，撰写一篇论文，同样也是离不开写作提纲的。如果所写的文章较短，结构也极简单，那么只以打草稿的方式安排结构，或许不会有什么不便之处。如果所写的学术论文是篇幅较长，结构也较复杂的文章，光靠打草稿就解决不了问题了。可以说，编写写作提纲是论文起草前的准备工作中的不可缺少的一项，而且，其他几项工作的结果也应在写作提纲中得到落实和反映。

一份完整、正规的写作提纲，应由标题、观点句和内容纲要等几个项目构成。

1) 标题。为论文拟制标题，一般可以着眼于两个方面，也就是说可以从两个角度去考虑，这样，论文的标题也就相应地形成了两种类型：

一种是揭示课题的标题。这类标题所反映的只是文章所要证明的问题，而不涉及作者对问题的看法。经济论文的标题以这类标题居多。这类标题只写问题，不另加其他词语，如《倒U曲线的"创梯形"变异》、《分税制对农业投入的影响》、《近代资本主义精神与新教伦理的关系》；更为常见的是在标题的前后加上标明文种的词语，如《中国社会主义市场经济体制的实质问题探讨》、《现代市场经济中的国企关系分析》、《试论会计信息系统模式及其结构特征》，标题以"论……"、"……论"、"……探析"、"……分析"、"……研究"的形式出现，便于透视文种，会使读者对文章类型一目了然。

另一种论文标题是揭示论点的标题。这种直接反映作者对问题的看法，或者说标题就是对文章的内容要点的概括。在经济论文中，揭示论点的标题虽然不如揭示课题的标题的使用频率高，但也是一种比较常见的标题形式，如《股份合作制是优化农村经济系统的组织形式》、《理顺财权要正确处理好几个关系》。

2) 观点句。观点句也叫论点句或主题句，简单地说，就是概括全篇文章的基本观点的语句。在提纲中写出文章的中心论点，有利于观点的进一步明确，并能有效地防止写跑题。

3) 内容纲要。内容纲要是一份写作提纲的主体部分。在这一部分中，要以分条分项的形式把论文正文部分的构成状况如实地反映出来。

内容纲要的写作形式通常为：

一、大的部分或大的层次的要点

（一）段的要点

……

1. 段内层次的意思

……
(1) 材料
……
二、同上
三、同上
……

可以说，内容纲要就是一篇文章的结构关系图或逻辑框架，将要写入文章的所有观点和主要材料都要能在其中得到一个最为恰当的位置。内容纲要大都从大的项目写起，既先写出大的部分或大的层次的要点，然后是本部分或本层次内的中项目，最后是中项目中的各个小项目，而在依照内容纲要起草论文时，则要从小的项目写起，从一个部分的小项目再到下一部分的小项目，渐次完成全文。

3. 段落的组织

文章是由一个一个的段落联缀而成的，段是文章最基本的构成单位。从某种意义上说，文章的撰写也就是段的组织和衔接，论文作者如果能把每一个段落都写得非常出色，把各个段落间的关系都处理得非常妥当，全篇文章的质量自然也就会得到提高。在论文的起草中，构段是一个很重要的问题。

(1) 构段的要求。组织论文的段落，应当考虑以下要求：

1) 段意要明确。在论文中，一个段落应有一个主要意思，即段旨，在构段时，要把它清楚地告诉读者。或者说，每段想要说明一个什么意思，最好要让读者一看便知，而不要含而不露，让读者自己去体会、去揣摩。

2) 段意要统一。在论文中，一段应集中表达一个意思，而不要把与段旨无关的语句写入段中。人们常把只有一个中心，只包含一个中心意思的段落，叫作单义段。组织单义段，以不同的段落阐明不同的段旨，既便于作者安排文章的结构，也便于读者概括文章的内容。

当然，强调段意的统一，也并不是说论文就绝对不能有兼意段。兼意段是指包含着两个以上的段旨的段落。在某些情况下，兼意段的出现是无法避免的。比如，承上启下的过渡段，前半部分往往是上文内容的总结，下半部分则是下文内容的领起，所以必然是包含着两层意思的兼意段。有时，相邻的几个段落都极短，各自的内容也很简单，为了避免分段过于零碎，也可以把它们合在一起，构成一个兼意段。

3) 段意要完整。一个段落应把一个相对完整的意思表述清楚，否则，属于上一段的内容，却放到下一段去说，就会造成文章结构的混乱；在一个段落中该说的话没有说完，就会使读者难以充分理解段意。

段意怎样才算相对完整呢？在一个段落中，能围绕着一个段旨，采用必要而又充分的材料展开论述，使段旨得到了有力的证明和清楚的表述，段意就算是完整的。

4) 段的长度要适中。段的长短适度，是提高文章的整体效果的一个条件。段落过长，容易使人在阅读时产生沉闷感、疲劳感，而且往往是把几个意思混到一起了；段落过短，则容易给人一种不断跳跃的感觉，使文章缺少沉实感，而且往往是把一个意思拆开写了。所以说，段落过长或过短，都不仅会给阅读带来不便，使表达效果受到影响，而且往往是同段意的杂乱或残缺联系在一起的。

论文的段的长短没有一个统一的标准,在实际写作中,要根据文章的长短、段的性质,特别是表意的需要来确定。就总体而言,由于学术论文的篇幅较长,每段又都有着非常充实的内容,所以,它的段落通常要长于其他文章的段落。在一篇论文当中,不同性质的段落,在长度上也常常是有区别的,比如,开头段、结尾段,大都是比较短的;本论部分的段落,也就是文章的中间段,则要长一些。在中间段中,过渡段等性质的段落也是宜短不宜长的。

段意明确、统一、完整,段的长度适中,是对论文构段的基本要求,完全符合这几项要求的段落就是规范段。

(2) 构段的方法。为使论文的段落符合规范化要求,在构段时,必须注意以下几点:

1) 要把段作为一个相对独立的文章单位来看待。撰写论文,不能只考虑如何在全篇文章中,把问题论述得全面、透彻,也要有段的观念,注意从段落的组织入手,把每段的意思都写清楚。一篇文章固然是个整体,篇中的段落也具有一定的独立性,在组织段落之前,要认真想好段的内容,而不能信笔由之或随兴所至地推着写,写到哪里,觉得差不多了,就结束这一段,再开始写下一段。如果对段没有一个正确的认识,不把段作为一个相对完整、独立的文章单位来看待,就不可能写出符合规范化要求的段落。

2) 要善于疏通思路,以增强思维的条理性。论文的结构脉落是作者思路发展轨迹的体现,段的划分是思维步骤的外化形式,所以从根本上说,构段问题实际是思维问题,要把段落组织得规范,首先就应在思路的疏通、思维的条理化上多作努力。

思路是构段的内在依据,而客观事物的构成和发展规律又是思路展开的基础。论文作者既要有全局观念,能把事物作为整体去认识,以保持思维的连续性,又要善于把问题分成几个方面,从不同侧面去考虑,使思维具有合理的阶段性。

3) 要善于使用段中主句。段中主句是概括段落中心意思的语句。段中主句便于读者阅读的作用暂且不说,对于作者构段来说,段中主句也有很大作用。有了段中主句,一段就有了一个非常明确的中心,作者可以围绕着它,一句一句地写下去,始终保持段意的统一,避免把与段旨无关的语句写入段中。

在一个段落上,段中主句并无十分固定的位置。比较常见的情况是段中主句就是段中领句,在段的开头便表明段旨。例如:

"从目前情况看,企业'受制于银行'主要表现在以下几个方面:

① 企业正常的资金需求往往受制于银行的'规模'。在目前专业银行'三级管理,一级经营'体制下,一般仅由县支行(办事处)直接与企业发生信贷业务往来,总行、省分行、地(市)行只负责管理信贷规模的分配和信贷资金的调拨。这样,企业的生产经营状况和资金使用状况往往都由开户的基层行具体掌握。一旦企业的资金需求超过开户行的贷款规模,基层行只有层层上报,通过上级行在更大的范围内调剂。但这一上报过程必然同企业资金需求的'时机'发生矛盾,因为即使规模批下来了,也许市场需求的'时机'发生矛盾,或者市场需求已发生变化,原有的产品开发计划已经过时了,从而增加了企业融资的'机会成本'。其次,企业通过向专业银行贴现融资也受到'规模'的限制。按现行规定,'贴现放款'规模不仅包括在专业银行贷款总规模之内,而且不允许与其贷款规模相互调剂,须经人民银行专项下达后方可买入,还不允许在异地区、异系统之间进行票据贴现。这一切也自然限制了企业的融资活动。另外,由于目前国内银团贷款还没有真正搞起

来，企业的资金需求往往还受现有'单一'银行资金规模的制约。改革开放已使大批企业获得了进出口经营权，也使跨地区、跨部门的各类横向经济联合及企业集团发展起来。这一切使原有的资金需求格局发生变化，其特点是资金需求量迅速增大，且除本币外往往还需要外币的配合。因此，单靠某一银行的资金实力（数量和币种）已无法满足这类资金需求。

② 在历次金融紧缩过程中，'一刀切'式的紧缩方式往往使'刀'真正落在高效企业的身上……

③ 银行结算渠道不畅通，也在一定程度上影响了企业资金的营运……"

以上几个段落的第一句话分别是各自段落的段中主句，是对段的中心意思的概括。段中主句在段首，以领句的形式出现，突出醒目，既易于引起读者的注意，又有利于下文的展开和全段内容的统一，所以，段中主句应尽可能写在段首，但也有一些段落，如归纳段、叙述段等，是无法把段中主句置于段首的。

段中主句在段尾，以结句的形式出现，也是很常见的。在一个段落中，段尾同样是比较重要的位置，把段中主句放在这里，既能有力地收束全段的内容，又能加深读者对段意的印象。

如果一个段落字数较多，内容又非常丰富，作者可以采取把段中主句分置于段首和段尾的方式构段，即段中主句先在段首出现，领起下文，又在段尾出现，收束上文，前后照应，使段意得到强调，使结构更加严谨。

还有的段中主句是对段内上下两层意思的概括，只能在段的中间部分，以腰句的形式出现。段中主句在这个位置上，不够引人注目，不便于突出段旨，所以用得不多。

### 4. 论证的展开

人们在写作中常用的表达方式有叙述、描写、说明、议论等几种。经济论文是议论文的一种，当然要以议论为最主要的表达方式。

论题、论点、论据、论证是议论的几大要素。在学术论文中，论题是作者所要解决和证明的问题，论点即作者对问题的看法，论据是支持论点的事实和理论根据，论证则是作者运用论据证明论点，从而把论点与论据结合起来的过程和方法。从本质上说，论证首先是一个逻辑推理过程，正确地运用各种逻辑推理形式，是使论证过程严密，论文具有足够逻辑力量的重要条件。

把论点和论据结合起来，还需要使用一些具体的论证方法，常用的论证方法主要有：

(1) 举例法。举例法是以事实为论据，以典型事例证明观点的一种论证方法。

(2) 归纳法、演绎法与类比法。从文章整体来看，完整的论证过程也就是归纳推理、演绎推理或类比推理的过程；从文章局部来看，在各个论证环节中，作者还可以采用归纳法、演绎法及类比法对某个小的观点加以阐述。归纳法、演绎法及类比法在论文写作中有着广泛的用途。

(3) 反证法。反证法是从反面间接地证明论点的方法，即在论证中，先不从正面直接证明某个论点的正确，而是先假设如不采用这种看法所可能产生的消极结果，与之相矛盾的看法的错误，也就从反面证明了另一种看法的正确。反证法也被称为排他法，排除了其他观点，保留的就是正确的观点。

(4) 对比法。对比法是通过两种相反情况的比较，辨明是非，得出结论的论证方法。

运用对比法，既可以将不同的事物作比较，也可以把同一事物的不同侧面或它在不同时期的状况作比较。

（5）因果法。因果法又称分析法，这是一种通过对论点和论据间的事理因果关系的分析，证明论点正确的论证方法。运用因果法，既可以用原因作论据证明结果，也可以用结果作论据证明原因，正因为如此，人们还常把这种论证方法称为因果互证法。

（6）引用法。引用法是一种引用理论论据，或者说以他人的言论作论据，对自己的观点加以证明的论证方法。

使用引用法，会涉及到引文的问题。引文的种类很多，而且从不同的角度，可以对其进行不同的分类，比如，从引文本身的状况来看有直引和意引，直引即直接引用文献原文，完全引用他人言论的引文形式，分全引和节引两种形式；意引则是不直接引用原文，而是在对原文加工、改写的基础上，引用其基本意思的引文形式。从引文在文章中的地位及其表达方式来看，有段中引文和提行引文。段中引文是指把行文写在段中；提行引文是指以提行的形式，把比较重要需给予特殊强调的引文写出来，使之自成一个部分。

在论文中使用引文，应遵循少而精的原则，此外，还要注意以下几点：首先，在一篇文章中，引文不宜过多。滥用引文，不仅会影响文章的创造性，还会令读者反感；其次，引文要忠实于原文献，真正反映原文献的精神实质；再次，要把引文同对引文的解说、诠释分开来，要使读者一看便知，哪些内容是引文，哪些内容是论文作者所作的解释，而不要把两者混在一起；最后，还要注意揭示引文同其所要证明的观点之间的关系。只把引文罗列在观点的后面，而不加任何分析、说明，是无法达到论证目的的。

（7）归谬法。归谬法是专门用于驳斥他人观点的一种论证方法。其要领是先不直接指出某一观点的错误，而是先假定它是正确的，然后以此为前提，进行推理，得出一个明显荒谬的结论，再用结论的荒谬来反证作为推理前提的观点的错误。

上面所列举的几种论证方法是较为常用的论证方法。学术问题一般比较复杂，对一个学术观点的证明也是具有一定的复杂性的，一篇学术论文的完成，通常需要通过各种论证方法的综合使用，形成一个缜密的论证过程。

（五）论文的最后完成

论文的初稿完成之后，经过反复修改，如果认为文章已达到了比较令人满意的程度，就可以考虑定稿，并使之以规范的形式呈现在读者的面前。

一篇完整、规范的经济论文通常要由以下项目构成：

1. 标题。经过认真推敲，最终正式确定下来的论文标题必须符合以下要求：

（1）确切。标题要切合文章内容，要能准确地揭示文章内容。题文一致，题文相符，是标题确切的主要含义。

（2）具体。标题要能恰如其分地表明论文的主要内容，而不能过于笼统、空泛。

（3）醒目。标题要引人注目，要能吸引读者，并能使读者看过之后，便留下比较深刻的印象。

醒目的论文标题，必须具有简洁和新颖这样两大特点。

在稿纸上，论文标题应当居中书写，上下各空出一行，以显得匀称、美观。长篇论文的标题上下空行可以再多一些，有的甚至可以用一面稿纸写标题。

2. 作者署名

作者姓名应写在标题之下中间或稍稍偏右的位置，署名和标题之间要空出一行，两个字的姓名，中间要空一个字。

署名的文权所有和文责自负的体现。只有直接参加了研究工作，并能对论文内容负责的人，才有权利，也有必要在论文上署名。

3. 目录

如果论文的篇幅较长，就应该编出一个简单的目录。论文目录也就是论文中的各级小标题的依次排列，排出小标题，并标明标题所在页的页码，便于读者从整体上把握文章的逻辑体系，也为读者选读论文的有关部分提供了方便。

目录不是论文的必备项目，只有长篇论文才需要编写目录，如果论文的篇幅不是很长，层次也不是太多，则不必编写目录。

4. 摘要

完成论文正文之后，要在认真阅读每一个部分的基础上，写出内容摘要。摘要列在正文之前，但却写在正文完成之后。

写摘要必须注意这样几个问题：首先，摘要是对论文内容的客观反映，就避免主观评价；其次，摘要是对论文内容的高度概括，要防止片面性；最后，摘要是一篇独立于文章正文之外的短文，应具有一定的完整性。

5. 正文

经济论文的正文通常包括序论、本论、结论三个部分。关于正文的撰写问题，已在前面详细谈过，这里就不重复了。

6. 注释

在论文写作中，有些问题需要在正文之外加以解释，这就涉及到论文中的注释了。注释是经济论文的一个有机组成部分，而不是文章之外的项目。

按其功用的不同，可将论文中的注释分为两大类：

（1）补充内容的注释。对一些读者不易理解的概念、不易接受的事实以及其他不便在正文中展开论述，但又有必要告诉读者的内容，要在注释中说明。这样，既不影响正文内容的简洁、流畅，又便于读者深入理解文章内容，获取更多的学术信息。

（2）注明资料出处的诠释。引用文献资料，必须注明资料的来源，这一方面是对他人劳动成果的尊重，另一方面也会增加材料的可信度，证明作者具有实事求是、认真严肃的工作态度。注明资料出处的诠释，是论文中最常见的一类注释。

经济论文的文献资料的主要来源为图书、期刊和报纸，其注释格式分别为：

图书：著者. 书名. 出版者. 出版时间. 版次. 页次，如：

李恺源主编. 现代应用文写作. 中国商业出版社. 1993年1月第1版. 第98页。

如果是多卷次或多册次图书，还要在页次前面，标明卷次或册次。

期刊：作者. 篇名. 期刊名称. 期号，如：

刘彪. 现代市场经济中的银企关系分析. 《经济研究》1994年第5期。

报纸：作者. 篇名. 报纸名称. 日期. 版次，如：

国家语言文字工作委员会. 关于出版物上数字用法的试行规定. 《人民日报》1986年12月31日第3版。

引用各类特种文献，如会议论文、学位论文等，注释格式同引用期刊文章大致相同。

按其形式的不同，可以把经济论文中的注释分为三种：

1) 夹注。夹注又称为段中注，即在正文需要注释的地方，紧接着写明注释内容，加上括号，以示区别，如果注释文字较少，采用这种方式比较方便，如果注释文字较多，使用夹注则会影响正文的连贯，使文章显得支离破碎。

2) 脚注。脚注又叫附注，即把注释内容写在被注释内容本页的下端。采用这种注释形式，非常便于读者在阅读中两相对照，保持阅读的连续性。

3) 尾注。尾注，即在论文正文之后集中加注。这种加注方式，在论文写作中最为常见。

无论采用哪种形式加注，都需先在正文中的被注释文字的右上方加上序码或记号，再在注释内容的前面加上相同的序码或记号。

### 7. 致谢

谢辞可以写在正文的最后一个部分，也可以单列出来，使之成为论文中的一项内容。

### 8. 参考文献目录

任何一项科学研究，都是在已有研究成果的基础上进行的，任何一篇论文，都是在参考其他文献的基础上完成的。虽然有些资料未被直接引用，未在论文中被提及，但论文作者的观点确实是在阅读与研究这些资料的过程中产生的。凡是对研究成果的取得起到过作用的文献资料，都是论文写作的参考文献。在论文的最后列出重要参考文献目录，既表示对他人劳动成果的尊重，又能加大文章的信息量，提高论文的学术价值，读者可以以此为线索，追溯查找资料，继续进行同一课题或相关课题的研究。有经验的读者，拿过一篇论文，除了看摘要及正文的开头部分、结尾部分之外，就是看参考文献目录。通过参考文献目录，不仅能了解文章内容形成的依据，甚至可以对论文的价值有一个大致的评估。

参考文献的排列方法主要有下述几种：

(1) 按其重要程度依次排列文献。这里所说的重要程度，是就文献在本篇论文写作中所起作用的大小而言的，而不是指参考文献本身的价值；

(2) 按其产生的年代，由远及近或由近及远地排列参考文献；

(3) 按照文献作者的姓氏笔划排列参考文献；

(4) 按照用作参考的先后顺序排列参考文献。

有些文献只是在论文的某一部分的写作中起了作用，这样就可以用作参考的文献排在最前面，紧接着列出所用的参考文献，以此类推，一直排至论文最后一个部分的写作参考文献。实际上，这种排列方法，对于有章、节之分的专著更为适用，用在论文中可能有些勉强，因为论文的内容比较集中，整体感强，大部分文献都是对全篇文章所作用的。

参考文献目录的内容同引文注释的内容基本相同，只是一般不必标示页码。如果有的文献只是某一部分被用作参考，也可以标出起参考作用的章节及其起迄页码。

### 9. 附录

不便放在正文中的资料性内容，可以放在附录中去。如全文或几个部分共同使用的图表，帮助读者理解、消化文章内容的补充性资料等。

以上所列的九个项目是经济论文的全部构成项目。一篇具体的文章，既可能包括所有的项目，也可能不需要完全具备这些项目。通常，在一般的交流性论文中，标题、署名、摘要、正文、注释是应当具备的项目,而毕业论文和学位论文,除了要有一般的交流性论文必备的项目之外,还必须附有参考文献目录,这是论文评定者考察作者的研究状况及钻研程度的一个重要依据。另外,由于毕业论文和学位论文的篇幅较长,所以,加上目录一项也是必要的。

## 第二节 财经短论

### 一、定义

财经短论,即针对现实生活的财经问题,运用短小精悍的形式,以议论和说明为主要表达方式,直接阐明自己的观点,提出自己的看法和主张的一种文体。

财经短论,大多用于对经济形势的分析和评论,对经济动向的研究,对经营经验的总结,和对某一重大经济事件的评判。它既有事实,又有评论,做到就事论理,以事为据,以理服人,从而帮助读者加深对评述对象的认识,对作者观点的理解。

### 二、特点

(1) 时效性。财经短论必须针对财经领域新近发生的情况加以说明和议论。如果评论的是很久以前的财经情况,那么,其短论就会降低价值,甚至失去价值。社会发展的突飞猛进,导致社会的各领域随时都会出现新情况,发生新问题,财经领域也不便外,所以不失时机地对财经现象加以评论,才能收到财经短论的最佳效果。

(2) 说理性。财经短论,就是对财经现象进行议论和说理。它是用抽象思维方法,以议论和说明为主要手段,通过概念、判断、推理等思维形式和说理方法来阐明作者观点,以理服人的。短论中即使有叙述或说明,也是为了帮助说理,以事论理。由于感觉只解决现象问题,而理论才解决本质问题,说明道理,反映事物的本质和规律,因而说理就是主要的,而且是深刻的。

(3) 逻辑性。短论是说理文,在说理过程中,使用的概念要明确,判断要恰当,推理要有逻辑性。用唯物辩证法分析问题,道理才能说得充分,也才有说服力。因此,在财经短论中,逻辑性与说理性是密切联系在一起的。在论述过程中,道理越说得充分,其逻辑性就越是严谨;逻辑性越是严谨,道理也就越是说得透彻,理论也就越能说服人。

### 三、写法

财经短论就是短小精悍的财经议论文。既是议论文,那么就应从序论、本论、结论三大版块来构思。

(1) 序论。序论即短论的前言部分。在这部分中,简单明了地说明评述对象及提出作者观点。

(2) 本论。本论部分为短论的主体部分。本论部分要紧承序论部分,具体说明评述对象,详细阐明作者的思路,即推理过程,强调作者观点。在说理过程中,要以评述对象为基础,以正确的财经理论为依据,言之有理,言之有序,使短论起到评论财经时事,使读者心悦诚服的作用。

(3) 结论。为使财经短论具有内容的完整性和逻辑的严密性,与一般说理文一样,财经短论必须要有结论部分。结论部分即短论的结尾。结尾的写法较灵活;可照应序论,头尾相连；可归结全文，强化观点；可发出号召，指明方向等。

### 四、写作要求

撰写财经短论，主要应该注意以下几点：

第一，评论事实要准确。事实是财经短论的生命，尊重事实，用准确无误的事实作为评论基础，是每一位撰写者所应具备的最起码的职业道德。短论中涉及的情况、数字等都必须完全真实，不能有任何夸大或缩小的成分，更不能凭空想像或歪曲，否则，将会造成极坏的社会影响。

第二，观点和材料要统一。观点和材料的统一，是对说理文最基本的要求，也是对财经短论的最基本要求。短论的观点必须引用适当的材料来证明，否则观点就像空中楼阁，是没有说服力的。引用的材料要真实可靠，要典型，要能反映事物的本质和规律，才能说明观点。观点要能统率材料，材料要能说明观点，做到观点和材料的统一，水乳交融。

第三，语言要准确、鲜明、生动。语言的准确性同逻辑思维是密切相关的。例如，概念是用词语来表达的，不存在离开词语的概念；要做到概念明确，就要准确地使用词语。若用词不当，就会造成概念不明确。判断是用句子来表达的，不存在离开句子的判断。如果不讲句法，造的句子不通，就会造成判断不恰当。因此，语言的准确性与逻辑、文法的关系很大。财经短论的写作一定要做到使用语言准确。语言使用得准确，就能正确地反映出事物的本质和客观规律。语言要鲜明，是指在语言表达上要把话说得清楚明白、干净利落、明快锋利，而不是含糊杂乱、拖泥带水、优柔寡断。语言要生动，就是指用形象化的语言说明道理，不呆板而有趣味、新鲜活泼、形象具体、表现力强。议论文语言的生动性是为说理服务的，它有助于把道理讲得透彻易懂、深入浅出。可见，在财经短论中，我们应力求语言的准确、鲜明、生动，并且将三者有机地统一起来。

### 五、例文

例一

## 我国企业要翻六道"坎"

2004年是我国加入世界贸易组织的第三年，有专家指出，中国企业将遇到我国加入世界贸易组织以来最大的考验，必须提早进行规划。

今年国内企业要过六道"坎"。首先，农产品关税降幅将达9％～20％。这对国内农产品生产和加工企业来说是个很大的考验。第二，今年是我国加入世界贸易组织以来，国内分销零售领域放开幅度最大的一年。分销和零售行业属于稳定型、规模性行业，国内企业一旦失去市场，很难夺回。第三，今年我国将对外资保险逐步取消业务和地域限制。这是对外资单一金融服务业的最大开放。企业财产险将是外资全力开发的重点领域。很多国内保险公司面临巨大的竞争。第四，从今年1月1日开始，欧盟将正式禁止多达数十种的中国农药产品在欧盟销售，这同时意味着使用相关农药的中国农产品对欧盟出口也将受到影响。而日本、美国等国也为我国产品设立了更多的绿色壁垒。第五，今年是我国纺织品实施配额的最后一年。今年12月31日以前，中国纺织品将很有可能遭受美国特保条款的制裁。第六，今年5月1日前，预计美国等一些国家将开始强制推广SA8000标准消极的影响，避免失去跨国公司的"金订单"。

例二

## 民间投资要唱主角

*放宽投资主体*

人民大学赵锡军教授说:"国家作为投资主体主要是服务于关系国家安全、国土开发和市场不能有效配置资源的经济和社会领域。而大量的投资应该来源于民间和海外,利用市场这只看不见的手指挥投资。《方案》必将促进我国投资主体市场化的进程。"

过去,政府大包大揽所有的经济事务和社会事务,国家是整个社会主要的投资主体,在整个投资的决策流程中,更多的是行政机关而不是企业在进行投资决策,但却并不承担相应的风险和责任。西南证券的张刚指出,我国对民间实业投资的行业和领域限制过多、过广,是当前有效投资需求不足的重要原因,"在市场经济下,政府应该更多担当守夜人的角色,多进行宏观的引导、调控,而不是作为投资方。政府作为投资主体很容易造成计划手段配置资源。"

据发改委统计,去年中国的投资结构发生了明显变化,民间投资对经济的拉动作用日趋显著。前三季度,集体、个体投资增速同比加快9.6个百分点。

*审批制"变法"*

有关人士认为,审批制实际上还是计划经济下投资体制的延续,依靠行政权力对项目进行审批。由于政府并不比企业了解市场,靠行政手段审批大量的具体项目很可能是低效的。

对于投资管理审批制度,广发证券的左亚秀是这样评价的:"投资的行政审批可以起到政府宏观指导的作用,避免局部投资过热或是不平衡发展。但是市场有着自身的规律,投资存在周期性的特点。过于繁琐的审批制,往往会造成时间拖得过长,错过最佳投资机会。"此外,在行政审批体制下,缺少投资自主权必然导致更为严格的审批过程和更多的环节,使非经济目标占据投资决策的主导地位。繁杂的审批程序,又会存在巨大的寻租机会,同时还会伴随行政领导直接决策的"首长工程"、"样板工程"。

《方案》将改审批制为政府核准及登记备案制,政府核准就是政府作为社会和经济的管理者,对企业投资建设的重大项目和限制类项目等,从维护国家经济安全、合理开发使用资源、保护生态环境、优化布局、保障公众利益、防止出现垄断和过度竞争等方面进行审核,而不再对项目的市场前景、经济效益、资金来源和产品技术方案等进行审批。《方案》将简化审批手续,许多投资不用审批,只要在相关部门登记备案就可以。所谓备案,就是由企业按照属地原则向地方政府投资主管部门登记备案。由投资主体自行决策,依法办理用地、资源、环保、安全等许可手续。如果企业想投资建设一个项目,不需要得到政府的批准,只需将计划方案上报政府即可。

专家指出,《方案》出台后,未来投资领域可以有更多的创新,所有市场经济下竞争性领域的投资都可能放开,包括像电信等以前绝对限制的领域。

## 第三节 财经毕业论文

### 一、定义

财经毕业论文,是就读于财经专业的学生在毕业时写作的一种学术论文。

写财经毕业论文的目的，是对财经专业的学生进行的一种科学研究训练，通过财经毕业论文的写作，对学生进行运用学到的专业理论知识和技能，查阅文献资料、调查研究、设计实验、分析研究等方面能力的全面的综合训练，使学生能在教师的指导下，学会运用知识，掌握方法，对某一课题进行较深入的研究并取得一事实上的成果，为毕业后走上工作岗位，运用这些知识、技能独立解决实际工作中存在的问题，并为从事研究工作和创造性的劳动，打下良好的基础。有了正确的写作目的，可以说是做好了财经毕业论文写作的最重要的准备，为整个写作奠定了最重要的基石。

**二、选题原则**

财经毕业论文的选题，要依据财经学术论文谈到的原则：要选择客观上有意义的课题，即要选择有见解的课题；要选择客观上有意义的课题，即要选择具有社会意义的课题、有能力完成的课题、有兴趣完成的课题、有条件完成的课题。此外，选题还可以从以下几方面入手：

1. 以专业课的内容为主去选题

财经毕业论文是财经院校教学过程的一个有机环节，目的是使学生总结在校期间的学习成果，培养学生综合运用所学理论知识解决实际问题的能力，进而受到科学研究的基本训练。因此，选题应以专业课内容为主。如果仅凭个人兴趣和爱好，选择一个脱离专业课的题目，是达不到运用所学理论知识解决实际问题这一训练目的的。

2. 以熟悉的课题研究类型去选题

财经毕业论文是财经学术论文写作的基本训练，它具有习作性质，所以，课题研究类型同样是多样化的，可用各式各样的文体去写文章。例如，可写专题论文、文献综述、调查报告等，范围极广。那么，选哪种类型好呢？这要看你对哪种课题研究类型更熟悉些，即既有把握驾驭这种文体，又不会因图书资料和必需经费所困扰。

3. 以恰当的选题方式去选题

（1）导师命题和自选题结合。题目先由指导教师拟定，经教研室或科、系讨论确定，然后向本专业全体学生公布，由学生选作。这种选题方式，适合于绝大多数学生，即适合于那种成绩不特别优秀，又不差的学生。

（2）学生自命题。选定的课题纯属学生本人自己命题，并非从指导教师拟定的题目中选取的，这便是自命题。这种选题方式，适合于那些学习成绩特别优秀，并有一定科研能力的少数同学。

（3）辅助性选题。少数学生成绩差，缺乏科研能力，不能独立选题，当指导教师拟出的题目公布后，望着题目感到迷惑，心中无数，无从着手，难以确定。这时，导师不是简单地为他们圈定一个题目了事，而是要详细了解学生专业课的学习情况、兴趣爱好和关心的方面，逐步引导他们确定一个题目。这便是适合于那些成绩差、能力弱的少数学生的辅助性选题。

每位学生都明白各自成绩的好坏和科研能力的强弱，那就应根据自己的实际情况以某种方式去选题。这才有利于财经毕业论文的写作。

4. 选题要考虑适中

（1）选题时间要适中。选题过早，缺少必要的专业基础知识，很难发现自己哪方面可深入下去；过晚，时间来不及，对论文写作也很不利。一般说，读四年的，要从二、三年级就开始选题；读两年的，要从二、三学期就开始选题，在这时确定研究方向或选定题目，可充分准备，有计划地读书，有目的地查阅资料，有针对性地积累材料。这是行之有效中的选题时间。

（2）选题难度要适中。选题过难，对于刚学做研究工作的毕业生来说，处理它各方面都会有困难，好似让一位刚学游泳的人去创纪录一样，无庸置疑力所不及。选题过易，又难于达到充分利用自己学到的知识来锻炼提高自己科研能力的目的。可见，选题既不可过难，又不可过易，而应难度适中。

（3）选题大小要适中。选择的课题过大，必要的资料没有到手，时间就快用完了，草率收束，匆匆毕卷，无法写出具有可读性的财经毕业论文。选题过小，虽时间从容，写得轻松，但未能把力量尽量发挥出来，是令人遗憾的。可见选题时，要客观计算自己的可用时间，使选定的题目大小合适。

总之，财经毕业论文的选题、时间、难度、大小等，都要量力而行。选题要举得起来，放得下去，你的题才算真正选好了。

### 三、导师的选择

财经毕业论文指导教师的任务主要有八项：一是帮助最后确定题目；二是指定参考文献书目；三是指导制定研究计划；四是审定论文提纲；五是指导研究方法；六是解答疑难问题；七是审阅论文；八是评定论文成绩等。但指导教师不负责修改论文。有经验的指导教师在完成上述任务的过程中，总是讲解要领，富有启发性地引导学生去独立进行工作，使学生发挥他们的聪明才智，创造性地完成论文写作。在学生写出的财经毕业论文中，虽看不到指导教师写的一个字，但却处处倾注着导师的心血。因此，系、科、室在确定指导教师时，应挑选那些既有经验，又有指导热情的教师。那究竟如何选择导师呢？

若选题方式是"导师命题和自选题结合"，那你就在公布导师的名单中，根据自己的研究方向，考虑某位导师专长恰与自己的专长契合，则选择某导师。

若选题方式是"学生自命题"，那就根据你平时对教师的了解，向科、室提出，请示某位教师为你的导师。

每位导师总是在系、科室内承担一定的教学工作，且学有专攻，各有所长。若选择到一位对己研究课题有专长的教师来指导，必大有裨益。往往是三言两语，就凝结着他们多少年来的心血。经他们一点，有时甚至会使我们的一个朦胧看法，形成为一个颇有学术价值的观点。有的学生的财经毕业论文选题，恰好是一位导师正在进行的一个大课题研究的一部分，这就更会得到很好的指导。可见，导师的选择是应严肃、认真的，是关系极大的。"师高弟子强"，正是如此。

### 四、构成项目与装订

财经毕业论文的构成，一般不外乎以下项目：

1. 论文的标题

2. 目录

篇幅较长，分章、节（或分项）并加有小标题的财经毕业论文要写出目录。无论一级目录、二级目录，前面都要加上序码，后面标明页数，便于论文审查者和读者阅读。

3. 内容提要

财经毕业论文在正文之前，要写内容提要，即把论文的主要观点提示出来，利于读者在阅读正文前,从这里了解论文内容要点。

4. 正文

财经毕业论文包括绪论、本论、结论三部分。这三部分一般在行文上不必有明确表示。本论部分若分若干部分来论述,则应尽可能加上小标题。

5. 参考文献

财经毕业论文的正文之后,要列出使用过的主要参考文献,这是作者产生创见的根据。列参考文献是使论文审阅者了解作者利用文献的范围和努力的程度,便于考查。参考文献的列举形式与引文出处的注法一样。列出参考文献是财经毕业论文的必备要求。

财经毕业论文装订成册,必须是上述各项全部写妥并誊清定稿后,方可进行。其顺序是:

1. 封面

财经毕业论文的封面要使用厚白纸,上面写明论文题目、学校、系科、导师姓名、作者姓名、论文完成的年、月、日。

2. 衬页

3. 目录

4. 内容提要

5. 正文

6. 参考文献

7. 衬页

8. 封底

抄写财经毕业论文的稿纸,以16开本20×15,每页300格式、20×20,每页400格为好。

**五、答辩**

财经毕业论文由科、室组织导师审阅并举行论文答辩。论文答辩小组一般由三至五人组成。答辩是审阅论文的一种补充形式。答辩小组对论文不清楚、不详细、不妥当之处,要在答辩会上提出,让作者略作准备后回答,便于进一步了解作者立论的依据及处理课题的实际能力。论文答辩时,答辩小组提出的问题,只限于论文本身所涉及的学术问题,而不是某一学科领域中全面知识的考查。因此,答辩教师在审查论文时,遇有问题,便记在纸条上,在答辩会上只提出其中某些关键性问题,一篇财经毕业论文的答辩,一般不要超出半小时。下面,着重谈谈答辩的准备和答辩的注意事项:

1. 答辩的准备

财经毕业论文提交之后,切忌出现松一口气的现象,而应抓紧时间积极准备论文答辩。答辩教师原则上会提出以下一些问题中的某些问题:

(1) 你为什么选择了这个课题?研究这个题目有何科学价值与理论意义?

(2) 对这个课题,曾有何人做过哪些研究?他们的主要研究成果和观点是什么?你有何新发展,提出和解决了什么问题?

(3) 论文的基本观点及立论的主要根据是什么?

(4) 某引文出自何处?你参阅过哪些版本(就重要引文而言)?

(5) 论文还有哪些应涉及或解决,但因力所不及而未能接触的问题?

(6) 你自己觉得论文还有哪些不足之处？

……

这些问题，提交论文的作者应于答辩前深思熟虑，认真整理，牢记于心，时刻准备迎接答辩。

2. 答辩的注意事项

(1) 参加答辩会，要携带论文的底稿和主要资料、卡片，以备临时查阅。带好笔和记录本，供记录答辩教师提出的问题和批评意见。

(2) 精神要放松。因这是为夺得财经毕业论文好成绩，取得国家单位录用在接受答辩审查，是人生中有意义的光荣的时刻，应舒畅、愉悦，而不应紧张，否则会影响答辩效果。

(3) 注意力要高度集中。答辩会上，不能分神，不要去察颜观色，在准确理解答辩教师提出的问题之后，全神贯注地作出简要回答。

(4) 用语要自信而肯定。对答辩教师的提问，要充满自信地以流畅的语言、肯定的语气来回答，杜绝吞吞吐吐、模棱两可。

(5) 态度要端正而谦逊。要把答辩看成是接受考查、经受锻炼的一次好机会，而不是计较个人功名的时刻，这才是正确的答辩态度。有了这种端正的态度，对答辩教师提出的问题，自然会审慎作答：有把握的，可申明理由；没把握的，不可辩解，因教师对这个问题可能有多种研究。若遇这种情况，可实事求是地虚心表示：对这一问题还没弄清楚，今后一定认真研究。

(6) 退场要礼貌。答辩结束，无论教师提出什么意见，都要从容大方，彬彬有礼地退场。

财经毕业论文答辩之后，作者要认真考虑答辩教师提出的意见，总结这次论文写作的种种经验和教训；思索自己毕业后步入社会、踏上工作岗位，在学术论文的写作上，应如何扬长避短，取得更好的成绩。

## 六、例文

### 结合建筑企业实际合理设置会计账户

郑小燕

记账是会计的一项基础工作。记账工作做得好，就可为建筑经济管理及时提供准确可靠的日常核算资料，从而，为做好算账、报账、用账工作打下良好的基础。要作好记账工作，就应根据实际需要，正确运用会计科目，合理设置会计账户。

要合理设置会计账户，须首先弄清会计账户与会计科目两者间的关系等问题。会计科目，是对会计核算具体内容所作的科学分类。每一个会计科目都要规定一定的名称、编号和核算内容，以保证核算指标口径的一致性。会计科目按经济内容分类，可划分为资金来源类科目、资金占用类科目、经营收入类科目和经营支出类科目四大类。按照它所反映的经济业务内容繁简程度不同，一般划分为总账科目，明细科目和子目三类。会计账户则是根据会计科目设置的账页户头，它与会计科目既有联系又有区别。两者的共同点是：它们都是分门别类地体现企业某一项经济业务的内容。不同点是：会计科目只是说明经济业务的内容，而账户则不仅说明经济业务的内容，还可反映每项经济业务数量方面的增减变化和结余状况，为今后登记账目和编制报表所使用。国家对不同行业会计核算应使用的科目作了统一规定，例如建筑业的会计科目是根据1982年1月1日财政部发(81)财会字第26号关于检发《国营施工企业会计制度——会计科目和会计报表》的通知而设置的。该制度共列出施工企业应使用60个会计科目。

在具体工作中，怎样去合理运用会计科目呢？这就要结合建筑施工企业的实际情况来确定，譬如，建筑安装企业的生产具有流动性，施工场所不断变动，且往往较为分散，则应在企业内部实行分级管理和分级核算，这对于加强经济核算是十分重要的。实行分级管理的企业，各级核算的侧重点便有所不同，因而选用的会计科目也不尽相同。以三级(公司、工程处、施工队)管理的建筑公司为例，公司财务科着重核算企业全部资金及其增值部分、上交下拨款项、企业固定资产的购置。"固定资产，折旧，流动基金，流动基金借款、应交折旧基金，专用基金，特种基金，专用借款"等资金来源类科目及"固定资产，管理费用，应收内部单位款、专项存款"等占用类科目就必不可少。工程处财务部门，主要是工程款进度款备料款结算，周转材料摊销，应设置"预收备料款、预付分包工程款、预付分包备料款、应收工程款"等科目。施工队成本核算，主要是把建筑安装施工生产过程中耗费的生产费用归集到各成本项目和成本核算对象中去，应设置"工程施工、机械作业、辅助生产、管理费用、待摊费用"等科目。

无论哪一级会计核算，确定了必须的总账科目之后，都要设置相应的明细科目，譬如，"固定资产"，按会计制度规定，应设"生产用固定资产、非生产用固定资产、未使用固定资产、不需用固定资产、封存固定资产、土地"六个明细科目。"工程施工"应按成本核算对象(一般指为单位工程)设明细科目；"预收备料款"应分建设单位设明细科目。在实际工作中，除应收应付款采用三栏式账页设置明细账外，一般都在固定的账页上列出应使用的明细科目。每总账科目与明细科目之间具有互相联系、互相补充的关系。具体表现为：(1)总账和明细账是按相互平行处理的原则登记，即某项经济业务记入总账的同时，也相应地记入其所属的明细账；(2)总账记总数，明细账记明细数，每个总账账户对其所属的明细账起着控制的作用，而每个明细账户对其所属的总账账户起着补充的作用；(3)同一总账账户所属各个明细账户的发生额合计和余额合计，必须与它的总账账户的发生额和余额相等。

企业为了完成建筑安装工程，既要进行施工活动，又要进行工业性生产活动和材料供应活动，因而在企业内部对相应的建筑安装施工、工业生产、材料供应等机构，普遍实行内部独立核算。由于不同机构生产经营的内容不同，那么在进行会计核算时，使用的会计科目也就不同。以占建筑产品成本很大比重的材料为例，它包括两个环节的管理和核算：(1)材料供应流通环节的管理和核算；(2)施工生产流通环节的管理和核算。

施工现场耗用的材料，除在一定限额内(一般为50元以下)由施工队自行采购外，其他均由材料供应部门负责采购供应，在按计划价格核算材料采购成本时，首先应设置"材料采购"账户，并分类别设置明细账。"材料采购"借方反映各类购入材料的实际成本(买价、运杂费、采管费)，贷方反映计划成本。月末，按计划单价计算购入并已入库材料的计划成本，由"材料采购"贷方转入"材料"借方，将采购入库材料实际成本与计划成本的差异转入"材料成本差异"科目。施工企业材料供应部门除供应内部单位材料外，还有少部分对外销售。会计科目的运用，还包括"应收内部单位款，现金结算户存款销售"

等。发出（销售）材料，根据发出材料汇总表按计划单价计算计划成本，作为销售成本，由"材料"贷方转入"销售"借方，收回的款项，记入"销售"贷方。

在实际工作中，为简化手续，如果购入材料的同时附有内部单位收料单，可直接凭收回内部单位款项凭证记入"材料采购"贷方，以"材料采购"借贷差反映材料对内销售利润。

以上，反映了采购供料应使用的大部分会计科目。可见，每个会计科目之间都不是独立的，科目之间都有一定相互联系。会计核算，当按会计制度规定而确定了应使用的会计科目之后，按这些相互联系的会计科目设置的会计账户就组成了一套完整的账户体系，这个完整的账户体系能够全面、系统地反映企业经济活动情况，提供一系列经济指标，以满足编制会计报表的要求。

由此可见，只要结合了建筑企业的实际，就能设置出合理的会计账户。

## 复习思考题

1. 什么是财经学术论文？
2. 财经学术论文有哪些特点？
3. 在写作财经学术论文时要注意哪些环节？
4. 什么是财经短论？财经短论有何特点？
5. 写作财经短论有何要求？
6. 拟写一份财经短论。
7. 什么是财经毕业论文？
8. 写作财经毕业论文有何作用？
9. 结合个人实际，科学地订出"财经毕业论文写作日程安排"，并付诸实践，力争写出一篇优秀的毕业论文。

# 主 要 参 考 文 献

1 林广志,甘元薪主编. 物业管理学. 广州:中山大学出版社,2000
2 罗小钢,王友华,徐耘主编. 物业管理疑难解答. 广州:中山大学出版社,2000
3 王青兰,柯木林主编. 物业管理运作指南. 北京:中国建筑工业出版社,2000
4 伍进一主编. 应用文写作基础. 成都出版社,1991
5 林升乐主编. 建筑应用文写作教程. 北京:高等教育出版社,2000
6 尹依主编. 新编财经写作. 北京:中国商业出版社,2000